张广明　殷晶晶　谢婧婧　张　华　编著

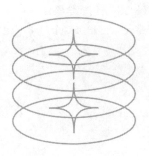

研究生创新教育方法与案例实践

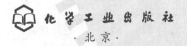

化学工业出版社

·北京·

内 容 简 介

本书以研究生案例教学模式与方法为重点,选取了南京工业大学研究生案例教学项目中10个教学典型实例分析,选编了来源于工商管理、交通工程、安全工程、环境伦理学、绿色建筑5个教学案例,是对学校近十年研究生创新教育与案例教学项目的全面总结。

本书适合从事研究生案例教学的授课教师参考使用。

图书在版编目（CIP）数据

研究生创新教育方法与案例实践/张广明等编著. —北京：化学工业出版社，2024.1
ISBN 978-7-122-44342-7

Ⅰ.①研⋯ Ⅱ.①张⋯ Ⅲ.①研究生教育-研究-中国 Ⅳ.①G643

中国国家版本馆CIP数据核字（2023）第201307号

责任编辑：宋　辉　　　　　　　　文字编辑：李亚楠　陈小滔
责任校对：王　静　　　　　　　　装帧设计：张　辉

出版发行：化学工业出版社（北京市东城区青年湖南街13号　邮政编码100011）
印　　装：河北鑫兆源印刷有限公司
787mm×1092mm　1/16　印张12¼　字数302千字　2024年1月北京第1版第1次印刷

购书咨询：010-64518888　　　　　　售后服务：010-64518899
网　　址：http://www.cip.com.cn

凡购买本书，如有缺损质量问题，本社销售中心负责调换。

定　价：56.00元　　　　　　　　　　　　　　　　　　　　　版权所有　违者必究

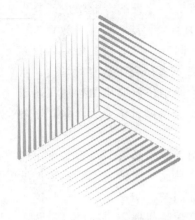

前 言

研究生教育作为高层次的学历教育，肩负着高层次人才培养和创新创造的重要使命，在培养创新人才、提高创新能力、服务经济社会发展、推进国家治理体系和治理能力现代化等方面具有重要作用。"神舟"飞天、"天宫"遨游、"嫦娥"揽月、"祝融"探火、"蛟龙"入海、高铁飞驰、航母入列等一系列国家重大工程中，我国自主培养的研究生都做出了卓越的贡献。

纵观当今世界形势，世界百年未有之大变局正在加速演进，国际力量对比发生深刻变化，新一轮全球性的科技革命和产业变革给我国发展带来了全新的战略机遇和风险挑战，教育与人才竞争日趋激烈。党的二十大报告提出"全面提高人才自主培养质量，着力造就拔尖创新人才"。2023 年全国教育工作会议进一步部署，要求"在全面提高人才自主培养质量、造就拔尖创新人才和服务区域经济社会发展、优化布局结构上先行先试"。

不论现在还是将来，研究生教育都直接关系到国家的核心竞争力，我们应越来越深刻地意识到加快提升研究生教育质量的战略性和紧迫性。加速破解关键核心技术"卡脖子"问题同样需要切实发挥研究生教育的动力源作用，促进教育、科技、人才"三位一体"高质量发展，培养更多学科交叉和综合能力强的复合型高层次创新人才。

案例教学法是一种以实际案例为基础的教学方法，兴起于 20 世纪 20 年代，逐步应用到实践性较强的学科。案例教学法以学生为主体，教师引导学生进行主动思考，可以有效提高研究生运用理论要素分析和解决复杂实际问题的能力，符合研究生尤其是专业学位研究生的教学培养特征与规律，目前已成为解决传统课堂教学中专业学位研究生认知经验单一问题的有效方法。案例教学法对于改革创新专业学位研究生教学模式、启发研究生的创新思维和辩证思维、提高研究生培养质量、促进学科交叉融合等方面具有重要意义。

基于当前新一轮科技与产业变革和国家实施创新驱动发展战略的宏观背景，结合新时期行业产业对复合型创业人才培养要求的深刻变化，本书以研究生案例教学模式与方法为重点，选取了我校研究生案例教学项目中 10 个教学典型实例分析，选编了来源于工商管理、交通工程、安全工程、环境伦理学、绿色建筑 5 个教学案例，是对学校近十年研究生创新教育与案例教学项目的全面总结，便于从事相关研究生案例教学的授课教师参考使用。

本书系中国学位与研究生教育学会课题"新工科背景下专业学位研究生实践能力培养的路径探索与实证研究"（2020ZD1014）、江苏省高等教育教改重中之重课题"基于'联盟引领、共建共享、协同开放'的长三角一体化新工科卓越人才培养体系研究"（2021JSJG003）、江苏省研究生教育教学改革重大课题"高校与大院大所、企业行业协同培养专业学位研究生的融通机制研究"（JGKT22_A009）的研究成果。课题研究工作由南京工业大学张广明教授领衔，于2020年9月启动。

全书的编撰工作分工如下：第一章由张广明、殷晶晶编写；第二章由谢婧婧、张华、殷晶晶编写；第三章由张广明、殷晶晶、谢婧婧编写；第四章至第八章分别由南京工业大学经济与管理学院陈同扬，交通运输工程学院王旭东、尤苏南，安全科学与工程学院潘勇，建筑学院胡振宇，环境科学与工程学院张雪英、徐海涛供稿；殷晶晶完成整理与编写工作。

本书的出版得到了江苏省学位与研究生教育学会指导教师专业委员会和南京工业大学研究生院的大力支持，在此一并表示感谢。由于时间仓促和作者水平有限，书中难免存有不当之处，敬请广大读者提出批评和建议。

南京工业大学　张广明

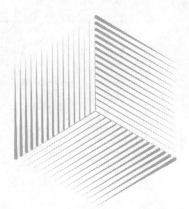

目 录

第一章 研究生创新教育 ... 1
第一节 创新概念的产生及发展 ... 1
一、创新的意思 ... 1
二、经济学领域中的创新 ... 1
三、管理学领域中的创新 ... 2
第二节 创新思维与方法 ... 3
一、思维方式及其分类 ... 3
二、创新思维方式及其分类 ... 4
三、培养创新思维的方法 ... 9
第三节 创新及研究生创新教育 ... 13
一、创新及创新教育的重要性 ... 13
二、研究生创新教育的重要性 ... 14
第四节 研究生创新教育实例 ... 14
一、哈佛大学"贯通式"课程体系 ... 14
二、牛津大学"导师制"教育 ... 15
三、北京大学研究生交叉学科培养 ... 15
四、清华大学研究生教育改革 ... 15
参考文献 ... 16

第二章 案例教学模式 ... 18
第一节 案例教学的概念及特征 ... 18
一、案例与案例教学的基本概念 ... 18
二、案例教学的特征 ... 19
三、教学案例的特征 ... 21
第二节 案例教学的理论基础 ... 22
一、迁移假设理论 ... 22
二、社会互动理论 ... 22
三、信息加工理论 ... 23
四、建构主义学习理论 ... 23
五、顿悟学习理论 ... 23
第三节 案例教学的实施过程 ... 24

  一、案例课程设计 ……………………………………………… 24
  二、课前准备 …………………………………………………… 24
  三、课堂教学 …………………………………………………… 25
  四、教学评价与反馈 …………………………………………… 26
 第四节 高质量案例教学的决定因素 ……………………………… 27
  一、高质量案例的撰写 ………………………………………… 27
  二、教师的有效组织 …………………………………………… 28
  三、学生的积极参与 …………………………………………… 28
  四、教学环境的创设 …………………………………………… 28
 参考文献 ……………………………………………………………… 29

第三章 研究生案例教学法实践 ……………………………………… 30
 第一节 国内研究生案例教学情况概述 …………………………… 30
  一、研究生教学案例的类型 …………………………………… 30
  二、管理类教学案例及其体系 ………………………………… 31
 第二节 案例编写体例及要求 ……………………………………… 36
  一、中国专业学位案例中心案例编写体例 …………………… 36
  二、中国管理案例共享中心教学案例编写体例 ……………… 40
  三、南京工业大学研究生教学案例编写体例 ………………… 41
 第三节 南京工业大学研究生案例教学法实践总结 ………………… 42
  实例 1："角色代入＋辩论演讲"环境工程伦理案例教学 …… 42
  实例 2：信息类研究生工程伦理思维培养案例教学 ………… 44
  实例 3："勘察·设计·施工·监测"一体化教学提升研究生工程
      实践能力案例教学 ……………………………………… 46
  实例 4：多元组合教学提升研究生实践创新能力案例教学 … 49
  实例 5："递进式"工程实践能力培养案例教学 ……………… 51
  实例 6：案例教学与实地调研相结合提升工程实践能力 …… 52
  实例 7：大数据思维提升研究生实践创新能力案例教学 …… 55
  实例 8：四位一体打造研究生双维创新能力案例教学 ……… 57
  实例 9："AI＋"双向驱动培养跨学科综合创新人才案例教学 … 59
  实例 10：管理类专业学位研究生"以赛促学"提升创新能力 … 62
 参考文献 ……………………………………………………………… 64

第四章 企业战略环境分析教学案例 …………………………………… 66
 参考文献 ……………………………………………………………… 80

第五章 地下工程一体化系列教学案例 ………………………………… 82

第六章 危险化学品防火防爆设计系列教学案例 ……………………… 129

第七章 绿色建筑设计系列教学案例 …………………………………… 148
 参考文献 ……………………………………………………………… 166

第八章 环境伦理学系列教学案例 ……………………………………… 167
 参考文献 ……………………………………………………………… 188

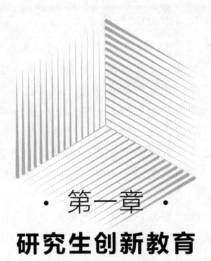

第一章
研究生创新教育

第一节 创新概念的产生及发展

一、创新的意思

在《现代汉语词典》中,"创新"一词有两种解释:一是作为动词,表示"抛开旧的,创造新的";二是作为名词,表示"创造性;新意"。我们从古籍入手,再进一步搞清楚"创"和"新"这两个字的本义。"创"的右部构件为刀,意指受了创伤。三国魏人张揖撰的百科词典《广雅》中提出"创,始也","始"即表示"首先;第一"的意思,所以创造不是后造而是始造,是首先制造出来的事物。因此"创"字所表达的过程蕴含着对已有观念、事实的伤害与创伤,是一个破旧出新的过程。"新"字左边为木,右边为斧,在最早的系统分析汉字字形和考究字源的语文辞书《说文解字》中描述为"新,取木也",意思是用斧子砍伐树木以取木材。所谓"新",是在旧的基础上的超越,木材对树而言是一种全新的存在态,后世又有"初次出现,与旧相对"的引申义。"二十四史"之一的《魏书》中记载"革弊创新"和唐代《周书》中记载"创新改旧"中均出现"创新"一词。

因此,综合考虑本义与引申义,"创"和"新"二字都强调了主体的努力,包含了痛苦的革旧出新过程,强调未曾出现的结果。"创新"通常可以理解为两层意思: 是创造出了全新的东西,这和"创造"一词有相似的意思;二是本来就存在一个事物,将它更新为一个新的事物来代替它。具体可以理解为"创新是一种人类为了满足自身的需要,遵循事物发展的规律,不断拓展对客观世界及自身的认知与行为的过程和结果的活动"。

二、经济学领域中的创新

对创新概念比较早的理解主要来源于经济学领域,现代意义的"创新"概念源于美籍奥地利经济学家约瑟夫·熊彼特(Joseph Alois Schumpeter)在 1912 年出版的成名作《经济发展理论》一书,同时他首次提出"创新理论"(innovation theory)。

熊彼特在该书中提出:"创新者将资源以不同的方式进行组合,创造出新的价值。"这种

"新组合"往往是"不连续的",也就是说,现行组织可能产生创新,然而大部分创新产生在现行组织之外。因此,他提出了"创造性破坏"的概念。熊彼特把创新归纳为五大创新方式,他认为创新就是把生产要素和生产条件的"新组合"引入生产体系。这种新组合包括五种情况:第一,开发一种新产品。比如咖啡和巧克力混合之后产生了摩卡咖啡,这就是利用产品特性进行组合而形成的一种新的产品特征。第二,引进一种新的生产方法与技术。比如把白酒分为洞藏和窖藏,是储藏方式的一种创新,也是生产方法的创新。第三,开辟一个新的市场。比如原来我国北方地区没有喝凉茶的消费习惯,王老吉率先将"怕上火喝王老吉"的概念推广到全国,开辟了北方地区的凉茶市场。第四,获得原材料或半成品的一种新的供应来源。比如牛奶广告中提到的"黄金奶源地",其实奶源地本身就是存在的,但现在重新将其定义为上游奶源的一种标准。第五,新的组织形式和管理模式。比如海尔集团创始人提出并命名的一种商业管理模式"人单合一",指员工直接面对用户,创造用户价值,并在这个过程中实现自己的价值分享。

三、管理学领域中的创新

最早将"创新"引入管理学领域的是管理学大师彼得·F. 德鲁克(Peter F. Drucker),他也被称为现代管理学之父。他在《创新与企业家精神》一书中提出"创新是有目的性的,检验创新的关键是它在市场中是否成功""创新是组织的一项基本功能,是管理者的一项重要职责,它是有规律可循的实务工作"。他认为,创新是避免企业消亡的唯一办法,并且创新并非灵光乍现、不可捉摸,90%的有效创新都是通过有目的的、系统的方法而达成的。创新要提升成功率,需要了解方法论及其背后的基本法则。

德鲁克对创新概念发展的贡献在于:在其之前的"管理"这一概念被人们普遍认为是不断改进质量、优化流程、降低成本、提高效率等,德鲁克则将创新概念引入管理学领域,明确提出"创新是每一位管理者和知识工作者的日常工作和基本责任"。在德鲁克看来,创新的训练是企业家精神的知识基础,是一种具有诊断性的训练。他还提出了创新的七个来源,有史以来第一次通过观察创新发生、发展的动态过程,归纳出实际操作的办法。

德鲁克把创新的来源分成了两组。

第一组的四个来源分别存在于机构(企业、非营利性机构或政府机构)或该机构所在的行业内部,换句话说就是行业外部大环境的改变,反映到行业或机构内部的一些征兆或信号,其背后是外界大环境的改变。这四个来源分别是:第一,意料之外的事件(意外的成功、意外的失败和意外的外部事件)。比如万豪酒店最早成立是做连锁餐饮,其中华盛顿州的一家餐馆生意意外火爆,原来是因为餐馆对面是机场,那时候飞机不提供餐食,于是万豪开始和航空公司合作,提供航空餐饮,取得了成功。第二,不协调的事件或者现象(现实状况和设想推测的状况不一致)。比如20世纪50年代之前,航海公司的成本居高不下,原因不在于船和船员,而是因为轮船在港口闲置、等待卸货装货的时间过长,于是就发明了集装箱,航运总成本下降了近60%。第三,程序的需要。比如巴西的阿苏尔航空公司,提出"从家到机场"服务,开通了机场免费大巴,成为巴西成长最快的航空公司。第四,没有人注意到的产业结构或者市场结构的变化。比如数码技术的出现,让传统照相行业发生了巨大变化。

第二组的三个来源是机构或者产业以外的变化,分别是:人口变化、认知和情绪上的变化、新知识的产生。这三个来源发生在机构和产业外部，除非它们以前四个来源的形式反映出来，否则常常容易受到忽视，但这三个来源更带有根本性并且可以直接被用来创新。

第二节　创新思维与方法

创新既是一种思维方式也是一种能力，体现在产生具有原创性的成果。经济学、管理学领域中的创新概念也逐步引入教育领域，强调通过教学培养学生的创新思维与创新能力，创新创业教育也应运而生。

一、思维方式及其分类

思维是人接收信息、存储信息、加工信息以及输出信息的活动过程。根据思维的凭借物划分，包括直观动作思维（凭借物：具体、实际动作）、具体形象思维（凭借物：表象）与抽象逻辑思维（凭借物：概念、判断、推理）；根据思维的逻辑性划分，包括直觉思维、分析思维；根据思维的指向性划分，包括聚合思维（又称求同思维）和发散思维（又称求异思维）；根据思维的创新性划分，包括常规思维与创新思维。其实，思维还有很多不同的分类方式，思维方式在应用过程中并没有严格区分，一是很多思维方式总是共同起作用，二是有些思维方式统一在某种思维方式之中。

下面简单介绍几种常见的思维方式，分别是逻辑思维、直觉思维和辩证思维。

（一）逻辑思维

逻辑思维也叫作推理思维或抽象思维，它指的是我们需要遵循标准的逻辑结构、既规范又严格的推理方法来开展思维活动。在我们进行逻辑思维活动的过程中，不仅能产生创造性成果，还能充分激发人类本身的创造力。假设我们在做一道高等数学推理证明题，自然而然地从题目所给的几个已知条件着手，一步步证明题目所要求的某个结论。在这一思考过程中，就思维活动的形式来说，很显然，它就是逻辑思维。因为在解答这道高等数学推理证明题的过程中，就是充分利用条件，逐步推理证明结论。

逻辑思维一般分为理论型和经验型两种类型。前者以理论为依据，借助科学的原理、公式等进行推理判断，一般科研工作者的思维属于这一类型。后者是建立在具体的实际活动上，以经验为依据形成概念，进而做出判断推理，一般来说，大部分的实践操作人员多属于这一类型。通过逻辑思维，人类对事物的认识才能达到把握其本质的程度，从而更好地了解客观世界，逻辑思维是人类认识的高级阶段，即理性认识阶段。

（二）直觉思维

直觉思维是指不受某种固定的逻辑规则约束而直接领悟事物本质的一种思维形式。直觉思维的主要特点是它并没有很清晰的因果关系的思维过程。很多专家认为，在对人类创新创造能力的研究过程中，人的创造力与人的直觉思维有着非常密切的关系，在一定程度上，甚至可以说直觉是创造力的源泉。

直觉思维拥有偶发性、不可靠性、灵活性、自由性等特点，它出现的时机，往往是在人体大脑处于最佳状态的时候,所以说直觉思维在创造性活动中具有不可小觑的作用。它能够帮助人类在面对问题时迅速做出较优的选择。除此之外,直觉思维也有利于人类产生创造性的预见,如17世纪法国著名哲学家笛卡尔曾经所说的那样:通过直觉可以发现作为推理的起点。关于直觉思维,有两点是需要我们注意的:一方面,就其本质来说,直觉思维是对事物间内在联系的宏观把握,这取决于关系表象;另一方面,直觉思维所做出的快速判断是基于实际经验与知识积累,并非空穴来风。

(三)辩证思维

辩证思维是指人类根据唯物辩证法的基本原理,结合运用唯物辩证法的一些基本方法来开展的思维活动形式。它是反映事物发展过程及其规律的思维,世间万物相互联系、相互影响,辩证思维则以动态的眼光来看待这些联系,从而得出相关结论。辩证思维的本质是"基于唯物辩证法,在联系发展中认识把握对象,在对立统一中认识事物"。辩证思维的方法包括:归纳演绎法、分析综合法、抽象具体法、逻辑历史法等。

辩证思维是唯物辩证法在思维中的运用,唯物辩证法的原理与规律均适用于辩证思维,包括对立统一原理、否定之否定原理等。可以说,有了唯物辩证法的支撑,辩证思维在很大程度上能正确反映人类科学的世界观和方法论。所以说辩证思维和人类的创新创造能力有着密不可分的联系。

二、创新思维方式及其分类

创新思维是一种以独特新颖的手段解决问题的思维过程,这就要求我们打破常规思维,采取一些不寻常甚至超常规的手段或角度来对待问题,进而生成与众不同的解决方法,在这个过程中也就产生了比较有价值且新颖独特的思维方式。创新思维可以说是一种力求崭新、不同寻常的思维,这是人类思维的一种高级形式。

创新思维包括发散思维与收敛思维、横向思维与纵向思维、正向思维与逆向思维、求同思维与求异思维等。总的来说,但凡是能通过新的点子,采取新的方法手段,产生新的成果的过程,都属于创新思维。它具有五个明显的特征,即创造性的思考、高度敏锐的灵感、独到的知识框架、积极的求异思维和敏锐的洞察力。

(一)发散思维与收敛思维

1. 发散思维

发散思维是由美国心理学家吉尔福特(J. P. Guilford)提出的,它是指对同一个问题,从不同梯度、不同视角来进行探索,进一步产生一些新发现、新理论、新结构的思维活动形式。人的创新意识很大程度上需要发散思维,没有发散就无所谓创新。发散思维具有三个显著特点——通畅性、灵活性与独创性,这三个特点同时也是构成创造性思维的核心部分。

通畅性,一般是指人类思想的自由发挥,应当在较短的时间内提出较多的思维观念,并较快习惯并吸收这些新的思维观念。一般来说,思维的通畅性体现为思维发散的量大,并且思路敏捷开阔,停顿的次数很少,能够在单位时间里迸发出较多的观点想法。

灵活性,一般是指打破人们意识中固有的思维定式,从某一个新的方向来正视事物问题的特性，可以使用横向比较、跨界转换、举一反三等方法，使得发散思维按照不同的层次和方向扩散发展，从而呈现出多样化。

独创性，一般是指按照之前完全没有的角度来看待事物，提炼出不同寻常的新点子，从而使我们获得创造性的收获。它体现在想法立意独特，能够出奇制胜，可以在比较陌生的情况或困难面前选择合适的方案，并能够用让人意想不到的手段来解决问题。独创性的思维是指具有与他人明显不同的思想观点，在面对和解决问题时不墨守成规，能很好地发现事物之间可能存在的某种新联系，进而提出新的假设观点。

下面举一个简单易懂的例子来体会一下究竟什么是发散思维：一只杯子掉下来，碎了。我们可以通过发散思维从以下不同角度来分析。

物理问题角度：杯子下落，这是属于自由落体运动，究竟多高下落才会碎呢；

化学问题角度：这是什么材质的杯子，为什么那么容易碎；

经济问题角度：这是刚买的，如今碎了还要重新再买一个，去取钱的时候银行卡还忘在了 ATM 机里；

语文问题角度：你太伤我心了，就像这个杯子一样无情；

社会问题角度：杯子从大厦楼顶落下，砸死一个人，引发骚乱，被定性为恐怖袭击；

心理问题角度：那一声破碎的声音触动了一个女孩，于是她花了一下午的时间去深入了解噪声为什么会让人紧张；

情感问题角度：这可是男朋友送给自己的情侣杯，他会不会因为这事而生气；

时间问题角度：杯子摔碎了，不光影响了心情，还要重新花时间去买一个新的，直接增加了时间成本；

历史问题角度：那是乾隆皇帝用过的杯子，有很多关于它的故事，是历史的唯一承载，如今碎了，对整个社会来说简直是巨大的损失。

就这么一个很常见且简单的例子，如果我们从不同的角度发散思维，会得到很多新奇的可能性结果。倘若是遇到一个困难需要我们去解决，那么我们合理地使用发散思维，从不同方向、不同角度、不同层次来进行探索，往往会使我们得到许多创造性的成果。

2. 收敛思维

简单来说，收敛思维是人们根据已知的信息，为了解决问题，寻求相对较优方案的一种思维。具体说来，收敛思维是指我们需要将各种杂乱的信息从不同的角度整合在一起，将自己的经验结合已知的并且可用的信息，根据一定的标准来对这些信息进行整理归纳，从不同的角度和层次，将有利于解决问题的信息逐渐归纳到有条理化的逻辑结构中，进而产生新的观点和想法，产生创造性的成果，最终形成一个相对满意且合理的解决方案。

其实，在一个完整的创造性思维过程中，要想寻求一个相对较优的解决方案，既少不了收敛思维，同样也离不开发散思维。发散思维是多方面多角度地思考问题，这样虽然能产生多种可能性的解决方案，但是并不代表能够获得最优方案，因此可以再从收敛思维的思考角度出发，遴选出一种相对较优的解决方案。由此可见，收敛思维是建立在发散思维基础上的，只有进行了比较充分的发散思维的思考，才能够获得较好的收敛思维效果。

在收敛思维的过程中，我们要想比较准确地找到相对较优的方案，那就必须全面地综合权衡各种发散思维的结果，然后对各种结果进行整理比较，此过程并不是简易地排列组合，而是应当以目标为核心，整合带有创新性的成果，再进行评价，从而进一步选择较优方案。

简单说来就是，发散思维所产生的一些假想方案，一般来说大多是不算成熟的或者不易操作的，因此通过收敛思维来对发散思维产生的方案进行筛选，最终得到相对较优的一个方案。

下面就收敛思维举个简单的例子。我们都知道隐形飞机是当今世界上的空中利器，但是隐形飞机的诞生却不是一件容易的事情。隐形飞机的制造其实就是一种多目标聚焦（收敛）的结果，首先人类通过发散思维，联想到是不是可以研发出一款让雷达无法侦测的飞机，然后通过研究仿生学得到相关的成果，再将其应用到最新的技术和材料领域，最终在飞机上实现了隐形效果。

（二）横向思维与纵向思维

横向思维是一种打破逻辑局限，将思维向更宽广的领域拓展的"前进式思考模式"，相当于是研究同一个事物在不同的环境状态下的发展情况，并在一定的程度上与周围发展的事物产生一些比较和联系，那么我们便可以找出该事物在不同状态下的相同点和不同点，从而可以创造出更多新想法、新观点、新事物。

纵向思维是我们通过对事物本身过去、现在和未来的发展变化分析对比，从而可以发现该事物在不同时期的发展特点以及前后变化联系，以更好地把握该事物的本质的一个思维过程。我们只有综合运用横向思维和纵向思维，才能对事物发展有全方位的了解，把握其本质，这也是我们提升创造力思维的重要技巧之一。

1. 横向思维

横向思维是由英国学者爱德华·德·波诺（Edward de Bono）于 1967 年在他发表的《水平思维的运用》中提出的，横向思维代表着当我们遇到问题的时候，需要从多个角度入手，打破以往遇到问题时的常规思路，逐渐拓展解决问题的角度，从而更好地解决问题。毫无疑问，这在我们的创造性活动中起着至关重要的作用。

世界是普遍联系的，而事物又是由若干相互影响、相互制约、相互联系的要素组成的，它们具有一定的功能与结构。可以说，横向思维是我们认识事物在相互发展的过程中联系与对比的一个重要的思维活动。

横向思维具有以下特点：一是，在规定的时间段内，研究同时存在的事物之间的联系，然后得到普遍的认识；二是，思维对象在空间上应当处于同一横断面，不能成为横向思维的客体；三是，思路发散，与多种事物交流信息。

我们在进行横向思维的过程当中，首先应当确定的就是时间的范围，然后在这个范围内研究各事物方面的相互关系，这样的比较和研究才具有较强的针对性。横向思维对事物进行横向比较，从事物相互联系的规律中来研究客体，这样才能充分考虑到事物各方面之间的联系，发现更多不易察觉的问题。横向思维是一种力求突破问题结构的开放性思维，在这个过程当中，能够不断发现事物之间的联系，从这些联系中便能获得相关启示。

横向思维中有一个比较经典的实例，那就是奥林匹克商业之父彼特·尤伯罗斯（Peter V. Ueberroth）负责主办的 1984 年洛杉矶奥运会。在尤伯罗斯之前，历届现代奥运会几乎都是亏损状态，给当地经济发展带来了较大的负担。而举办洛杉矶奥运会的初始阶段，当地政府并没有提供任何资金，奥运会结束时主办方竟然盈利 2 亿多美元，这样的成就归功于尤伯罗斯在对待奥运会经费问题上采用了横向思维，包括：

① 不建设豪华奥运村，利用假期大学生宿舍当作奥运村；

② 改造已有的体育场地，尽量少建新馆；
③ 以指定的营业和打广告为条件，让麦当劳出资 400 万美元建设游泳馆；
④ 同样以指定的营业和打广告为条件，筹集 400 万美元建设自行车赛场；
⑤ 选择 30 家赞助商筹资 1.17 亿美元；
⑥ 出售火炬传递接力权（3000 美元/km），获得 4500 万美元的收入；
⑦ 提前 1 年售卖门票以赚取大笔利息；
⑧ 找到 50 家奥运会供应商，每家至少捐款 400 万美元；
⑨ 以 2.75 亿美元出售电视转播权给各国电视台；
⑩ 本次奥运会标志兀鹰"山姆"，作为专利商品广泛出售。

从以上这些举措可以看出，尤伯罗斯不光有着超群的商业运作头脑，也很善于发挥横向思维的作用。在多措并举开源创收的同时，尤伯罗斯也在全力压缩开支，充分地运用已有设施和条件，所以尤伯罗斯能在不依赖洛杉矶政府的资金支持下成功举办了洛杉矶奥运会，最终盈利了 2.25 亿美元，因此他也被誉为奥运会的"商业之父"。

2. 纵向思维

纵向思维是指在一种结构范围内，依据有顺序的、能预测的、程序性的方向开展的思维活动。它是符合事物发展状态规律与人类认识事物本质的一种思考方式，按照从低到高、从浅到深、从始到终等标准进行，所以具有十分清晰的逻辑结构。具有纵向思维特点的人，往往对事物的认识深刻，能够较好地把握事物发展的规律、本质与趋势，也具有一定的预测性、预见性。

纵向思维长期以来被广泛应用在实践当中，其实任何一个事物都要经历出生、成长、壮大、衰老和死亡的过程，这个过程就是纵向思维形成的一个客观基础。在这个过程中，我们能学习到事物之间的联系，掌握事物发展的规律。所以说，纵向思维就是根据过去、现在到未来的时间来对事物进行考察，也是对事物发展过程的写照。

纵向思维中有个小例子：游客会从希腊雅典卫城的帕特农神庙的立柱上砍下一些碎片，虽然这种行为是违法的，但是游客仍然将碎片作为纪念品带走。雅典当地政府就从当初修建帕特农神庙立柱所用的矿场里运来一些大理石碎片，并将这些碎片散布在帕特农神庙立柱附近，游客以为自己捡起来的碎片是从立柱上掉落下来的，因此他们感到很满意，于是也自然而然地不去砍柱子上的碎片。

（三）正向思维与逆向思维

正向思维，是指我们按照常规思路，以时间发展的自然过程、事物的常见特征、一般趋势为标准的思维方式。正向思维可以用来揭示事物发展的本质，是由已知到未知的一种思维方法。与正向思维相反，逆向思维从反方向来思考问题，从逆向寻找问题的解决方法。正向思维和逆向思维是相辅相成、相互补充的，在一定程度上也能相互转化。

正向思维重视固有的知识与经验，而逆向思维善于打破常规，具有灵活性，我们在面对和解决实际问题的时候，应当将正向思维和逆向思维相结合，既要重视常规思维，利用已有的知识及经验，也要发挥人的主观能动性，让思维的思考方式呈现多向性。如此，在解决好问题的同时，也会带来创新的方法和收获。

1. 正向思维

正向思维是用常规思维来看待问题、解决问题，这里的常规思维，一般有原理、定理、经验等，实际上也就是演绎推理的一个过程。正向思维一个很重要的价值就是它运用已有的知识和经验来分析和解决问题，从已知领域拓展到未知领域。

但是，我们在充分肯定正向思维价值的同时，也要了解它的局限性。第一，如果我们过度强调正向思维，则会出现教条主义与思想僵化。虽然存在的常理有某些方面的合理性，但也会存在一定的片面性。因此，我们不能一味地固守常理，不敢去创新。不能让这种思维束缚了我们的创新能力。第二，过分强调正向思维，会让我们失去思维的主体性。虽然人是认识事物的主体，但是一味地遵从正向思维则会让我们在思考问题的时候带有固有的逻辑思维，而不进行创新，只能变成对规范的顺从。

2. 逆向思维

逆向思维则建议我们敢于反其道而行之，即我们站在事物的对立面来思考问题，从问题的反方向进行思考分析，不能只以一个固定的思维方向思考问题。比如我国历史上著名的"司马光砸缸"故事，大多数人思考的第一反应可能是救人离水，但就是在这样的突发事件下，聪明的司马光很好地运用了逆向思维，果断地用石头砸破了大水缸，从而成功、及时地挽救了小伙伴的生命。这种用绝大多数人没有想过的思考方式来解决实际问题，往往会带来出奇制胜的效果。所以说，有时候我们看待问题，如果换一个角度，摆脱常规思维的束缚，也是促进创新发展的一个因素。

一般来说，逆向思维有三种模式，即反转型逆向思维法、转换型逆向思维法和缺点逆用思维法。

反转型逆向思维法，就是从事物已知的相反方向进行思考，从而产生新的解决方法，一般是从事物的功能、结构和因果关系进行的反向思维。比如风靡一时的空气炸锅，就是将原有炸锅的热源从下面改装到上面，这就是从物理构造角度进行反向思考的一个产物。

转换型逆向思维法，就是我们在遇到一个难题时所能使用的方法受到阻碍，那么这时就要换个角度、方法来解决这个难题。就像上面所讲的"司马光砸缸"案例一样，他用"砸缸"这个手段替代了"水里捞人"这个受阻碍的方法，从而成功地解决了问题。

缺点逆用思维法，就是利用事物存在的缺点，从缺点角度出发，正视事物本身存在的缺陷，将缺点转换成可利用的因素，将缺点化弊为利，探求可能存在的合理解决方法。比如说，美国"饭桶演唱队"前身是"三人迪斯科演唱队"，是由三名比较肥胖的小伙子组成。他们"炒作"自己的缺点，演唱的题材多为"三个大饭桶"等笑料，演唱时穿着又宽又大的演出服，结果一举成名。

（四）求同思维与求异思维

求同思维是指在创造活动中，根据需要把两个或两个以上的事物联系在一起，然后在这些结合点中产生新创意的思维活动。求异思维是指对待某一问题或现象进行多方位、多角度、多层次的分析与思考，捕捉事物之间的内部矛盾，进一步揭示事物的本质属性，从而产生一些新的思想和看法的一种思维方法。

1. 求同思维

我们通常所说的求同思维包括归纳法和演绎法。从已知的知识、经验和定理出发，沿着单一的方向，一步一步地推导出令我们满意的答案，这种获得事物发展的规律和事物本质的基本方法叫作归纳法。把这些归纳出的事物发展规律和本质进行推广的方法叫作演绎法。

求同思维是沿着单一的思维方向，按照规范且严密的逻辑思维，以实事求是的态度，从客观事实出发，揭示事物内部存在的规律与联系，并且通过大量的实践来进行检验和论证。求同思维讲究的是异中求同，只要我们能寻找出事物之间的结合点，就能产生意外的收获。当然，组合之后的事物的功能并不是原有事物的简单相加，而是会出现新的功能与特征。

活字印刷机就是一个比较经典的例子。相传十五世纪德国人约翰内斯·谷登堡（Johannes Gensfleisch zur Laden zum Gutenberg）首先研究的是硬币打印机，它能在金币上压出印痕，但是印出的面积太小没办法用来印书，之后谷登堡从葡萄压榨机中得到启发，葡萄压榨机是使用两块很大的平板，将葡萄放入两块板之间便能压出葡萄汁，通过比较、分析这两种机器的异同，从求同思维出发，将二者长处结合在一起，经过多次试验，终于发明了欧洲第一台活字印刷机。

2. 求异思维

当我们遇到一些比较棘手的问题时，求异思维往往能派上用场，因为它不拘泥于传统的规则，而是打破旧有的思维定式。求异思维也是依据客观事实的，任何事物除了具有普遍规律与联系之外，也存在一些特殊的本质和规律，要想进行求异思维，就需要我们不断积累经验和积极思考，这样才能给我们带来新颖独特的成果和收获。

求异思维在军事、经济和日常生产生活领域中具有广泛的应用。比如说日本松下的无绳电熨斗，在 20 世纪 80 年代，电熨斗进入了滞销行列，如何开发新产品，使得电熨斗再现生机，是松下电器的电熨斗事业部比较头疼的一个问题。松下电器电熨斗事业部部长岩见宪一通过征集几十个家庭主妇对于电熨斗的使用意见，最终得到开发无绳电熨斗的启示。同时根据一般妇女使用熨斗的动作习惯，对无绳电熨斗进行了改进，设计出一个充电槽，每次熨烫后将熨斗放进充电槽充电，八秒即可充满电，这种改进使得熨斗重量大大减轻，新型无绳电熨斗由此诞生，成为当年最畅销的产品。

三、培养创新思维的方法

创新思维的方法是整合以及总结创新思维的潜在规律，产生对解决问题有帮助的方案或者方法。比如 TRIZ 是俄文"发明家式的解决任务理论"的英语标音的首字母缩写，是由发明家根里奇·阿奇舒勒（Genrich S. Altshuler）及其团队通过分析大量专利和创新案例总结出来的创新方法论，更适用于解决技术领域里的发明问题，帮助韩国三星集团在技术创新方面取得了令人瞩目的成就。

下面介绍几种比较容易理解且具有较强可操作性的创新思维培养方法：整体思考法、5WHY 分析法与头脑风暴法。

（一）整体思考法

整体思考法是由英国学者爱德华·德·波诺（Edward de Bono）提出的如何进行全面思考的思维模型。这个模型向我们展示出一套"横向思考"的工具，避免了将时间浪费在相互讨论争执上，这种方法将思维方式分为六类，又称"六项思考帽"（six thinking hats）。运用波诺的"六项思考帽",可以帮助人们将混乱的思考变得清晰,使团体中无意义的争论变成集思广益的创造。同时,能够将一般争辩型思维转化为制图型思维,从而能够更加形象地展示出思考的路线,也有利于思维的展开与整理。

六顶思考帽,是指使用六种不同颜色的帽子,分别代表客观性思考、探索性思考、积极性思考、批判性思考、直觉性思考、总结性思考这六种不同的思维模式。

1. 客观性思考——白色思考帽

戴上白色思考帽,人们思考的是关注客观的事实和数据。此时需要撇开所有的建议与讨论,仅对客观事实、信息数字进行思考,包括:已经拥有什么信息?还缺少什么信息?需要得到什么信息?怎样得到这些信息?通过思考得出已有信息和所需要的信息。

2. 探索性思考——绿色思考帽

绿色思考帽寓意创造力和想象力,具有创造性思考、头脑风暴、求异思维等功能。这个过程就需要我们尽可能多地提出一些新奇的建议,创造出一些新观念、新方法。探索性思考是创造性思维过程中十分重要且有价值的思考方式,这个思考过程产生的价值可以通过其他思考方式加工处理后,逐渐变成切实可行的方案。

3. 积极性思考——黄色思考帽

戴上黄色思考帽,人们从正面考虑问题,表达乐观的、满怀希望的、建设性的观点。这需要我们以一种积极的态度看待思考对象的优点与缺点,按照严密的逻辑结构寻找事物发展的可能性。比如我们应该去想:它为什么有利?它为什么能做?它具有什么潜在的价值?哪怕思考对象的优势不是很突出,我们也要努力寻找与发掘。

4. 批判性思考——黑色思考帽

戴上黑色思考帽,人们可以用否定、怀疑的看法,合乎逻辑地进行批判,尽情发表负面的意见,找出逻辑上的错误。在思考问题时,我们需要站在事实的角度,敢于对问题质疑,罗列出不可取的因素,用批判的眼光来看待问题的不可行性。比如:它有做的必要吗?它会不会有不安全的因素?用批判的眼光结合事物本身具有的价值来思考问题,这样的思考方式是非常可取的。

5. 直觉性思考——红色思考帽

戴上红色思考帽,人们可以表达自己的情绪,还可以表达直觉、感受、预感等方面的看法。思考的过程中应表达出对思考事物的感觉或者预感,但是并不要求给出具体原因。直觉和情感是思考者在某一领域的经验,是我们在潜意识中进行的综合判断。

6. 总结性思考——蓝色思考帽

戴蓝色思考帽者负责控制和调节思维过程,负责控制各种思考帽的使用顺序,规划和管理整个思考过程,并负责做出结论。我们在思考过程中,及时地对思考方案进行总结提炼和适当修改,有利于下一步的工作安排,在这个过程中,需要我们时刻保持冷静,把控思维的思考节奏。

利用整体思考法即"六项思考帽"的典型应用步骤如下:第一,戴上白帽,开始陈述问题;第二,戴上绿帽,提出解决问题的方案;第三,戴上黄帽,评估该方案的优点;第四,戴上黑帽，列举该方案的缺点；第五，戴上红帽，对该方案进行直觉判断；第六，戴上蓝帽，总结陈述，做出决策。

作为一个普通人也能迅速掌握的思维工具，"六顶思考帽"已被50多个国家政府在中小学教育领域内设为教学课程，同时也被世界许多著名商业组织作为创造组织合力和创造力的通用工具。

（二）5WHY分析法

5WHY分析法，最初由日本丰田公司提出并广泛采用，首创人是丰田汽车公司前副社长大野耐一。他认为要解决问题就必须找出问题的根本原因，而不是问题本身，这个根本原因隐藏在问题的背后。举例来说，一辆汽车坏掉了，原因可能是某个零部件坏掉了，或者就是生产厂商出厂质量把关出现了问题，但是造成这些问题的根本原因是什么呢？答案必须更加深入地挖掘，并询问问题何以发生。先问第一个"为什么"，得到答案之后，再问第二个"为什么"，以此类推，问五个"为什么"。这个方法的使用前提就是对问题的信息充分了解。下面这个经典的例子可以生动地说明这种方法的特点。

大野耐一曾经举了一个例子来找出停机的真正原因。有一次，大野耐一发现一条生产线上的机器总是停转，虽然修过好多次仍然不见好转，于是大野耐一与工人进行了以下的问答：

一问："为什么机器停掉了？"答："因为超过负荷，保险丝就断了。"
二问："为什么超过负荷呢？"答："因为轴承的润滑不够。"
三问："为什么润滑不够？"答："因为润滑泵吸不上油来。"
四问："为什么吸不上油来？"答："因为油泵轴磨损、松动了。"
五问："为什么磨损了呢？"答："因为没有安装过滤器，混进了铁屑等杂质。"

经过上述这样连续五次不停地问为什么，才能找到问题的真正原因和解决方法。最后，工人在油泵轴上安装了过滤器，彻底解决了这个问题。如果没有这种刨根问底的精神来发掘问题，很有可能最终就只是换了根保险丝就草草了事，真正的问题却没有得到解决。

从上面这个经典的例子可以看出，5WHY分析法并没有多么玄妙，只是通过连续发问为什么，就能使得我们在看待问题时避开表面现象，从而深入系统分析根本原因所在，那么很多相关的问题就会迎刃而解。这也与我国古代俗语"打破砂锅问到底"不谋而合，体现了锲而不舍、不断探索的创新精神。

（三）头脑风暴法

头脑风暴法出自"头脑风暴"（brain-storming）一词，最早是精神病理学上的用语，针对精神病患者的精神错乱状态而言的，如今转而为无限制地自由联想和讨论，其目的在于产生新观念或激发创新设想。头脑风暴法由美国BBDO广告公司的亚历克斯·奥斯本（Alex Faickney Osborn）首创，通常指一帮人开动脑筋，在一起进行自由的、创造性的思考与联想，并各自发表意见，能在短时间内提出解决问题的大量构想的一种方法。这种方法可以说是目前最具实用性的一种集体创造性解决问题的方法。

1. 头脑风暴法的基本规则

（1）暂缓评价。在头脑风暴会议上，会议主持人和与会者对于会上发表的各种意见不要当场做出评价，更不能当场提出指责与批评。因为现场进行评价不仅会占用时间和脑力资源，而且会影响其他参会者的发言，从而一定程度上抑制新观点的产生。现场所有的想法和观点都是有潜力成为好观点的，也能启发其他人产生比较创新的观点。因此，应当将评价放在后面的阶段，这样不仅有利于形成良好的讨论氛围，也能有助于参与者提出更多更好的想法。

（2）鼓励提出独特的想法。在一个比较轻松的氛围下，与会者坐在一起，就像家人、朋友聊天那样，各自发表言论，有利于形成自己独特的见解。就算有些是异想天开的想法，虽然不能够实现，但是也能有助于他人开辟新的思维方式。

（3）追求较多的数量。头脑风暴会议结束时应该会有大量的想法和解决方案，那么这里面就有可能会有一个比较好的方案，所以说会议应该强调在给定的时间内获得尽可能多的方案。如果只追求方案的质量，那么就会将时间和精力集中在对方案的完善和补充上，这会影响到其他方案的提出，反而不利于调动参会成员的积极性。

（4）对想法进行组合与改进。一个好的想法或者方案不一定就是由一个人所提出来的，更多是对他人提出来的好想法进行整理组合，取其精华去其糟粕，对好想法加以改进后，就会形成一个更好的想法或者方案。

2. 头脑风暴小组成员要求

（1）小组人数的确定。一般来说，参加头脑风暴会议的人数在 5~10 人比较合适，包括主持人和记录员在内以 6~7 人为最佳。小组人数太多或太少的话，效果都不太理想。人数过多时，很多人就会因为时间限制失去畅所欲言的机会；人数过少时，场面可能一度冷清，影响参与者的热情，也会直接影响到会议的效果。

（2）不宜过多专家参与。在头脑风暴会议进行过程中，如果参会专家太多，就很难做到暂缓评价，而且专家一般在自身领域具有一定的权威，也会对其他参与者发言有威慑作用，产生一定的心理压力，其他参与者很难做到畅所欲言。在实际操作头脑风暴会议时，参与者往往都是从各行业各领域里挑选出来的成员，发言时都最好不要从专业角度发表评论，避免引发不必要的争议，产生不良效果。而且，对参会人员的选取也有一定的原则：一是，在参会者相互认识的前提下，不应该有上下级关系的共同参与，否则也会对一些参会者形成心理压力，影响会议效果；二是，如果参会者相互不认识，不要公开每个人的职务，不论职务高低，同等对待；三是，参会专家中，最好包括一些对讨论领域具有较深理解的人。

（3）参会者有不同的学科背景。如果说参会者都是相似或者同一学科背景，在讨论的过程中也比较容易引发争论，而且他们思考的领域范围也有限，就不能很好地发挥头脑风暴法的优势，相反，如果说是一群不同学科背景的人聚在一起头脑风暴，因为各自的领域不同，他们就会从不同的角度、不同的层次给出千差万别的观点，这才是头脑风暴法想要的效果。

（4）参会者有较强的联想思维能力。联想思维能力是头脑风暴法获得良好效果的重要保证，首先需要组织者提供一个适合参与者注意力高度集中的场所环境，头脑风暴法所产生的结果是参会者集体创造出来的成果，需要的就是参与过程中小组成员相互感染激励，互相补充完善。

（5）小组主持人的确定。主持人需要对整个头脑风暴过程进行控制与协调，把握好时间节奏，控制好会议的讨论气氛，才能减少头脑风暴的抑制因素，激励新想法，发挥参会者的群体创造力。所以说头脑风暴会议的主持人必须要有丰富的经验，充分把握讨论问题的本质,在不偏离讨论方向的前提下,尽可能地激发参会者的创意灵感。

3. 头脑风暴法的实施步骤

第一,确定讨论主题。主题最好要具体,以便进行有效的联想和创意激发。

第二,确定参加会议的人选。将问题写成问题分析材料连同会议程序在会议开始前就发给参会成员。

第三,召开预备会议。简要介绍头脑风暴会议的基本原则,让小组成员熟悉会议流程,以便正式会议开始之后尽快适应头脑风暴法的氛围。

第四,会议开始。由主持人再次叙述议题,并要求小组成员开始发表与讨论问题相关的观点或思路想法。

第五,创意收集阶段与创意激发和生成阶段同时进行。记录下来的创意是进行改善所需要的材料,所以记录内容要放在全体成员都能看到的地方。

第六,创意评价。先确定创意的评价和选取的标准,确保使用的标准具有可行性、效用性和经济性。在会议之后,对所有创意进行评价和选择,以找到最佳解决问题的办法。

4. 头脑风暴法的优缺点

头脑风暴法具有以下优点:第一,打破了阻碍想象的壁垒,小组成员一律平等,在轻松愉快的范围中大胆联想,让新创意充分迸发。第二,头脑风暴法属于集体讨论,能很好地满足社会需要,提高工作效率。第三,增加集体成员们之间的沟通交流,相互启发,产生更多高质量的创意和解决方案。

但是,头脑风暴法也具有一定的局限性:第一,若在讨论的过程中,小组成员发生矛盾或者争议,就会直接产生不愉快的会议氛围,也会影响接下来的讨论质量。第二,集体讨论这个过程会花费一定的时间和精力,若所解决的问题比较紧急,那么头脑风暴法可能并不适用。第三,如果参会人员中有比较权威的专家喜欢控制会议进程,这样不光会降低效率,使得讨论方向偏离主题,也会抑制其他参会者的言论发表。

第三节 创新及研究生创新教育

一、创新及创新教育的重要性

创新是驱动人类文明和经济社会可持续发展的主要动力。1936 年,著名科学家爱因斯坦在美国高等教育 300 周年纪念大会上曾说:"没有个人独创性和个人志愿的统一规格的人所组成的社会,将是一个没有发展可能的不幸的社会。"现代管理学之父德鲁克指出:"竞争优势的秘密是创新,这在现在比历史上的任何时候都更是如此。距离已经消失,要么创新,要么死亡。"

人类社会的发展就是一部创新的历史,近代以来人类文明进步所取得的丰硕成果主要得益于科学发现与技术创新。近年来,创新已成为全球经济社会发展的主要驱动力,创新能力已成为国家综合国力和竞争力的核心要素。我国各方面的综合实力之所以能够发展得如此迅猛,正是因为创新在其中扮演了极为重要的角色。教育水平的提高、科研成果的不断问世、航天事业的快速发展,无一不以创新作为中坚力量。

创新的重要性和意义不言而喻，可以说创新是培养新世纪人才的通行标尺，是引领发展的第一动力，是一个国家不断前行的不竭动力，是一个民族赖以生存的精神灵魂。

二、研究生创新教育的重要性

当前新一轮的科技与产业变革正在全球范围内迅速兴起，成为国与国竞争的焦点，而高精尖科技领域的竞争尤为激烈。个别科技发达的国家在电子信息技术、医学生命科学等领域的关键技术上"卡脖子"，对我国科技发展造成严重挑战。行业产业人才培养要求发生深刻变化，对高层次人才培养提出了现实需求。

高校是培育创新创业人才的主阵地，研究生教育是国家高层次人才自主培养的主渠道。2014年全国研究生教育质量工作会议强调，研究生教育作为国家创新体系的生力军，承担着高端人才供给和科学技术创新的双重使命，是世界各国抢占发展制高点的共同选择，是我国实施创新驱动发展的战略支撑，是建设高等教育强国的重要标志。一个国家没有强大的研究生教育，就没有强大的人才支撑和创新体系，就没有强大的综合国力和国际竞争能力。2020年7月，全国研究生教育会议强调，研究生教育在培养创新人才、提高创新能力、服务经济社会发展、推进国家治理体系和治理能力现代化等方面具有重要作用。

国家政策凸显了研究生教育在整个高等教育改革发展中的地位，也将研究生教育放到了实现国家发展战略的高度上。全面建设社会主义现代化国家，实现中华民族伟大复兴的中国梦，归根到底要靠人才、靠教育。

第四节　研究生创新教育实例

一、哈佛大学"贯通式"课程体系

哈佛大学建立于1636年，是美国一所历史久远的高等学府，公认的世界一流综合性大学。1869年，哈佛大学开始颁发硕士学位。1872年，哈佛大学领先设立了研究生院，并于第二年正式颁发博士学位，为美国的学位制度建设奠定了基础。

在传统的高等教育体系中，本科生、研究生和博士生的培养是相对割裂和独立的，在这样的培养模式下，知识的断层和重复严重影响了研究生的培养质量，不利于创新型人才的培养。在此背景下，哈佛大学倡导"本硕博"贯通式的研究生培养模式。本科生和研究生的课程相互连贯、循序渐进，其相关课程是本科生和研究生都可以选择的，避免了课程的重复教授和学习内容的不衔接。

哈佛大学会根据各院系和学科的情况，规定贯通式博士生入学后需要修习的课程数量，课程数相对同校分段式博士生一般多6～10门，有的院系还会规定贯通式博士生在修完本专业硕士生课程的基础上，再多修若干课程。哈佛大学博士生的课程体系大致分为大课和研讨班两类。大课的主要形式除了类似于国内的大课教学，由一名教授每周两次进行讲授之外，还会安排助教组织学生进行课堂讨论，讨论的材料一般基于教授的讲座、阅读材料等，这就要求学生不仅要上课认真听讲，更要阅读大量资料才能保证课程质量。大部分哈佛的博士研究生还会兼任助教职位，其要求比听课更高，不仅要大量阅读掌握前沿信息，还要组织引导本科生与研究生的讨论，在这样不同角色的转换之间，极大地锻炼了博士研究生的创新性思维与教学能力。研讨班在人文社科领域应用较多。首先，任教老师规定阅读的文献，上课的博士研究生需要在开课之前阅读完文献，并对文献进行分析，得出自身对文献的理解和认知，并在课上提出问题进行讨论。课上的时间主要交给学生，老师担任引导方向和指出问题的角色，并在讨论过程中对不同观点发表意见，课程结束时对学生的讨论进行总结。该类课程注重于锻炼博士研究生的独立思考能力，对学生创新能力的培养十分有益。

二、牛津大学"导师制"教育

牛津大学位于英国牛津，在第二次世界大战后开始发展研究生教育，近三十年，牛津大学又成立了一些研究生院。其研究生教育最大的特点就是"导师制"。

牛津大学的"导师制"最初产生于14世纪，真正具有现代意义的"导师制"建立于19世纪大学考试制度改革之后。与我国的"研究生导师"这一概念不同，牛津大学的"导师制"是一种以本科教学为主，以"一对一"教学为主要特征的人才培养和教学制度。目前"一对一"的导师教学已并不多见，更多的是2~4名学生一起，师生在问题的讨论中相互影响、相互启发。牛津大学的"导师制"中心环节是师生共同探究，是一种典型的"合作探讨式"教学，有效培养了学生自主学习、独立思考的能力，训练学生发现问题、解决问题、大胆质疑的思维能力，使得知识学习成为学生对已有知识结构与新的信息进行积极组合、重新建构的过程。

牛津大学"导师制"的成功运作对于完善研究生导师管理制度、加强导师的选聘和培训、将指导能力列入导师评价体系等具有很强的借鉴作用。同时，近年来我国很多高校也在探索研究生教育以外的"导师制"，以更好地贯彻"三全育人"理念，适应创新型人才培养目标。

三、北京大学研究生交叉学科培养

北京大学的研究生教育可以追溯到20世纪初，1917年，北京大学成立"研究所"并开始招收研究生，是当时全国规模最大、人数最多和最早开始培养研究生的大学。

2006年开始，北京大学设立了"前沿交叉学科研究院"，在全国高等院校中率先开辟了跨学科研究的试验田。研究院现有十余个研究机构，涵盖众多交叉研究领域，研究生在其中开展各项跨学科的前沿问题研究与科学技术攻关，取得一系列重大研究成果。这种交叉学科的人才培养平台，打破了学科的行政壁垒，推动了开放性的学科体系形成。为了理顺培养过程及学位毕业等环节，学校实行交叉学科研究生招生计划单独划线，制订特色的培养计划，创新导师管理体系，成立了全国高校第一个"交叉学科学位评定分委员会"，同时自主设立了"数据科学""纳米科技"和"整合生命科学"三个全新的交叉二级学科。

四、清华大学研究生教育改革

清华大学从20世纪20年代起开始培养研究生，自1981年国家建立学位制度至2021年10月，学校共授予博士和硕士学位近13万人。2020年6月，清华大学在国内高校中率先完成研究生学位评定标准改革。2020年7月29日，国家召开了新中国成立以来的第一次全国研究生教育会议。2020年9月清华大学举行研究生教育改革研讨月，10月召开研究生教育大会。2021年2月，清华大学发布《关于在新发展阶段进一步深化研究生教育改革的若干意见》，吹响了研究生教育改革的冲锋号。文件结合全国研究生教育会议与学校研讨总结的主要问题，提出12条具体举措，包括健全研究生思想政治教育体系，加强指导教师队伍建设，完善学科专业结构，建立本研贯通培养新模式，加强研究生课程和教材建设，发挥科教融合育人优势，完善产教融合育人机制，健全研究生教育质量保障体系，建立研究生学风建设长效机制，提升研究生教育国际合作层次，构建全覆盖的研究生发展支持体系，加强研究生教育改革的组织实施。

参考文献

[1] 汪霞. 研究生创新型人才培养研究 [M]. 南京：南京大学出版社，2018.
[2] 麦克劳. 创新的先知：约瑟夫·熊彼特传 [M]. 陈叶盛，周端明，蔡静，译. 北京：中信出版社，2010.
[3] 熊彼特. 经济发展理论 [M]. 孔伟艳，朱攀峰，娄季芳，译. 北京：北京大学出版社，2008.
[4] 陈劲. 陈劲文集：创新引领 [M]. 北京：清华大学出版社，2019.
[5] 周光礼. 面向创新的大学教育 科教融合理念及其模式构建 [M]. 北京：科学出版社，2019.
[6] 周苏，褚赟. 创新创业：思维、方法与能力 [M]. 北京：清华大学出版社，2017.
[7] 周苏. 创新思维与TRIZ创新方法 [M]. 北京：清华大学出版社，2015.
[8] 马廷奇. "双一流"建设与大学发展 [J]. 国家教育行政学院学报，2016 (9)：9-14.
[9] 周泉兴，王琪. 研究生教育的本质：历史、现实和哲学的考察 [J]. 中国高教研究，2009 (2)：38-40.
[10] 王战军，于妍，王晴. 研究生教育创新发展要深刻识辨五大变化 [J]. 学位与研究生教育，2021 (2)：1-7.
[11] 学位与研究生教育编辑部. 聚焦质量 谋划改革 推动内涵发展——全国研究生教育质量工作会议暨国务院学位委员会第三十一次会议综述 [J]. 学位与研究生教育，2015 (1)：24-25.
[12] 北京大学研究生院. 守正创新 引领未来——北京大学研究生教育综述 [J]. 中国研究生，2018 (7)：26-30.
[13] 新华社. 两院院士大会中国科协第十次全国代表大会在京召开 [J]. 党建，2021 (6)：4-7.
[14] 钱佩忠，吕莹莹. 我国大学校长任职标准和社会形象的历史变迁 [J]. 江苏高教，2013 (4)：25-28.
[15] 周菁若. 管理类专业"三创"人才培养的"四元主体"模型构建研究 [J]. 产业创新研究，2022 (9)：160-162.
[16] 杨宗凯，姬红兵，田聪. 需求导向培养高层次人才——以西安电子科技大学为例 [J]. 大学与学科，2021 (1)：5-12.
[17] 张建刚. 论消费对生产的影响——兼论如何扩大国内消费需求 [J]. 教学与研究，2021 (3)：27-36.
[18] 房俊峰，谢姝琳，宗培刚，等. 协同视角下研究生创业教育生态系统构建及实施策略 [J]. 教师，2021 (34)：125-126.
[19] 卢剑峰. 因缘法与5why法 [J]. 企业管理，2015 (5)：35.
[20] 陈曦，韩祺. 新发展格局下的科技自立自强：理论内涵、主要标志与实现路径 [J]. 宏观经济研究，2021 (12)：95-104.
[21] 赵庆，余梅，李京，等. 负责任创新：实践与理论分析 [J]. 科研管理，2021 (11)：1-7.
[22] 林玉刀. 创新之父熊彼特&管理学之父德鲁克 [J]. 现代营销（营销学苑），2008 (7)：48-52.
[23] 周振林. 技术创新理论的发展 [J]. 创新，2007 (3)：121-123.
[24] 曹世铎. 苏珊·桑塔格的批判主义——浅谈设计思维中逆向思维 [J]. 中国科教创新导刊，2011 (22)：128.
[25] 刘三女牙. 加快推动学科交叉融合助力发展高质量教育 [J]. 国家教育行政学院学报，2020 (12)：46-51.
[26] 武文生. 创新驱动"三方法"——新经济咨询核心方法 [J]. 中国科技产业，2013 (8)：56-57.
[27] 周洪林. 牛津大学与它的导师制 [J]. 复旦教育论坛，2005 (4)：2.
[28] 祁邵峰. C公司中国市场创新战略解析 [D]. 上海：上海交通大学，2011.
[29] 戴运华. GO公司HepDX技术创新项目风险管理研究 [D]. 上海：华东理工大学，2013.

[30] 刘延东. 在全国研究生教育质量工作会议暨国务院学位委员会第三十一次会议上的讲话 [EB/OL]. (2015-01-05) [2022-12-29].

[31] 清华大学研究生院.《清华大学关于在新发展阶段进一步深化研究生教育改革的若干意见》宣讲会举行 [EB/OL]. (2021-03-26) [2022-12-29].

[32] 蒋倩. 用户习惯与创新设计的辨证关系研究 [D]. 杭州：浙江大学，2013.

[33] 何支涛. 创新不仅是技术概念，也是经济概念 [J]. 企业管理，2021（10）：1.

[34] 陈洪涛，姚礼敏. 深入实施创新驱动发展战略的几点思考 [J]. 政策瞭望，2013（6）：27-30.

[35] 辛本禄，穆思宇. 动态服务创新能力视域下企业知识创新实现路径探究 [J]. 情报科学，2023，41（1）：174-181.

[36] 孙希磊，李伟. 新时代大学精神与人才培养向度 [J]. 国际公关，2021（5）：18-20.

[37] 徐凌志. 大学生创造力开发与发明创造实践研究 [J]. 安徽工业大学学报（社会科学版），2010，27（5）：91-93.

[38] 吕婷. 清华大学发布推进研究生教育改革和大学创新体系建设方案 [N]. 新清华，2021-03-05（1）.

[39] 王莉华，高源月. 研究型大学研究生成就目标定向与学业拖延——学业自我效能感的中介效应 [J]. 研究生教育研究，2021（3）：26-34.

[40] 2020年中国研究生教育十大热点 [J]. 中国研究生，2021，196（1）：2-9.

[41] 叶雨婷. 世间上百年名校无非育人——中青报中青网记者专访清华大学校长邱勇 [N]. 中国青年报，2021-03-22（5）.

[42] 吉林省人民政府办公厅. 吉林省人民政府办公厅关于印发吉林省"十四五"教育发展规划的通知 [J]. 吉林省人民政府公报，2022（20）：5-36.

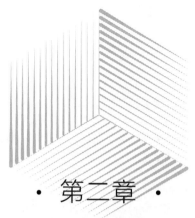

第二章
案例教学模式

现代案例教学法兴起于20世纪20年代,最早是由时任美国哈佛大学法学院院长的兰代尔(Christopher Columbus Langdell)提出的一种以实际案例为基础的教学方法,并将这种从实践中获得理论的教学方法应用于法学专业教学中。随后案例教学法逐步被推广应用到其他实践性较强的学科,如工商管理、医学、金融学、教育学和公共管理等,尤其受哈佛大学商学院推崇。美国高等教育著名专家伯顿·克拉克(Burton R. Clark)曾提出:"一个杰出的典型案例可以抵得上一千种遥远的理论。"案例教学模式在全世界范围内被认为是一种有效和先进的教学模式。

此后,案例教学在国内外教学实践中获得极佳的效果而受到教育界的极大关注,在研究生教育领域得到了迅速推广。2015年5月,教育部在《关于加强专业学位研究生案例教学和联合培养基地建设的意见》文件中明确指出"深化专业学位研究生培养模式改革,提高培养质量,充分加强专业学位研究生案例教学"。2020年9月,国务院学位委员会、教育部印发《专业学位研究生教育发展方案(2020—2025)》文件,明确指出"强化专业学位论文应用导向,硕士专业学位论文可以案例分析等为主要内容""破除仅以论文发表评价教师的简单做法,将教学案例编写等纳入教师考核、评聘体系"。

案例教学作为研究生尤其是专业学位研究生培养的重要方法得到了国家的认可和鼓励,能够有效利用现有的教学条件与资源,在不增加教师过多负担的情况下,解决传统课堂教学中学生认知经历的单一化与创新人才培养的矛盾,实现了教学与科研的有机融合和双向促进,全面提高了教学质量。

第一节 案例教学的概念及特征

一、案例与案例教学的基本概念

(一)案例的概念

案例,英文写作"case",可翻译为个案、案例、事例等。由于视角和应用场合不同,人们对案例的内涵描述也不尽相同。如果我们将视角缩小到教育领域，大部分学者认为案例首先必须是一个典型性的、包含教育道理的事例，这个事例应发生在真实的教育情境中，存在一个或多个教育方面的疑难问题或突出矛盾点，能通过这些矛盾点启发学生思考，引导他们开展专业知识的学习。

（二）案例教学的概念

关于案例教学法，我国最早可追溯至春秋战国时期，国外亦可追溯至古希腊、古罗马时代。以孔子为代表的我国古代思想家、教育家采用诱导启发式的教学方法，通过具体的故事来阐明事理，并形成了大量以"案例"为主的经典图书，将人类智慧的结晶浓缩在简洁生动的故事之中，传给后人。《论语·述而》中写到"不愤不启，不悱不发，举一隅不以三隅反，则不复也"，孔子倡导的启发式教学要求教师不仅要抓住"启"的时机，而且还要善于发问，从而达到触类旁通的目的。差不多与孔子同一时期的古希腊著名哲学家和教育家苏格拉底，同样采用"对话式"的教学方法。他通过向学生不断提问并不断揭示对方回答问题中的矛盾，引导学生总结出一般性结论，从而培养了学生批判精神及逻辑推理、辩证思考能力。苏格拉底把这种通过不断发问，从辩论中弄清问题的方法称作"精神助产术"（art of midwifery），这也是为什么"案例教学法"也被称为"苏格拉底式教学法"。孔子和苏格拉底两位大师的教育思想有异曲同工之妙，是现代案例教学法的早期雏形。

在现代教育学中，案例教学法是一种基于实践中学习的理念、教师以教学案例为基础、在课堂中帮助学生达到特定学习目的的一整套教学方法及技巧。通过对一个具体真实情景的描述，将学生引入特定的、复杂的现实环境，由教师引导学生进行讨论来完成学习。案例教学可看成是学生在精心设计的情境中进行的体验式学习，是一种以学为本、学与教相结合的教学活动。

案例教学包含了三个基本要素：一是以教师和学生为共同主体，教师引导学生完成学习；二是以教学客体"案例"为核心，学生通过案例模拟情境中的分析、决策过程进行学习；三是以讨论为主要的教学方式，学生通过交流互动，合作完成学习。

二、案例教学的特征

案例教学以问题为导向，本质上关注现实生活中的问题，力图促进学生专业知识、行为技能和决策能力的发展。与传统教学方法相比，案例教学在教学目的、教学载体、教学方式、沟通渠道和师生地位等方面有着明显的区别，具有五个基本特征。

（一）学习情境性

在案例教学中，教师向学生呈现的信息是从具体的情境中精选出来的实例，学生通过一个个独特且有代表性的典型事件的情景再现与角色体验，实现学习与现实情境的沟通与融合。在源于生活、生产和社会实际所创设的具有挑战性问题的案例情境里，学生在教师的引导下，探索和获取有用的信息并解决具体的问题。面对案例情境中丰富的信息，不同的学生面对同一个问题可能会产生不同的观点。因此，选取案例的客观真实度越高，问题的典型性与实践性就越强，专业知识与具体情境的融合度就越高，情境的模拟性越强，学生的收获也会越大。案例教学正是通过创设这种客观真实的学习情境，将理论与实践融为一体，在一个个鲜活的案例情境中，充分激发学生学习的积极性、主动性和创造性。

（二）学生主体性

作为一种引导式和启发式的教学方式，案例教学以学生为中心，教师在案例教学中的角色从课堂的主导者转变为学生学习的辅助者，鼓励学生参与教学活动，组织学生开展讨论交流，并在必要的时候为学生提供帮助，使学生通过案例的学习构建自己的知识结构。在案例教学过程中，学生不再是被动的信息接受者，而是通过主动搜索、查找、阅读、理解和分析资料，对案例进行分析、讨论，独立自主地融入案例学习中，沉浸在案例所描述的真实情境中，充分体验角色，并逐步建立起一套较为完整的思维方法和实际工作体系。

（三）合作互动性

案例教学以小组讨论和课堂讨论作为主要的学习方式，这种讨论学习实际上构建了"学习共同体"，促进了案例教学的多向互动。处于学习共同体中的学生们共享目标，合作解决案例中呈现的问题。围绕这一目标，学生不断地从教学案例中提取信息，师生之间、生生之间通过对话进行交流，每个参与者都可以充分表达自己的观点，通过相互争辩、讨论、交流，形成判断，寻找策略，共同解决问题，并在此过程中相互学习，形成更丰富、更深刻的理解。因此，在案例分析和讨论过程中，一次次共识或者观点交锋都是课堂平等主体之间理解与分析的分享与融通，形成了思维共振的局面。

（四）问题探索性

案例教学是探究能力的建构过程，以案例中的实际问题为起点，以解决方案为指向，由此达到知识能力建构的目标。案例教学过程正是在提出问题与解决问题之间通过各种方法和手段深入、持久而广泛地思索与探究的过程，教学的目的不再仅仅局限于知识传授，更在于启发学生主动探求思索，最终掌握有效解决问题的态度与方法，从而提高他们分析问题与解决问题的能力。因此，案例教学中的问题通常具有挑战性，有一定的难度和深度，能激活学生的内在动力，激发学生思考并探索解决问题的方法与途径。此外，案例教学中的问题通常具有灵活性与开放性的特质，所提出的问题并非僵化的或者有固定答案的，而是不受既有结论性知识约束的，是不确定的、多元性的。在教学过程中，对同一个案例，虽然学生在同样的情境下获取相同的信息，但会有不同的见解。学生在教师引导下通过分析、思考与讨论，探索解决问题的多种可能方案，并从多种方案中得出最佳方案。因此，案例教学的探索性本质使得学生的学习获得感很强，较好地触发了学生的创造热情。

（五）综合实践性

案例教学的教学内容针对性强，接近工程实际，可以使学生在校提前了解未来职业中可能面临的问题，较好地解决学校培养目标与社会所需专业人才之间的差异问题。案例的分析、解决过程较为复杂，它不仅需要学生具备基本的理论知识，而且还需要学生具有审时度势、权衡应变、果断决策的能力。因此，案例教学的实施，需要学生综合运用各种知识和技巧来灵活处理不同的案例，不断地提高分析问题和解决问题的能力。案例教学充分重视学生的主观能动性和实践性，让他们积极参与到现实情境中，在已经经过实践检验了的真实事件中充当角色，运用已有的知识，通过自己的分析、思考，得出自己的判断，做出自己的决策，实现从理论到实践的转化，弥补实践经验的不足，成为能独立应对实际情况的实践主体。

三、教学案例的特征

案例教学法之所以在许多学科领域的教学中得到广泛应用，原因就在于其中的教学案例可以成为非常有效地传递理论概念和基本原理的载体。可见，教学案例是案例教学的核心，也是实现情景模拟的关键。离开了教学案例，案例教学也就无从谈起。

教学案例是一个基于真实事件和情景而进行的客观描述或创作的故事，它具有明确的教学目的，案例中通常含有一个或多个疑难问题，学生可以通过认真研究或分析提出解决问题的多种方案，从中获取知识、提升能力。

教学案例通常通过叙述式描述来展现事件或情景，目的是让学生沉浸在案例故事的事件和行动中，面对所遇到的问题，站在决策者的立场上进行分析和决策，以便学生在模拟的世界中发展决策能力。写得好、引导得当的案例能够使学生寻找到多种备选方案，通过权衡这些方案的利弊，选择并论证一种方案的可行性。在教学案例中，解决问题的方案通常不在案例研究中直接描述，而是由学生通过分析、讨论或辩论，最终提出自己的建议。教学质量取决于学生课前准备的程度、对课堂的参与程度以及教师的引导技巧。教学案例一般具有六个特点。

（一）典型性

因为典型，案例才具有特殊情境里的普遍意义。案例的典型性既表现在案例所选择的特定事件在社会实践中具有代表性，也表现在案例所描述的情景与所需要说明的原理之间具有代表性的紧密联系；不仅可以使学生掌握有关的原理和方法，而且也为他们在今后的工作中将这些理论和方法运用于实践奠定一定的基础。

（二）情景性

案例应符合客观实际，取材于工作、生活中的现实场景，数据真实可信，经得起推敲与检验，学生能够领会或鉴别有关情景。

（三）完整性

案例中的事件应有一个从开始到结束的体系完整的情节，有事件发生的时间、地点等，情节具体且详细，并包括一些冲突，符合案例教学的内容要求。

（四）针对性

案例应具有较强的针对性，不但要针对教学目标使案例内容与所学知识点有机结合，而且要针对教学对象的年龄特征、认知水平和知识结构等特点加以选择和加工。

（五）启发性

案例是为一定的教学目的服务的，案例的选材和内容应代表专业领域的理论和实践前沿，能够引导学生深入思考，进而深化理解教学内容。案例并不给出正确答案，也没有唯一的最佳方法，提供的信息和问题能引发不同的思考、争论、选择，通过案例分析有助于打破心理定式，有效地促进思维发展，建立起创新型思维，引导通过案例学习理解与掌握知识的应用，主动建构自己的知识体系，达到触类旁通的学习效果。

（六）不确定性

案例应为多种解决方案提供足够的空间，使学生可以通过已掌握的知识来分析问题、制定解决方案，并从多种方案中做出选择，从而论证方案的可行性与有效性。

第二节 案例教学的理论基础

案例教学为何具有如此好的教学效果？从现代教育学学习理论角度分析，迁移假设理论、社会互动理论、信息加工理论、建构主义学习理论、顿悟学习理论等构成了案例教学的理论基础。

一、迁移假设理论

迁移假设理论认为人在解决问题中形成的思路与假设能够迁移到相似问题的解决中去，且学习情境与日后运用所学内容的实际情境相类似则有助于学习的迁移。

案例教学中的案例大多来源于真实的情境，与学生将来在工作中所要面临的实际情况具有极为相似的情境。学生以"当事人"的身份去处理案例中所面临的问题，通过查找、搜集与案例有关的信息，理解与分析案例，提炼自己的观点，与小组其他成员讨论，寻求问题的解答，这一过程就是学习、掌握、运用所学原理、概念、方法等专业理论知识，形成对案例中问题解决办法的假设过程。在这一过程中，学生对案例的分析就是对现实生活中可能遇到情境的分析，是将理论知识与现实的实际问题有效结合起来而形成自己的经验与理解。这种案例情境与现实情况的相似性使学生在案例学习中获得知识与经验，有效地促进迁移的发生。

二、社会互动理论

社会互动理论是研究人与社会环境相互作用的规律、模式的社会学理论。社会互动理论认为，互动是人类社会中一种极为普遍的现象，其基本观点是群体成员之间通过互动而实现相互促进和相互发展。教学活动是人类重要的社会活动之一，是一种持续的交往互动过程。

案例教学中的小组讨论、班级讨论，把教学因素之间的互动作为促进学习的主要途径，而且这种互动不再局限于师生之间，而是将其推广至教师与学生、学生与学生之间，形成了各因素之间多边互动的统一体。案例教学的互动方式既有教师作为信息源，将信息传递给学生的单向过程；也有师生之间相互作用获得信息的双向过程；还有教师与学生、学生与学生之间相互作用的多边互动过程，且平等的交往关系能够促进学生学习兴趣的产生，加强学生的沟通能力，从而获得教学最佳效果。

三、信息加工理论

信息加工理论是一种描述大脑加工、储存和提取过程的学习理论，认为人的认知过程就是对信息的加工过程，属于认知主义学习理论的一个分支。研究表明，大脑参与和组织信息的过程就是丢弃、联结并有选择地忽视或排除信息，将信息井然有序地联系起来，使信息能被更高效地提取和使用的过程。知识和技能的不断获取可使大脑越来越高效。

信息加工理论认为，个体的知识可分为陈述性知识和程序性知识两种。传统教学方式注重理论知识即陈述性知识的教学与记忆，缺少程序性知识的应用，学生习惯于对命题的记诵，缺乏应用知识的情景与经验，导致解决实际复杂问题的能力不足。

在案例教学过程中，学生为解决案例中的问题，需独自搜索、查找、阅读、理解和分析资料，获取信息，提炼观点。整个过程中学生不是被动的知识接受者，而是积极的信息加工者，学习的目的并不是掌握知识点本身，而是要超越所给的信息，提升信息加工能力。这个过程有助于学生自我学习能力、沟通交往能力和解决问题能力的提高。

四、建构主义学习理论

建构主义学习理论是一种以"学习者为中心"的学习理论，认为学习过程是学生在一定的情境下，借助其他人（包括教师和学习伙伴）的帮助，利用必要的学习资料，以独特的信息加工方式自主建构知识的过程。新的知识建构在原有知识结构基础上，通过同化和异化，并与环境交互作用，形成一个新的、开放的知识结构。也就是说，外部知识只有通过学生对其意义的建构才能"内化"为自身拥有的知识。

因此，建构知识意义的过程就是学生对外部知识信息、领悟所学知识进行加工的过程。一方面，新知识被纳入已有的认知结构中，获得了新的意义；另一方面，因为新知识的纳入，原有的知识经验得到了一定调整或改组。建构主义学习理论强调以学生为中心，强调学生是认知的主体，教学活动中学生不再是知识的被动接受者，而是知识的主动汲取者和自身知识王国的建造者，而教师则是帮助者、促进者。

案例是从社会实践中提炼出来的，用真实、复杂的故事呈现问题，并提供解决问题的工具，为学生提供了主动建构意义的对象。教师为学生创设真实、复杂、开放的学习环境，驱动学生探索与解决问题，建构自己的认知结构。

五、顿悟学习理论

顿悟学习理论是由德国格式塔派心理学家沃尔夫冈·科勒（Wolfgang Köhler）提出来的一种学习理论，属于认知论一派。科勒认为学习不是盲目的尝试，而是对情境认知后的顿悟。所谓顿悟，就是自发地对某种情境中各种刺激之间关系的豁然领会，也就是突然地理解、不经逻辑地分析推理而仅凭直觉领悟到学习对象的本质特征。

案例教学的情境性、启发性和交往性是顿悟激发和产生的环境与动力。案例作为现实情境，将学生置于生动的问题情境之中，通过教师的引导与激发，帮助学生发现情境中各个刺激间的相互关系，充分调动各方面知识，从总体上理解问题、解决问题。案例中富有启发性的问题，在讨论中学生可以在自己发表观点和倾听他人观点的过程中取长补短，全面认知情境、理解问题，不断地找到更好的问题解决办法，从而激发顿悟学习。

第三节　案例教学的实施过程

案例教学的实施过程一般包括案例课程设计、课前准备、课堂教学，以及教学评价与反馈等几个过程。

一、案例课程设计

（一）确定教学目标

案例课程设计首先要确定教学目标，明确的教学目标能够向学生准确传递期望，即在学习之后他们应该能做什么，从而使得学生在学习过程中能够清楚地知道自己应该专注于什么。教学目标的设计应当更多地从学生的角度进行考虑，而不是单纯从教师的角度和学科内容的角度进行考虑，学生知识背景、经验背景的把握是案例教学的出发点。

案例教学目标可以从基本知识、问题领会、材料运用、要素分析、系统综合、价值判断与评价等几个方面考虑。如激发学生的兴趣和求知，提高学生文献查阅、信息获取的能力，加强学生对理论知识的理解及应用，促进学生批判性思维、逻辑思维的形成，促进学生交流、沟通、表达、分析能力发展，增强学生团队合作精神及领导、社交能力等。

教学目标的选择，除了考虑学生在教学之前做些什么，教学过程中做些什么，教学完成以后又需要做些什么，还要考虑有哪些教学资源可以使用等。

（二）编写教学案例

合适的案例是案例教学成功的前提。编选的案例要考虑教学目标与内容，具有教学适用性以及典型性、针对性和启发性。案例除了实现教学目标以外，还应与学生的认知发展水平和基础知识匹配适应。同时，案例描述的情境应当简明清晰，力求情境的真实性，信息量合适，案例讨论的时间安排与教学时数相适应等。

二、课前准备

（一）教师的课前准备工作

教师课前的准备始于课程设计。在课程设计中需选择并确定案例展示的顺序以及拟定讨论案例的要求。

首先，教师应熟悉案例内容，完整掌握案例中包含的事件，找出案例中关键性问题，分析和评价与案例有关的材料，明确在课上引导学生进行案例分析的逻辑链，了解可能需要的计算以及学生可能涉及的专业知识背景。

其次，预测学生对案例的反应以及自己的应对方案，想象案例讨论的全过程。学生可能会怎样看待案例中提出的问题，可能会提出什么样的问题，案例内容对学生来说是否具有挑战性，能否激发他们的学习兴趣……

再次，制订案例讨论计划，安排课堂讨论中分析案例的顺序，思考案例讨论如何进行，评估课堂讨论中是否会出现一种观点占上风或一边倒的现象，如果出现这种现象应如何进行扭转，等等。

最后，提前把问题或困境展现给学生，要求学生在上课前预先思考这些问题，以便更好地使案例讨论与教学按照预设情节展开。

（二）学生的课前准备工作

课前预先研究案例中的问题能够有助于调动学生的学习热情并促使他们为讨论做好充分的准备。所以，在案例教学之前，学生应根据教师提出的要求认真阅读案例，充分理解案例所描述的事实和细节，深入分析和评价与案例有关的背景资料，在反复思考的基础上，提出经得起别人反驳的见解和对策，了解自我学习案例中获得的概括性的认识或结论，做好与其他同学进行交流沟通的准备。

小组讨论是学生准备过程的一个重要组成部分，在案例教学前，教师可以要求学生按学习小组进行集体准备。小组讨论不仅需要学生具备专业知识，还需要学生具有心理和情感上的准备。学生通过小组讨论共同提出的种种认识，往往能够超越个人认识的局限。小组讨论不仅给每个学生提供了参与讨论和检验自己思路与观点的机会，而且也给他们提供了与他人合作的机会，使他们学习如何与他人相处以及开展工作。小组讨论可以进一步增进学生对案例的了解和认识，促使学生做好课前准备，在积极参与小组讨论的前提下，每个学生在讨论中都可以成为智慧的贡献者，有效提高学习的质量。

（三）课堂教学计划与安排

在完成课程设计与准备后，教师需着手安排教学过程，即制订课堂教学计划。课堂教学计划一般需考虑教学内容管理、时间管理和学习过程的质量，即确保讨论主题紧紧围绕教学目标，确保有效分配课堂时间以实现教学目标，确保学习过程的有效性从而实现教学目标，具体包括需要提问的问题、每个阶段讨论的时间和结束讨论的方法等。

三、课堂教学

（一）教学讨论环节

案例教学的讨论环节一般分为讨论开始、讨论疑难问题、提供备选方案、结论四个阶段。

在案例讨论开始时，教师可以对案例中的事件、进展情节甚至案例中的论点进行简短的概括，唤醒学生已有的专业知识经验背景，并为后续的讨论构建一个包括主要事件和解决方法的框架。通过向学生提出课前准备好的问题，从学生的回答中引出事件、看法、解释或论点来展开讨论。

在案例讨论前期，教师应指引学生聚焦于案例的情境，识别对案例中的主体产生直接与间接影响的外部环境与内部要素,确定案例中的关键问题所在,甄别案例中疑难问题的特征并展开讨论。

由于案例教学的主要目的是形成学生的问题意识、提高他们解决问题的能力,因而学生积极参与讨论至关重要,教师的任务是在讨论过程中尽可能让学生思考并积极发言。因此,案例讨论时,首先,教师要为学生创造一个良好的自由讨论氛围,使得每个学生都可以真实地表达自己的想法,同时也可以挑战别人的观点;其次,教师要进行必要的引导,提出关键性的问题,使讨论紧紧围绕主题展开,并促使学生对某一问题进行更加深入的思考或调整视角注意到更为重要的问题;再次,教师要及时发现分歧意见,引起辩论,帮助学生更加清晰地认识案例中的疑难问题,促进问题讨论的深化;最后,教师还需协助学生理清思路,对关键性论题进行汇总,适时引出与论题相关的理论知识,把讨论引导到问题的解决层面。

提供备选方案是案例教学过程中的一个重要组成部分,一般在讨论一个案例时至少应准备两种不同的备选方案,而且教师要明确传递出对于"两难问题"提出的所有解决办法都具有同等价值的观念。通过案例讨论引导学生提炼出案例中内含的理论概念,将既有经验与知识储备有机结合,解析假设问题并归纳新的概念或规律。

在讨论之后,教师和学生都应对案例讨论进行总结,强调案例中的关键点以及存在的不足。教师在做案例讨论总结时,可以通过回顾讨论过程、罗列主要观点、提示思维盲区、发掘问题深度等方法结束案例讨论。在总结中教师应充分肯定各种见解的合理性,尊重学生的创见。教师得体的总结会促使学生对相关问题保持长期的关注和不断地思考,而学生进行恰当的总结则是讨论成功的标志。

(二)教学讨论方法

在案例教学中,讨论法一般有讨论式、辩论式和研讨式三种形式。讨论式适合于刚刚开始学习案例分析且经验不足的学生;辩论式适宜于具有一定专业知识、对案例分析有一定经验的学生;研讨式则是教师先提出具体的活动内容和背景材料,指定一些参考文献或资料,学生完全以角色的身份直接参与活动,写出活动分析报告,由教师选择有代表性的案例让大家一起研讨。

四、教学评价与反馈

评价与反馈是案例教学中的最后一步,其核心是案例教学的成效,关注的焦点是学生的行为。

首先是对学生行为的评价。一方面,教师应关注学生的课堂参与度。学生是否自觉地参与讨论,对案例能否做出有意义的、对理解问题有帮助的分析;是否提出了其他人未提供的备选方案,是否提出了具有挑战性的问题并指出案例中需要进一步探究的内容;能否确定案例中关键性的假设,能否将已有知识与案例结合、融入一定逻辑结构中并引申出合理的结论;能否提出行动或实施计划的建议,能否做出有意义的总结,等等。另一方面,教师对学生的案例分析和学习结果进行考核评价,通常采用测验和报告的形式来评估他们的行为。能否辨别和分析出案例中的主要问题,能否鉴别出案例情境所隐含的主要假设,分析方法是否正确,提出或反对备选方案的理由是否充分,与案例的假设是否一致,等等。

其次是进行教师的教学评价,包括教师自我评价和学生对课程绩效的评价两个方面。教师的自我评价通常关注在以下几方面：教师对课程的准备是否充分，选用的案例和课程设计是否能够较好地实现教学目标，营造的课堂讨论氛围是否能够激发学生积极参与讨论，是否较好地激发起了学生的学习动机与学习兴趣等。学生的评价主要是从课堂讨论、案例质量和对课程的满意度三个方面进行。

第四节 高质量案例教学的决定因素

一般来说，影响整个教学过程的五个要素分别是教师、学生、教学内容、教学方法和教学环境。与传统教学相比，案例教学在教学目的、教学载体、教学方式、沟通渠道和师生地位等方面都有着明显的不同，案例教学以讨论为主要学习方式，着眼于学生思维能力、创造能力的培养。要获得好的教学效果，能充分反映现实、说明问题的案例是核心，教师的有效组织是保证，学生的积极参与是前提。因此，高质量案例的撰写、教师的有效组织、学生的积极参与、教学环境的创设是高质量案例教学中的关键要素。

一、高质量案例的撰写

案例教学以案例为教学的起点，阐述理论、启发学生、提高能力等教学任务全部都围绕案例展开和完成，因此，选择高质量的案例是成功实施案例教学的基础和关键。

案例是对一个实际情景的描述，应与学生生活实际相联系，符合学生的思维发展水平和知识经验，特别是学生的专业知识基础和实际生活经验。一般来说，一个高质量的案例通常具有以下特征。

第一，有明确的重点和清晰实在的目的，符合教学目标；

第二，有一个无明确答案的问题，能够提供多种合理答案以激发学生批判性思维；

第三，有一个明确必须解决的问题，需要学生运用案例中的信息去思考问题；

第四，需要学生进行批判性、分析性的思考，以便对问题及其可能的解决方式进行评估；

第五，具有足够进行深入分析但非常有限的信息，能够使学生利用现有信息进行高质量的分析和推理并做出决策，也促使学生习惯实际情景中信息的不完整性和模糊性。

一般来说，案例与问题设计要能够链接学生已有的知识结构，能够让其中最适合追加的新知识链接起来，以确保新的知识被建构到已有的知识结构中，并能够应用于分析、解决案例中呈现的问题。同时，案例也是沟通理论与实践的桥梁，通过案例学习，可以考查学生对基础理论知识的掌握程度。案例本身可能包含一定的理论素材，也有可能没有点明理论背景但涉及一定的理论问题，学生进行案例学习、分析的过程就是探索与思考理论如何运用于实际的过程。

案例设计需突出事件中的矛盾、对立的叙述，彰显案例的主题，案例中设计的问题并不在多，关键是要显而不露，能启发学生积极思考。案例中涉及的有关数据一般需要进行一定的计算、加工、推导，目的是训练学生的信息加工与整理能力。案例的设计还应能培养学生形成观点的多元化，使学生意识到大多数实际问题的解决依赖于解决者的特定视角。

二、教师的有效组织

案例教学本质上是一种体验式的学习，学生是学习的主体和中心，教师则处于辅助地位，是学生学习活动的支持者、指导者和促进者。在案例教学中，依靠教师丰富的经验和对学科知识的宏观把握，为学生提供案例的背景信息、方法和策略上的指导。当学生遇到困难时不再直接传授学科知识，而是推动学生自主查找、理解和选择信息，通过相互讨论激发思考，解决问题，获取知识。

案例教学的独特性对教师提出了特定的且更高的素质要求，一方面，案例本身无法给教师完整的理论知识体系，需要教师自己提炼；另一方面，案例教学需要教师借助案例通过环环相扣的逻辑链，引导学生分析讨论出答案。

这就要求教师在课前进行充分的准备，具备扎实的专业知识基础，对案例及案例中的问题有透彻的理解，清晰地掌握基础知识、重点知识和难点知识。

同时，从事案例教学的教师更要熟悉学生，掌握学生的认知规律，具备驾驭课堂讨论的技能与谦虚耐心的态度，可以做好案例解读、讨论引导、适时发问、场面控制等工作。教师既能通过"在恰当的时候，以恰当的方式，对恰当的人，提恰当的问题"来调动所有学生的参与热情，又能牢牢掌握讨论的主线，不露声色地及时叫停学生偏离主题的发言，还能及时捕捉学生在案例学习过程中的不同视角与独特想法，拓展学生理论视野的广度和知识建构的深度。

三、学生的积极参与

在案例教学的整个过程中，学生从最初的提出问题者，通过主动交流讨论，最终成为问题的解决者，始终体现了其主体作用。案例教学中学生由配角变为主角，而非被动的知识接受者。学生在教师的指导下，通读案例、获取信息、主动思考、积极假设、认真验证、交流反馈、获得结论。这一过程要求学生在掌握案例的背景材料及相关专业基础知识上，从错综复杂的案例情境中寻找关键问题，学会从不同角度发现问题的方法，找到解决方案或做出决策。

因此，案例教学对学生的相关专业知识理论储备、分析能力、沟通与互动能力、参与的主动性和积极性等方面提出了一定的要求。案例教学中，学生由掌握一般通用知识转变为学习、掌握和运用处理具体时间、具体场合和具体事件中蕴含的知识；由单纯掌握书本知识转变为学习实践知识，提高能力，增强自信心。

四、教学环境的创设

案例教学以讨论为主要教学形式，知识和思想在教师与学生之间双向流动，案例教学的成功取决于教师和学生的共同努力，需要教学双方积极地参与和配合。其中便于交流研讨的环境及氛围，可以极大提高案例教学的效果。因此，案例教学的课堂规模、座位布置、教具、音像等配套设施是有效实施案例教学的重要条件与保障。

一般来说，案例教学的课堂规模不宜太大，否则学生发言讨论的机会不充分，难以达到案例教学的目的；教室的空间大小与教学规模相匹配，便于师生开展讨论；教室的桌椅应可以移动，教室的布局与座位的排列应根据案例教学的需要进行布置，以利于师生之间、生生之间平等地沟通与交流。

常见的座位排列方式有 U 形座位、O 形座位和梅花形座位等。U 形座位适合小组讨论后的成果交流，教师位于中间马蹄形空地，这样的座位排列适合全班范围内的案例分析以及教师的总结点评，教师一走上讲台就相当于来到了学生中间，为师生互动提供了极好的"地理"条件；O 形座位排列没有主次和先后，表达机会均等，适合教师与学生、学生与学生之间的双向交流；梅花形座位排列适合小组作业式的案例教学，每个"花瓣"由一个小组成员围坐而成，一个班的几个小组共同组成一朵"梅花"。这种座位排列显示每个小组都是平等的，小组中的每个成员也都是平等的。

参考文献

[1] 周紫哲. 保险学案例教学的理论与实践思考[J]. 金融教学与研究，2012（4）：74-75.
[2] 周光礼. 面向创新的大学教育 科教融合理念及其模式构建[M]. 北京：科学出版社，2019.
[3] 戴文博，朱方伟. 案例教学知识转移机理研究[J]. 管理案例研究与评论，2013（6）：501-511.
[4] 张家军，靳玉乐. 论案例教学的本质与特点[J]. 中国教育学刊，2004（1）：48-50.
[5] 唐世纲，李枭鹰. 论案例教学的内涵及基本特征[J]. 教学与管理，2004（6）：47-49.
[6] 倪海珍. 案例分析法在心理健康教育中的应用[J]. 教学与管理，2012（6）：137-139.
[7] 唐世纲. 案例教学的理论基础简析[J]. 吉林省教育学院学报，2007（9）：52-53.
[8] 教育部. 教育部关于加强专业学位研究生案例教学和联合培养基地建设的意见[R/OL].（2015-05-11）[2022-12-29].
[9] 国务院学位委员会 教育部. 国务院学位委员会 教育部关于印发《专业学位研究生教育发展方案（2020—2025）》的通知[R/OL].（2020-09-30）[2022-12-29].
[10] 徐延宇. 案例教学及其运用[D]. 长沙：湖南师范大学，2002.
[11] 王玉萍. 心理学案例教学法的 SWOT 分析及其对策研究[J]. 福建师范大学学报（哲学社会科学版），2012（4）：167-172.
[12] 夏春梅. 案例教学在数据库课程中的应用[J]. 创新与创业教育，2013（1）：41-45.
[13] 翟宪. 案例教学初探[J]. 课程·教材·教法，1996（1）：57-59.
[14] 周坤亮. 教师教育中的案例教学法[J]. 教育理论与实践，2011（5）：34-36.
[15] 刘作凌. 高校本科法学课程案例教学的思考与运用——以"刑事诉讼法"课程为例[J]. 当代教育理论与实践，2021（3）：73-77.
[16] 武斐婕，周新生. 《国际经济学》案例教学探析[J]. 高等财经教育研究，2011（1）：41-45.
[17] 刘果. 温病学案例教学法初探[D]. 北京：北京中医药大学，2006.
[18] 王宇. 案例教学法在《市场营销学》课堂教学中的应用研究[D]. 呼和浩特：内蒙古师范大学，2007.
[19] 周光礼，周详，秦惠民，等. 科教融合 学术育人——以高水平科研支撑高质量本科教学的行动框架[J]. 中国高教研究. 2018（8）：11-16.
[20] 黄宝印，林梦泉，韩菲，等. 重视中国主体案例建设 构建中国特色高水平案例建设新模式[J]. 中国高等教育. 2022，700（21）：17-19.
[21] 王飞. 美国教育硕士课程设置的特点及其启示[J]. 高等继续教育学报. 2021，34（1）：10-14，60.
[22] 罗纯，吴先勇. 案例教学的学习理论解析[J]. 教学与管理. 2018，730（9）：12-15.
[23] 张桂蓉，杭南. 基于教学执行主体的行政管理专业实践教学模式创新研究[J]. 创新与创业教育. 2016，7（4）：45-49.

第三章
研究生案例教学法实践

第一节 国内研究生案例教学情况概述

一、研究生教学案例的类型

（一）管理类教学案例

管理类教学案例一般是指以美国哈佛大学商学院为代表的一类案例，是目前传统意义上的主流研究生教学案例。这些案例具有统一的教学规范、明确的教学目标与要求，一般以具有启发性的真实事件为背景，经过规范化的案例写作、测试与评审的案例纳入教学案例资源库。具体而言，案例教学法的教学目标是训练与提高学生面对特定问题的分析、设计与决策能力，案例仅仅是实现教学目标的一种手段或载体。这类案例教学法课前准备任务相当繁重，不仅仅是完成案例阅读与小组研讨，还要对案例所涉及的决策问题的知识、方法、模型、理论等完成自我学习，课中主要是决策分析与观点研讨，而非知识点的讲解，这一点有些类似翻转课堂。目前，国内经管类工商管理硕士（MBA）、会计硕士（MPAcc）、法学类法律硕士（JM）等研究生教学案例主要为此类型。

（二）项目类教学案例

项目类教学案例是以工程问题为导向的教学过程，与管理类教学案例不同，项目类教学案例关注对现实问题、具体任务提出最终的解决方案，可以简单把它理解为通过行动学习方式完成项目所提出的目标任务，它也是一个工程专题任务的实践过程。项目案例教学法更关注现场实践环节，这也是目前国内外理工类专业学位研究生必不可少的能力与实践要求。

实施项目案例教学法除了关注问题导向之外，更应注重知识技能转化和学习过程的支持，因此教师在教学中应当提供与所学专业相关的知识技能与工具方法。同时，由于项目案例教学是面向实际问题的，而实际问题所涉业务领域、知识范围非常广，导致项目案例教学法缺少教学成果的内在一致性，不可能根据学情分析做到特定筛选，这是项目案例教学法在教学实施中所面临的难点。

二、管理类教学案例及其体系

目前,管理类案例教学法已构建起以全国管理案例精英赛、中国 MPAcc 学生案例大赛为代表的案例大赛,以全国百篇优秀管理案例评选、全国会计硕士专业学位优秀案例评选为代表的优秀案例评选,以中国专业学位教学案例中心、中国管理案例共享中心、全国 MPAcc 教学案例库为代表的教学案例库,以中国管理案例学术年会为代表的案例学术会议,以中国案例研究期刊联盟为代表的管理案例研究期刊,呈现出立体结构的案例教学体系,见图 3-1。

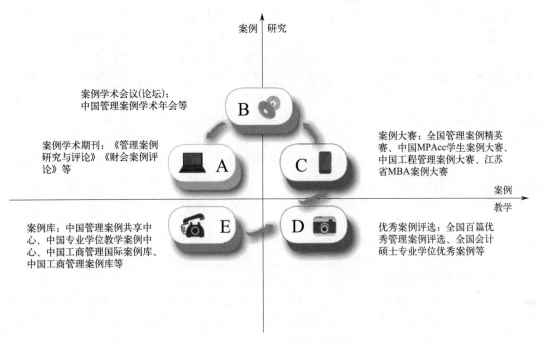

图 3-1 管理类研究生案例教学与研究体系

(一)管理类案例大赛

1. 全国管理案例精英赛

全国管理案例精英赛由全国工商管理专业学位研究生教育指导委员会、中国管理案例共享中心、中国管理案例中心联盟及中国管理现代化研究会管理案例研究专业委员会联合主办,通过对社会经济热点案例的分析与讨论,高度模拟现实商战,提升 MBA 学员的综合分析与决策能力,推进中国工商管理教育,检验案例教学成果,加强各高校商学院、管理学院之间的交流与合作。

全国管理案例精英赛自 2013 年起每年举办一届,从每年的 3 月启动,赛程半年时间。比赛分为校园突围赛、分赛区晋级赛、全国总决赛三个赛段。校园突围赛由各高校自行安排,分赛区晋级赛和全国总决赛由大赛组委会统一安排,由来自全国高校的学术界知名学者及相关领域的企业家担任大赛评委,采取参赛院校回避制,比赛形式采取"大小 PK"制,不仅台上两支队伍分别进行陈述和互相提问,评委及观众也可对台上的队伍进行提问。比赛分为赛前盲审和现场竞赛两个环节。赛前盲审环节是针对各队提交的案例分析报告进行打分，分值为 40 分，现场竞赛环节分值为 60 分，并分别去掉极值分数，最终成绩取决于两个环节得分的总和。比赛案例聚焦社会经济的热点问题，均来源于中国管理案例共享中心案例库中收录的百篇优秀管理案例。

2. 中国 MPAcc 学生案例大赛

中国 MPAcc 学生案例大赛是由全国会计专业学位研究生教育指导委员会指导，MPAcc 学生案例大赛组委会主办，北京交通大学、重庆大学、东北财经大学、湖南大学、暨南大学、上海财经大学、上海国家会计学院、西安交通大学、西南财经大学、厦门大学、中国人民大学、中南财经政法大学、中山大学和中央财经大学共 14 家培养单位联合发起组织的公益性赛事。大赛分初赛第一阶段、初赛第二阶段、复赛、决赛四个阶段。初赛第一阶段，参赛团队以官方公布的案例为对象，进行分析、研究，并提出解决方案。按照各赛区进入赛区评委评分环节的团队数量分配晋级初赛第二阶段的名额，共 100 支团队晋级。初赛第二阶段，参赛团队根据官方公布的调研方向和要求，开展实地调研，搜集整理素材，编写案例并提出解决方案。按照各组进入初赛第二阶段的团队数量分配晋级名额，共计 10 支团队进入复赛。晋级复赛的 10 支团队通过抽签两两分组，一对一淘汰。分组双方需在 24 小时内互相研究、分析对方在初赛第二阶段提交的案例及解决方案，并就对方案例提出己方的解决方案，双方通过现场陈述与辩论展现自身能力水平，最终 6 支团队进入决赛。晋级决赛的 6 支团队需在 18 小时内研究、分析其余晋级团队在初赛第二阶段提交的案例及解决方案。决赛时，6 支团队抽签分为两组，每组 3 支团队，各队需依次陈述己方在初赛第二阶段提交的案例及解决方案，并接受其余晋级团队及评委的现场提问。

3. 中国工程管理案例大赛

中国工程管理案例大赛于 2021 年启动，由全国工程管理专业学位研究生教育指导委员会指导。大赛全程分为参赛单位内部选拔、区域晋级赛和全国总决赛三个阶段。区域晋级赛由各区域比赛组委会指导，承办单位具体组织，经区域晋级赛选拔的优秀队伍晋级全国总决赛。案例取自近五年现实的科研、生产实践活动，具有代表性和典型性，方向不限。鼓励参赛团队在获得案例单位授权后进行实地调研获取一手资料编写案例，根据二手资料编制的工程管理案例也可以参加比赛。

4. 中国研究生公共管理案例大赛

中国研究生公共管理案例大赛创设于 2016 年，是中国研究生创新实践系列大赛的主题赛事之一。该项赛事通过社会调研、案例撰写与分析、现场辩论等方式，加强 MPA 学生运用相关理论和方法解决公共管理实际问题的能力，在 MPA 教育中进一步推广案例教学法。中国研究生公共管理案例大赛每年举办一届。参赛对象以 MPA 在读研究生为主，公共管理相关学科在读研究生和 MPA 毕业生均可参与组队。大赛分为初赛和决赛两个阶段。参赛队伍在选题范围内自主确定案例，通过实地调研等方式收集第一手资料，进行案例撰写和分析，形成完整的案例正文和分析报告。参赛队伍须针对案例情境，结合公共管理相关理论，提出具有可行性和创新性的政策建议或解决方案。现场决赛分为两轮比赛。第一轮为 32 进 4 的比赛。32 支队伍随机分为 4 个小组进行，每个小组里的 8 支队伍随机分成 4 对，进行一对一的现场对决。对决形式为两支队伍现场陈述各自在初赛提交的案例正文及分析报告，并进行现场问辩。评委对每支队伍的案例分析水平和现场问辩表现进行打分，每个小组内排名第一的队伍晋级决赛第二轮。进入决赛阶段第二轮比赛的 4 支参赛队伍，根据组委会提供的同一案例，在规定时间内完成案例分析，并进行现场展示和答辩。评委对每支队伍的案例分析水平和现场问辩表现分别进行打分，两者加权加总后确定最终名次及奖项归属。

（二）优秀案例评选

1. 全国百篇优秀管理案例评选

中国管理案例共享中心"全国百篇优秀管理案例"评选在业界享有较高的声誉。自 2010 年举办首届"全国百篇优秀管理案例"评选以来，至 2022 年已连续评选 13 届。该评选每年 3 月启动，9~10 月揭晓结果。评选总分值 6 分，案例正文、使用说明和综合评定各占 1/3 分值。案例正文的主要评价点包括以下几个方面。

（1）选题的典型性。案例的选题应从教学需要出发，以本土企业或在华投资经营的外资、合资企业为撰写题材，案例所包含的管理问题应该是当前管理实践中有一定的典型性和代表性的问题。案例中如果将商业事件作为读者评价/决策的对象，应该具有层次感、丰满度。案例中的关键事件应同时兼顾框架和细节，要与课程和知识点密切相关。关键事件缺少具体描述和数据支撑、过多描述与课程和知识点无关的商业事件、微案例中商业事件涉及的知识点不止一个都建议扣分。

（2）谋篇布局合理性。案例谋篇布局要综合考虑案例的决策主题和素材，案例的主线要清晰明了，案例素材和主线结构匹配要合理。案例内容要完整，包含背景资料、焦点事件、主人公等内容。

（3）焦点事件选择的合理性。决策型案例中，决策点是案例的关键；描述型案例中，核心问题在于冲突的过程。然而无论是决策型案例还是描述型案例，都离不开焦点事件。案例的焦点事件应与课程教学目标、教学知识点相对应，视为焦点事件选择合理；焦点事件应能够描述清楚却不冗长，视为焦点事件表达清晰。

（4）材料真实客观。案例必须以真实的管理情境为素材进行编写，情境是读者分析焦点事件的重要依据，素材必须是经过作者实际调研和访谈获取的第一手资料，不能是从网上获取的二手资料或虚拟资料。情境应与教学目的、案例主题和知识点相关，缺少引致事件发生和决策的情境，以及引入大量与事件发生和决策无关的情境都建议扣分。

（5）写作的规范性。以不带暗示性的中性标题为宜，应让读者能立刻捕捉到案例的要点。基本规范为"企业名＋主题"，如题目中无企业名称，或为"基于……的研究"范式建议扣分。正文中对焦点事件的描述应该保持客观，不作评论分析，一般案例在 8000 字以内为宜，微案例不超过 3500 字。采用学术型论文的写作方式（频繁出现"分析了""探讨了""提供借鉴"等说法）或提出"研究结论"等的建议扣分。正文中的图表主要是对关键信息的披露，应该合理运用图表展示与案例分析直接相关的结构化信息，如果正文中包含大量只起参考辅助作用的图表建议扣分。

案例使用说明评价要点包括以下几个方面。

（1）教学目标设定的合理性。案例教学目标的设定要与课程教学目标和知识点对应，要综合考虑案例的知识覆盖和对学生分析问题、解决问题能力的训练。"适用课程"以 1~2 门与案例素材有较强关联性的课程为宜，指出该案例可以使学生掌握哪方面的理论知识及培养学生哪方面的能力。适用课程超过 3 门，或与案例素材关联性不强，未指出该案例在使学生掌握某方面理论知识或培养学生某方面能力上的作用都建议扣分。

（2）核心理论选择的恰当性。选取的基础理论知识及分析方法应与案例决策问题紧密相关，而不是普遍联系。理论的学习应鼓励学生阅读教科书，案例使用说明中理论的陈述不必过于繁琐，列出框架与条目即可，篇幅不宜过长。

（3）分析的深度与逻辑性。案例分析要由表及里，层层递进，厘清现象与理论之间的关系，有利于教师和学生对案例问题进行系统的总结，同时帮助教师和学生有针对性地学习案例相关的知识。案例分析要将理论与实际结合起来，体现出案例素材梗概、关键要点、分析逻辑以及所涉知识与能力，只单纯地罗列出相关理论知识，缺乏案例分析内容，或所列理论与案例分析内容不匹配建议扣分。

（4）课堂提问设计的合理性。课堂提问是把握课堂讨论方向和节奏的重要工具以及线索，问题和问题之间也要由表及里、层层递进，既紧密围绕案例的决策点，又贴合理论脉络，还有利于案例教学讨论的进行。90 分钟案例课程的问题数量一般在 10 个左右。

（5）课堂计划的合理性。案例课堂教学计划要考虑教学目标和学生特点等因素，课堂教学计划包括学生课前计划和教师课前计划的安排、课堂讨论交流的方式、时间进度计划、教师注意要点和课后如何评估等内容。缺乏课前计划、课中计划及课后计划三部分任一内容，课中计划缺乏小组讨论环节或教师互动式提问环节建议扣分。

（6）综合评定。根据案例整体的编写情况进行综合评定，"优先推荐"的案例加 2 分，"推荐"的案例加 1 分，"不推荐"的案例不加分。

2. MPAcc 优秀案例评选

MPAcc 优秀案例评选由全国会计专业学位研究生教育指导委员会组织，全国会计专业学位研究生教育指导中心和会计教指委秘书处协助实施。MPAcc 优秀教学案例的评选范围，为适用于会计教指委制定的《全国会计硕士专业学位研究生参考性培养方案》中规定的会计硕士专业学位专业必修课和专业限选课教学使用的案例。鼓励历届中国 MPAcc 学生案例大赛初赛第二阶段实地调研的案例参选。鼓励体现新经济、新业态、新技术、新商业模式及企业最新财会业务实践的案例参选。已经获得过全国会计硕士专业学位优秀教学案例奖的案例，不得参加评选。各参选单位可对评选范围内的教学案例进行筛选，向会计教指委推荐参选案例。原则上，每单位限 10 篇案例参选，其中每名作者（第一作者）限 2 篇案例。

在近三届评选中荣获优秀教学案例奖的第一作者，可再增加 2 篇参选案例。在上一评选年度荣获优秀教学案例组织奖的单位，可再增加 4 篇参选案例。历届中国 MPAcc 学生案例大赛初赛第二阶段实地调研的案例不受以上参选篇数限制。所有参选案例应当符合全国会计硕士专业学位教学案例库有关入库案例体例规范方面的基本要求，同时向会计教指委秘书处提交参选案例的 Word 文档和作者授权书。评选程序包括形式审查、匿名通信评审、会议集中评审、会计教指委审批、公示等。

（三）教学案例库

1. 中国专业学位案例中心

中国专业学位案例中心建设工作于 2013 年 5 月正式启动。案例中心建设工作由国务院学位委员会办公室和教育部指导，教育部学位与研究生教育发展中心牵头，各相关专业教育指导委员会共同参与。截至 2023 年 3 月，收录会计硕士案例 1502 篇、公共管理硕士案例 1298 篇、工商管理硕士案例 287 篇、工程管理硕士案例 139 篇、国际商务硕士案例 59 篇、法律硕士案例 234 篇、教育硕士案例 722 篇、国际中文教育硕士案例 44 篇、林业硕士案例 54 篇、药学硕士案例 34 篇。

2. 中国管理案例共享中心

中国管理案例共享中心启动于 2007 年，是全国工商管理专业学位研究生教育指导委员会合作案例库，MBA 案例教学及案例开发、案例研究、案例合作与交流的重要平台。目前收录案例 6000 多篇，涉及市场营销、战略管理、人力资源管理、管理经济学、管理信息系统及电子商务、运营管理、技术经济、项目管理、商法、公司治理、会计与财务管理、创新创业管理、供应链与物流管理等课程领域。

3. 中国工商管理国际案例库

中国工商管理国际案例库是由中欧国际工商学院案例中心运营，该中心成立于 2001 年，持续关注中国管理教学与实践，目前肩负三项任务：一是支持中欧教授开发更多有关于中国工商管理问题的高质量教学案例，引领教学与研究创新；二是在上海市教委、上海市学位委员会办公室和上海 MBA 教育指导委员会的支持下，承担建设"上海 MBA 课程案例库开发共享平台"项目，与上海知名商学院一起，促进案例方法在管理学习、教育与培训领域的应用，致力于提升上海地区的管理教育水平并辐射全国；三是运营"中国工商管理国际案例库"，目标是聚焦中国问题、坚持国际标准，建设全球最具影响力的中国主题案例库。

4. 中国工商管理案例库

中国工商管理案例库是清华大学经济管理学院从事工商管理案例研究、案例开发、案例库建设和案例教学培训的专业研究和教学服务机构，又称清华大学经管学院 MBA 案例库。该中心在国内首先建立了教授指导研究助理的案例开发模式，并率先形成以现场案例开发为主体、图书馆案例及视频案例等为补充的规模化案例研发体系，其涵盖供应链管理与物流、创业与创新、会计与控制、金融、人力资源、商业环境和社会责任、信息管理与电子商务、市场营销管理、运营管理、战略管理与执行、综合管理、组织行为与领导力等。

（四）案例学术会议

1. 中国专业学位教学案例中心系列学术会议

中国专业学位教学案例中心系列学术会议由教育部学位与研究生教育发展中心指导，包括案例教学高端论坛、案例开发与教学方法研讨会、MPA 案例教学研讨会、中国专业学位案例建设高端研讨会、中国案例建设国际研讨会、中国特色"研究型案例"建设研讨会等。

2. 中国管理案例学术年会

中国管理案例学术年会自 2010 年开始每年举办一届，是由全国 MBA 教育指导委员会、中国管理现代化研究会管理案例研究专业委员会、中国管理案例共享中心主办的案例学术盛会。

3. 中国 MPAcc 案例研发与教学研讨会

中国 MPAcc 案例研发与教学研讨会由全国会计专业学位研究生教育指导委员会指导，

自 2009 年启动，包括主题报告和分论坛等环节，是 MPAcc 师生案例教学与研究的重要交流平台。

（五）中国案例研究期刊联盟

2021 年 3 月，经中国专业学位案例建设专家咨询委员会倡议和推动，《管理世界》《经济研究》等 26 家管理类、经济类核心期刊共同发起成立中国案例研究期刊联盟，具体期刊与成员单位见表 3-1。

表 3-1　中国案例研究期刊联盟成员单位

期刊名称	主办单位	期刊名称	主办单位
工业工程与管理	上海交通大学	经济与管理评论	山东财经大学
中央财经大学学报	中央财经大学	经济社会体制比较	中央党史和文献研究院
中国土地科学	中国土地学会	经济研究	社科院经济研究所
中国行政管理	中国行政管理学会	经济理论与经济管理	中国人民大学
中国农村经济	社科院农发所	经济管理	社科院工业经济研究所
中国社会科学报	中国社会科学院	南开管理评论	南开大学
中国资产评估	中国资产评估协会	营销科学学报	清华大学等
公共管理与政策评论	中国人民大学	税务研究	中国税务杂志社
公共管理评论	清华大学	管理工程学报	浙江大学
公共管理学报	哈尔滨工业大学	管理世界	国务院发展研究中心
农业经济问题	中国农业经济学会	管理学报	华中科技大学
财经问题研究	东北财经大学	管理科学	哈尔滨工业大学
系统管理学报	上海交通大学	管理科学学报	自科基金委管理学部

第二节　案例编写体例及要求

一、中国专业学位案例中心案例编写体例

以下内容根据教育部学位与研究生教育发展中心"中国专业学位案例中心"提供的案例要求节选整理。

（一）工程管理硕士专业学位案例基本结构及要求

1. 案例正文的结构要求

（1）案例标题。体现案例的主题和性质，简练新颖、客观中立。以不带暗示性的中性标题为宜，避免价值主导或宣称性话语。选题有一定的典型性和代表性，能够反映某地区、某行业或更大范围的实际问题。

（2）首页注释。标明作者姓名、工作单位、案例真实性等。版权说明，注明案例只用于教学目的，不对法人单位的经营管理做出任何评判等。

（3）摘要及关键词。摘要总结案例内容，不作评论分析，300 字左右，关键词 3～5 个。

（4）引言。点明时间、地点、决策者、关键问题等信息，尽量简练。

（5）相关背景介绍。行业背景、财务状况、主要人物、关键问题、相关政策背景等，内容充实，能有效支撑案例课堂讨论分析。

(6) 主题内容。内容整体布局得当,展开有度,主次分明,逻辑清晰;素材概括提炼适度,掩饰加工得当。对大中型案例宜分节,并有节标题,陈述客观平实,不出现作者的评论分析,决策点突出,所述内容及相关数据具备完整性和一致性。篇幅在 5000～10000 字之间。

(7) 脚注、图表、附录。脚注以小号字附于页末,以横线与正文断开;图表要有标题(中英文),有编号;附录,有助于理解正文,且正文不便体现的数据、图表及相关背景资料等可作为附录列出。

(8) 英文案例名称、作者姓名、工作单位、摘要、关键词。须与中文案例相对应,英文题目和摘要符合科技英文书写规范。

(9) 参考文献。明确列出案例编写中所涉及的原始素材和文献资料的名称。

2. 案例正文的内容要求

(1) 案例写作应当具有严谨的科学态度,文字陈述以事实为基础,逻辑清楚,前后内容一致;关键背景介绍要点得当,表述准确,二手信息有可靠的信息来源,对于引用的数据、评述、敏感信息等,需要遵循引用规范。

(2) 案例正文应围绕教学目标讨论所必需的相关内容展开,文字生动,表述准确,结构合理,长短适度,数据表达方式有利于读者理解;开篇引人入胜,结尾发人深思,能使读者身临其境。

(3) 案例必须把握真实性和原创性原则,使用的素材新颖,所选取的案例故事、事件最好是近五年发生的。

(4) 案例应聚焦于热点问题,其描述的内容应具有一个或几个明确且具有争议性的讨论点,可以是一个亟待解决的决策问题,也可以是需要课堂讨论的本专业领域存在的其他现实问题。

(5) 案例中的焦点问题应具有复杂性,该问题没有绝对正确或绝对错误的答案;案例本身不仅是对问题表象的简单描述,还要能够激活学生的相关经验和当前认识,促使学生从不同的视角考虑问题,加深对聚焦点的理解,做出综合判断。

(6) 在案例编写过程中要坚持中性立场,对涉及的组织主体、人物和事件内容应保持客观性,不要肆意发挥,除了引用当事人语言之外,案例本身用词中性、无感情色彩;除非有确凿根据,不杜撰案例中人物的心理活动与情绪感受。

3. 案例说明书的结构要求

(1) 教学目的与用途。包括适用的教学对象及教学目标。

(2) 思考题。应紧紧围绕案例的主题和矛盾,有明确的针对性和指向性,能有效启发和引导学员深入思考和具体分析,以 2～5 题为宜。

(3) 分析思路。给出案例分析的逻辑路径,应切合实际、层次清晰。

(4) 理论依据与关键要点。阐明案例中涉及的相关理论、关键知识点和能力点、存在的问题和矛盾点、确定的重点和难点。

(5) 教学建议。案例教学过程中时间与环节安排、教学方法与工具的选用、组织引导与活动设计等建议;推荐教师和学员课前阅读或拓展阅读的文献等。

(6) 其他相关附件与说明(可选)。案例进展程度等其他案例正文中未提及的背景信息、相关附件(图表等)、计算机支持、视听辅助手段支持、Excel 计算表格等。

4. 案例说明书的内容要求

(1) 案例说明书同案例正文共同组成完整的教学案例。

（2）案例说明书需设定明确而恰当的教学目标，并界定该案例所适用的学员、课程，以及适用课程中的特定章节。

（3）案例说明书根据教学目标提出有针对性的讨论问题，并提供合适的分析框架和参考答案要点。

（4）案例说明书建议的教学计划具体、详细、切实可行，必要时可附有板书计划。

（5）案例说明书应构架合理，逻辑清晰，文字流畅，表述准确，易于阅读，并根据需要提供表格、图形、实证研究发现或相关分析。

（6）案例说明书可提供有助于教师讲解的特定概念与理论，以及有助于学生理解的案例后续发展与近期动态，案例主人公的实际决策，或者有关该类问题的其他有价值的参考材料。

5. 格式要求

（1）案例标题。幼圆、三号、加粗、居中。

（2）摘要和关键词。宋体、小四，"摘要"和"关键词"加粗。

（3）正文一级标题采用宋体、加粗、四号、半角；二级标题采用宋体、加粗、小四、半角；三级标题采用宋体、小四、半角。各级标题采用阿拉伯数字编号（如：1.；2.；3.……，1.1；1.2；1.3……）。

（4）正文段前与段后 0.25 行、多倍行距 1.25，全文为宋体、小四。数字和英文都采用 Times New Roman，英文题目采用四号、加粗、半角，摘要和关键词采用小四、半角。

（5）首页脚注中可注明作者信息及版权说明（注释均为宋体、小五）。为方便案例编写者理解使用本规范，对排版要求举例如下。

（一）案例正文

　　　　　　案例名称（幼圆、三号、加粗、居中）

摘要：本案例描述了……（宋体、小四）

关键词：项目进度管理、风险控制、案例研究（宋体、小四）

1. 工程项目背景及现状（宋体、加粗、四号、半角）

2017 年 9 月的一天……（宋体、小四）

（1）本案例授权中国专业学位教学案例中心使用，中国专业学位教学案例中心享有复制权、修改权、发表权、发行权、信息网络传播权、改编权、汇编权和翻译权。

（2）由于企业保密的要求，在本案例中对有关名称、数据等做了必要的掩饰性处理。

（3）本案例只供课堂讨论之用，并无意暗示或说明某种管理行为是否有效。

（二）案例使用说明

　　　　　　案例名称（幼圆、三号、加粗、居中）

一、教学目的与用途（宋体、加粗、四号）

1. 本案例主要适用于……课程，也适用于……（宋体、小四）

2. 本案例的教学目的……（宋体、小四）

（二）会计硕士专业学位 MPAcc 教学案例基本结构及要求

会计硕士专业学位 MPAcc 教学案例用中文撰写，采用国家正式公布实施的简化汉字和法定的计量单位。案例内容要求完整、准确、层次分明、数据可靠。完整的教学案例应当包括案例封面、案例正文和案例说明书三部分。

1. 案例正文的结构与内容要求

（1）案例封面。采用会计教指委指定的统一封面。封面上须填写的内容包括案例名称、专业领域/方向、适用课程、选用课程、编写目的、知识点、关键词、中文摘要、英文摘要。

（2）案例正文。MPAcc教学案例的组成部分包括标题、正文、结尾和其他材料。

① 案例标题：案例的标题应当采用中性的词语，主要目的是提供给案例使用者分析问题的素材，可以采用素描型和问题提示型两类。素描型题目没有任何的感情色彩，使人无法窥探到案例的真实目的，通常采用案例中的企业或者单位的名称作为标题。问题提示型题目是在客观的基础上，稍微透露案例的基本信息，如这是一个什么性质的，发生在哪里，什么时间发生的什么事件等，便于读者从题目上想到事件的梗概。

② 案例正文：案例正文的首段应当点明地点、时间、单位、主要决策者、关键问题，以便使用者对案例形成初步的整体印象。首段之后的案例正文应当根据需要分节，每节可配以小标题，以便层次分明。正文是案例的主体，主要是介绍所涉机构的基本情况及背景，将机构方方面面的情况层层展开，如历史变迁、组织人事、工作或生产状况、社会环境，以及未来的前景等。具体究竟交代哪些方面的情况，视案例的目的和教学的需要而定。背景资料应当剪裁适度，恰到好处。在正文部分，除了将有关情况交代清楚以外，还要注意情节的生动性描写，制造一些发展高潮，以加深印象，引起使用者浓厚兴趣。

③ 案例结尾：案例的结尾是对正文精辟的总结。可以采用启发式的思考题，或者以镜头淡出的方式作为结尾。

④ 其他材料：作为完整的可供教学使用的案例，还包括以下几点要素。

a. 脚注。对正文中某些技术问题、公式、历史情况等的注释，常以小号字附于有关内容同页的下端，以横线与正文断开。

b. 图表。在必要的情况下，图表可插置到正文相关位置，但为了版面简洁，应把图表布置在专页或篇尾。所有的图表都应编号，设标题，加必要的说明；而正文中与图表相联系处，则应用括号注明"请参阅附图 X"。

c. 附录。它的作用跟脚注基本一样，只是由于内容较多、较长，不宜插附于正文之中。除非案例本身的主题就是属于技术性较强的专业范围，否则过多的技术性细节描述就不宜插于正文内，而是放入附录，以备分析者必要时参考之用。

d. 参考文献。

总之，案例的编写方法并不一定是按固定的格式编写的。无论怎样去组织素材编写案例，都应达到这样的目的：案例描述的情节能使人进入"角色"——某事件领导者的角色，进入"现场"——案例提供的特写情景，面临"问题"——描述介绍，深层隐含，作决策分析，从中掌握到足够的知识和提高学习使用者的能力。

2. 案例说明书的结构与内容要求

案例说明书，又叫"教学注释"或"教学指导书"，是用来向使用此案例于教学的教师提供案例正文中未提及的背景信息及注意事项的文件，并无权威的约束力，仅供教师备课时参考。案例说明书主要包括下列项目。

(1) 本案例需要解决的关键问题，即通过案例讨论要实现的教学目标。

(2) 案例讨论的准备工作，即需要学生事先掌握的背景材料，包括理论背景、行业背景、制度背景等。

(3) 案例分析要点，即通过案例分析要解决的知识点。如需要学生识别的关键问题；根据案例相关的知识点提出解决问题的可供选择方案，并评价这些方案的利弊得失；推荐解决问题的方案及具体措施等。

(4) 教学组织方式，即对在课堂上如何就这一特定案例进行组织引导提出建议。它包括问题清单及提问顺序、资料发放顺序、课时分配（时间安排）、讨论方式（情景模拟、小组式、辩论式等）、课堂讨论总结，等等。

(5) 其他。包括计算机及视听辅助手段支持、建议的板书计划。

(1) 至 (4) 为案例说明书的必选内容，(5) 则可以根据案例编写的不同目的和具体用途，结合实际情况来加以选择，也可以根据需要适当增加相应项目。

二、中国管理案例共享中心教学案例编写体例

以下内容根据中国管理案例共享中心提供的案例要求节选整理。

（一）案例正文的结构与内容要求

(1) 中英文摘要及关键词。摘要作为案例内容的提要，不作评论分析，300～500字；关键词3～5个；英文题目、摘要、关键词与中文对应，符合科技英文书写规范，150～200个英文单词。本部分内容单独成页，以下内容另起一页。

(2) 案例名称。以不带暗示性的中性标题为宜，提供企业真实名称，如需隐去，在首页脚注处说明。

(3) 首页注释。标明作者姓名、工作单位、案例真实性、版权说明等，注明案例只用于教学目的，不对企业的经营管理做出任何评判等。

(4) 引言/开头。点明时间、地点、决策者、关键问题等信息，尽量简练。

(5) 相关背景介绍。行业背景、公司历史沿革、财务状况、主要人物、事件相关背景等，内容真实客观，能有效辅助课堂讨论分析。

(6) 主题内容。选题要有一定的典型性和代表性，能够反映某地区、某行业或更大范围的经营管理问题。陈述客观平实，不出现作者的评论分析，决策点突出，所述内容及相关数据具备完整性和一致性。大中型案例宜分节，并有节标题。

(7) 结尾。

(8) 启发思考题。提示学员思考方向，以3～5题为宜。

(9) 脚注、图表、附录等。脚注以小号字附于有关内容同页的下端，以横线与正文断开；图表要有标题（中英文），全篇顺序编号，不必分章节编号；有助于理解正文的相关资料、数据可作为附录列出。

（二）案例使用说明的结构与内容要求

(1) 教学目的与用途：适用的课程、对象和教学目标。

(2) 启发思考题：提示学员思考方向，以3～5题为宜，与正文思考题一致。

（3）分析思路：给出案例分析的逻辑路径。

（4）理论依据与分析：分析该案例所需要的相关理论，以及具体分析，包括财务分析的计算结果。

（5）背景信息（可选项）：案例正文中未提及的背景信息。

（6）关键要点：案例分析中的关键所在，案例教学中的关键知识点、能力点等。

（7）建议的课堂计划：案例教学过程中的学生背景了解、分组及分组讨论内容、时间安排、课堂开场白和结束总结、课堂提问逻辑、板书设计，以及就该案例如何进行知识点教学提出建议。

（8）案例的后续进展（可选项）。

（9）相关附件图表等（可选项）。

（10）其他教学支持材料（可选项）。计算机支持——列出支持这一案例的计算机程序和软件包，它们的可得性，以及如何在教学中使用它们的建议或说明；视听辅助手段支持——可得到的，能与案例一起使用的电影、视频、幻灯片、媒体资料、样品和其他材料；Excel 计算表格；其他。

三、南京工业大学研究生教学案例编写体例

以下内容根据南京工业大学研究生教学案例的要求节选整理。

（一）案例正文的结构与内容要求

教学案例正文结构与内容要求见表 3-2。具体标题、表现形式、撰写风格视各自学科与案例的特点可以灵活多样，每个案例字数一般建议在 2 万字左右，不宜放在正文中的相关内容譬如图表等可以放在附录中。

表 3-2　南京工业大学研究生教学案例正文的结构与内容要求

序号	具体事项	内容填写基本要求
1	标题	以不带暗示性的中性标题为宜
2	首页注释	编写者、案例涉及的知识点、案例真实性、案例来源
3	中英文摘要及关键词	中文摘要 300 字以内，关键词 2~5 个
4	引言/开头	时间、地点、决策者、关键问题等信息
5	背景介绍	行业、单位、主要人物、事件等相关背景
6	内容	对案例内容的描述（大中型案例宜分节，并有节标题），要求语句通顺，层次分明，概念准确，新名词或英文缩写应有解释
7	结尾或小结	
8	附件	与案例相关的图表、课件、动画片等
9	思考题	

（二）案例使用说明的结构与内容要求

教学案例使用说明的结构与内容要求见表 3-3。

表 3-3 南京工业大学研究生教学案例使用说明的结构与内容要求

序号	具体事项	内容填写基本要求
1	教学目的与用途	适用的课程、专业和教学目标
2	涉及知识点	××课程及相应的知识点
3	配套教材	名称
4	课件	"××教案"第××页,××PPT第××
5	启发思考题	提示学生思考方向
6	分析思路	给出案例分析的逻辑路径
7	理论依据与分析	分析该案例所需要的相关理论,以及具体分析
8	背景信息	教师需要掌握的案例进展性、背景性信息
9	关键要点	案例分析中的关键所在,案例教学中的关键知识点、能力点等
10	建议课堂计划	案例教学过程中的时间安排

第三节 南京工业大学研究生案例教学法实践总结

根据 2013 年教育部、国家发展改革委、财政部印发的《关于深化研究生教育改革的意见》文件精神,南京工业大学于 2014 年启动了研究生案例教学建设项目,该案例教学课程与行业企业专家共同开发完成,教学内容突出案例分析和实践研究。2015 年学校承接江苏深化专业学位研究生教育综合改革课题;2016 年牵头召开江苏省深化专业学位研究生教育综合改革现场推进会,向教育部研究生教育司领导现场介绍工程案例教学与培养经验;2017 年启动专业学位研究生课程案例库建设;2018 年启动专业学位研究生工程实践创新能力培养重点案例建设。2018 年、2021 年、2022 年共分三次修订了专业学位研究生培养方案,行业企业专家从源头参与方案设计,增加了实践、案例、创新创业、工程伦理、职业资格认证等 150 余门特色课程。

依托工程实践与企业研究生工作站,共立项开发了四批共 143 项案例教学项目,建设了 200 多个优秀工程案例,目前已经全部应用于专业学位研究生的教学实践中,取得了较好效果。以下实例 1~实例 10 是从四批次共 143 个案例教学项目中精选出的南京工业大学研究生案例教学实践,从案例选择、教学方法、教学成效等方面进行总结。

实例 1:"角色代入+辩论演讲"环境工程伦理案例教学

南京工业大学 环境科学与工程学院 张雪英团队

"工程伦理关系到工程活动乃至人类社会的可持续发展,强调正确处理好工程伦理问题,应成为未来工程科技人才的必备素养",2018 年国务院学位办印发的《关于制订工程类硕士专业学位研究生培养方案的指导意见》中正式将"工程伦理"纳入工程硕士专业学位研究生的公共必修课。传统的工程伦理教学包括两个方面:一是介绍工程伦理规范;二是讲授道德理论。教师讲课基本是基于教材及素材的拼凑,缺乏整体脉络,这对学生工程伦理意识培养、价值塑造、困境辨识和冲突解决能力的提升极为不利。因此,优化工程伦理教学方法,强化工程伦理课程建设,是提高工程伦理教育教学的关键。

团队在环境类专业学位研究生"工程伦理"课程讲授时,以环境管理、环境监测、环境污染治理、环境生态等典型真实案例为依托,从伦理概念辨识、伦理规范掌握、伦理意识培养、伦理问题解决四个角度进行深入剖析,培养未来工程师们良好的创新意识和责任意识,塑造他们"关爱生命、关爱自然、尊重公平正义"的可持续发展价值观。

一、精选案例，构建案例分析课程内容，提高学生学习兴趣

工程伦理学是伦理学的一个分支学科，是以工程活动中的社会伦理关系为对象，进行系统研究和学术建构的理工与人文两大知识领域交叉融合的新学科。在工程伦理学学科建设发展过程中，无论是课程体系的设置，还是工程技术的实践，都是以学生的职业伦理教育为前提，在强化伦理意识、促进学术素养、提升实践思辨的培养目标下，以培养学生工程伦理实践能力为取向的案例教学法逐渐成为重要的教学实践方式。

环境工程伦理作为工程伦理的一个重要章节，其内容体系着力践行"案例教学为特征、环境伦理教育为重心、辩论演讲为手段"的教学理念，整合学院资源和行业资源，开发涉及不同环境领域知识点的典型案例，并进行教学内涵分析，精心设计"案例、情境、代入、点评"四大要素，以案例教学为主线，以案例分析为核心，以相关案例为引导，通过全案例教学、判断、讨论、决策，提高学生对工程伦理问题的认知和识别，增强学生对环境专业的认同感和责任感，提高学生深入学习专业技术知识的积极性和主动性，帮助学生更好地树立工程意识，熟练掌握道德推理方法，提高解决实际问题的能力并发展应对伦理冲突的创新精神。

二、角色代入，用好案例教学手段，提高学生专业责任感

生态环境关系人民福祉，关乎子孙后代和民族未来，因此培养具有专业素养、社会责任、职业道德的高素质环境专业技术人才，显得尤为重要。环境工程伦理因不同的工程项目特点，而使涉及的伦理思想、伦理关系角色，以及面临的伦理困境显得尤为灵活、多变、复杂，因此让学生更好地将工程伦理的知识体系、基本规范和思想灵活运用到生态环境项目开发建设中，这对任课老师来说是一个巨大的考验。

在授课中，环境工程伦理教学团队把"角色代入法"引进课堂教学中（见图 3-2、图 3-3），极大提高了学生学习的主动性和责任感。通过制订合适的教学方案和计划，分解案例涉及的不同伦理关系角色，教学时引导学生全身心投入各自分配到的角色中，把自己与角色的身份、情感融为一体，以获得知识并引起情感共鸣，拓展他们的思考深度，提高他们的交流沟通能力和应变能力。但教学重点不在于扮演角色的内心感受，而在于对案例涉及知识的梳理、专业技术及管理规范等的掌握，以督促学生更加积极地带着问题学习，掌握理论知识，并熟练运用，培养他们的表达能力和逻辑思维能力。

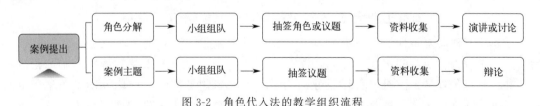

图 3-2　角色代入法的教学组织流程

三、辩论演讲，搭建"教-学"互动平台，提升学生创新思维和综合能力

专业学位研究生作为高层次应用型技术人才，课程内容设计更应具有工程化与职业属性。环境工程伦理以环境项目开发案例为依托，以自主学习为基础，以提高学生运用理论知识解决实际问题的能力、促进学生综合素质提高为教学目的，采用了案例教学的"角色代入法""辩论式小组学习"等理论与实践相结合的教学方法，有针对性地将未来职场上可能遇

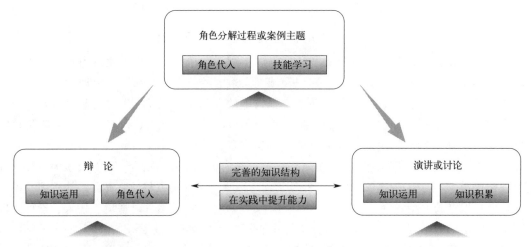

图 3-3 角色代入法的教学效果

见的活生生的场景在课堂教学过程中显现,提高学生学习的主动性和积极性。与此同时,没有标准答案的开放式案例,也有利于师生共同研究、共同讨论、共同得出结论,提高教学效果。

在案例教学和实际授课过程中,教师针对主要知识点,选用国内外具有针对性和典型性的案例,通过对教学实例情景的描述,引导学生对这些实例进行思考、分析、讨论,从而找出案例中的经验和教训,自发得出结论。在这个教学过程中,学生贯穿整个教学过程,是教学过程的参与者和主体,而教师仅为学习的引导者和辅助者。促使学生在短时间内了解和掌握案例涉及的专业基础理论、法律法规、环境问题的解决技术和伦理道德规范等,培养创新意识、创新思维和创新精神,有利于更好地应对和解决实际问题。

同时,通过辩论、演讲、讨论等教学环节,培养学生看待问题的敏锐性和准确性,锻炼他们的逻辑思维,提高口头表达、资料查阅、统筹分析等能力;锻炼团队协作精神,锻炼学生勇气和临场发挥能力,促进学生综合素质提升。

2018 年团队指导的专业学位研究生获得第五届全国工程硕士实习实践优秀成果奖。

实例 2:信息类研究生工程伦理思维培养案例教学

南京工业大学 计算机科学与技术学院 王辉团队

随着工程活动复杂性的不断增加,提升工程师社会责任的重要性越来越突出。1994 年后,美国工程教育协会和美国国家科学基金会发表报告,提出要重视工程师面临的伦理问题,并将工程伦理纳入注册工程师的考试范围。2018 年国务院学位办印发的《关于制订工程类硕士专业学位研究生培养方案的指导意见》,明确要求将工程伦理课程列为专业硕士研究生的公共课程。

工程伦理课程目的在于从工程职业出发,探讨工程师的责任和权利、工程师职业美德以及工程师职业与社会公众之间的关系;从工程实践出发,探讨技术的社会与价值维度、工程性质与规范、工程安全与风险、工程与环境的关系以及工程的跨文化规范等问题。该课程可以使研究生了解科技发展的历史和脉络,开阔研究生的科研思路和眼界,明白创新在人类历史发展过程中的引领作用和重要性,形成辩证思维的习惯,更重要的是防止今后职业生涯中的不当行为可能对公众造成的伤害，背离创新造福人类的初衷。

工程伦理课程教学中，案例占据着重要的支撑地位，目前教材采用的案例在信息类学科领域体现得偏少。"大数据下的信息伦理"案例建设，是基于专业硕士研究生课程工程伦理建设的迫切需要，结合信息类研究生涉及的专业知识而做出的选择。

一、伦理素质，信息类专业研究生创新能力培养不可或缺的内容

大数据涉及的诸如数据采集、数据存取、基础架构、数据处理、数据安全、统计分析、数据挖掘、模型预测、结果呈现和数据应用等技术，均与人工智能、电子与通信工程、计算机和软件技术与应用等电子信息类专业密切相关。

大数据伦理体现了信息类专业的特点，具有广泛的代表性。大数据开辟了新的价值领域，使得数据价值化，成为产业互联网的基础。大数据在为社会发展带来便利的同时，也引发了隐私保护、数据安全、数据共享等伦理问题。

未来的工程师在互联网等企业必然涉及个人网络行为和海量数据，如何未雨绸缪，让他们知晓大数据时代下的工程伦理，从而明确工程师的责任、职业道德，具备协调和处理各种利益矛盾关系的能力，依靠技术创新化解伦理难题，是案例建设将面对和解决的问题。

二、案例内容丰富，体现时代特点，凸显理论深度

课程团队选择的伦理案例由五个子案例构成：电子商务与隐私、定位导航系统、公共数据开放、棱镜事件、智能产品的信息泄露。它们与信息类专业密切相关，与信息时代的社会生活密切相关，与国家的发展和安全密切相关。五个子案例涉及的知识点见表3-4。

表3-4 大数据涉及的案例分析

名称	知识点
电子商务与隐私	电子商务兴起过程；用户的隐私被泄露、被利用的途径；各个利益相关者面临的伦理问题；行业的建设者（企业）、管理者（国家）和参与者（个人），合理对待当下的矛盾形势、解决已有的问题
定位导航系统	各家地图导航软件在运行时获取的用户数据范围，基本数据定义，个人隐私数据定义，获取数据的合理性，对应功能的设立；地图导航软件隐私保护政策的合理性；除了基本的导航功能外，地图导航软件的诸多附加功能的合理性；四大定位导航系统的基本知识，GPS和北斗的优劣势；北斗定位系统的发展历史和现状，北斗对国家经济和军事发展的重大意义
公共数据开放	公共数据的定义，开放公共数据的必要性，公共数据的开放给人们带来的改变，公共数据带来的利与弊，公共数据开放中利益主体之间的关系；公共数据开放涉及的伦理及法律层面问题
棱镜事件	棱镜事件的背景，某国国家安全局如何实施监控，想要达到怎样的目的；大数据技术在棱镜事件中的应用，使用了哪些高精尖的数据挖掘技术；棱镜事件依据的法律条文，该法律条文是否有不合理之处？某国依法的监控合理性，是否利用法律之便达成自己的目的？
智能产品的信息泄露	智能手环的种类，智能手环兴起过程，智能手环的兴起给我们带来的改变，智能手环发展过程中市场存在的变化；智能手环带来的利与弊，智能手环中利益主体之间的关系，从工程伦理的角度去剖析各个利益主体中存在的问题。理解智能手环的发展带给我们的改变，信息泄露所引发问题的处理

以定位导航系统为例，课程团队引出工程伦理的功利主义、义务论和德性论等理论来探讨案例中存在的伦理问题。在各方利益团体伦理困境分析中，讨论了用户困境（信息泄露、优质服务需求与隐私冲突）、工程师困境（角色与义务冲突、利益与道德矛盾）、企业困境（企业利益与国家战略冲突、数据管理难度）、国家困境（隐私数据管理机制、国防安全），学会根据伦理困境确定伦理的价值准则，指导形成正确的行为规范。最后，根据伦理困境提

出多维度的解决方案。

每个子案例都配备了文本、使用说明、PPT 和若干小视频。仍以定位导航系统为例，视频包括几个方面：2 分钟了解北斗卫星；地图导航 APP 问题整改；地图导航的介绍；互联网泄露个人隐私或追责；尚未普及的北斗导航。

通过具体案例和多种形式的教学，研究生从感性上升到理性分析的层面，认识工程伦理问题社会性、复杂性交织因素的方法，掌握处理工程伦理问题的基本原则，即工程与人、工程与社会、工程与自然关系的基本原则。

三、课堂辩论，角色多样，促进伦理思维能力的提升

工科研究生往往不太善于表达自己的观点，也不喜欢在公开场合辩论。为了调动研究生学习工程伦理的主动性，培养他们的思辨能力和现场表达能力，教学团队在教学中增加了课堂辩论环节。课堂辩论采取两种形式。

① 3 或 4 人组成一个小组，根据老师布置的课题进行论述和答辩；主讲 1 人（由小组自行确定），负责 PPT（小组集体完成）的汇报，其他组员与主讲一起回答老师及同学提问（提问同学也可以指定小组内某同学回答，提问同学获得平时成绩），老师点评。

② 两个小组（各 4 人）分别作为正方和反方，根据老师布置的课题进行 PPT 论述、辩论和总结发言，同学提问，老师点评。

课堂辩论要求学生事先充分准备，事后提交小组各个同学的准备材料，如果材料内容详实度不够，则要求重新补充后提交。根据讲解、答辩及准备的情况，老师评定成绩（记为平时成绩），同一小组所有同学分值相同。老师点评环节，对辩论中的观点进行分析，提出进一步完善论题的建议。

课堂辩论的形式，培养了小组成员的团队意识，形成了敢于争辩的作风，答辩双方可以充分沟通，辩论有时会十分尖锐和激烈。学生结合所学专业知识，对伦理原则进行探讨，易于形成对工程实践中伦理价值的正确认识。同时，明确大数据技术带来的负面效应，解决的根本途径是技术手段，即必须通过技术创新来解决，从而为将来从事的职业打下伦理素质基础。经过案例建设的积淀，课程团队于 2019 年出版了江苏省"十三五"重点教材《工程伦理》。

实例 3："勘察·设计·施工·监测"一体化教学提升研究生工程实践能力案例教学

南京工业大学 交通运输工程学院 王旭东团队

岩土工程作为一门应用性的学科，是在实践基础上总结成功经验和失败教训，经抽象上升为理论，继而指导工程实践的学科。因此，岩土工程特别重视工程案例的总结和分析。土力学之父，美籍奥地利土力学家卡尔·太沙基（Karl Terzaghi，1883—1963）在国际著名岩土工程杂志 *Geotechnique* 创刊号上就指出"一个记载完善的工程应当受到与十个具有独创性的理论一样的重视"，《岩土工程学报》审稿指南指出"重大工程问题和工程实例的分析（包括失败实例的分析）也是值得发表的"。由此可见，工程案例的剖析对理论研究和工程实践都具有重要的意义。

为了实现具有坚定政治立场、高尚思想品德、严谨治学态度、富有创新精神的高层次工程技术应用型人才的培养目标，解决案例教学中理论联系实际和工程创新能力培养的难点问

题，专业学位研究生的案例教学在内容上应注重科学性、系统性和创新性，在案例选择上应注重资料的完整性、问题的多解性和理论联系实际的引导性。在案例教学中引入创新性工程案例，不仅可有效强化研究生理解理论知识，而且便于将"红色大国工匠"等思政教育融入课程教学，有助于正确引导研究生的就业意向和职业规划。因此，建设典型性、创新性的岩土工程案例，不仅有助于提高专业学位研究生的教学质量，而且对研究生创新能力和工程实践能力的培养具有重要现实意义。

团队依托土木水利专业学位研究生"岩土工程案例分析"课程，以南京某地块消费金融中心项目为背景，系统设计了贯穿地下工程建设各阶段工程案例课程体系。通过案例教学，促进基础理论与工程实践结合、工程感性认识与综合思维分析结合、应用能力训练与创新能力培养结合、知识体系学习与工匠精神培养结合，系统构建地下工程知识体系，实现对专业学位研究生综合素质的全面培养。

一、一体化创新工程案例课程体系

地下结构逆作法施工技术是一种超常规的施工方法，适用于场地周边环境复杂的地下工程建设。在逆作法的基础上，将地下结构外墙与基坑围护结构合一，形成"桩墙合一逆作法"的创新施工技术，使得地下结构外墙既挡土止水，又承受上部结构荷载，充分利用了地下结构的承载能力，降低了工程成本。为了协调主体地下结构和围护结构内力平衡和变形协调关系，"桩墙合一逆作法"的设计原理更为复杂，涉及多专业知识的融合，施工技术含量更高。

消费金融中心项目的地下工程采用逆作法施工，为竖向承载和水平方向挡土的"桩墙合一"地下结构。该工程案例兼具创新（桩墙合一逆作法）与融合（多专业知识）的特点，有助于启发学生的创新思维，深化工程技术的发展创新来源于工程建设需要的认识，有助于引导学生深入工程一线，形成在工程建设中"发现问题"、运用所学知识"分析问题"、提出创新技术"解决问题"的工作方法。

"桩墙合一逆作法"施工技术涉及地质工程、岩土工程和结构工程等专业基础理论，对工程技术人员的专业知识体系要求更高。以"桩墙合一逆作法"为工程背景，围绕工程实施过程，制定岩土工程勘察、地下结构设计、地下结构施工、地下工程监测一体化的工程案例课程体系，有助于专业学位研究生构建系统的地下工程知识体系（见图3-4），促进专业知识的融会贯通，拓展新理论和新技术的学习，实现专业学位研究生全方位工程实践创新能力的培养。

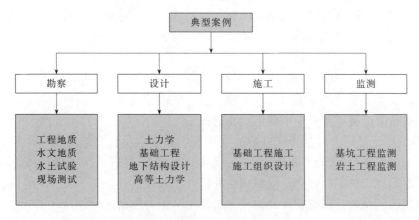

图3-4 地下工程案例教学的知识体系

二、层次递进与多维融合的教学实施过程

案例教学采用层次递进、多维融合的师生双向互动教学模式，形成"理论与实践"良性循环链，以解决案例教学中理论联系实际和工程创新能力培养的难点问题为目标，培养专业学位研究生的自主学习能力和探索精神，全面提升创新实践综合素质。

案例讲授过程层次递进，根据教学知识点设计多样性的实训项目，鼓励学生展示设计方案，开展分组研讨和对比分析，优化方案措施，最终提出创新设计方案，形成"引导、讲授、实训、对比、启发"教学方式，实施过程贴近真实的工程实践，在培养学生的创新思维能力和知识综合运用能力的同时，强化行业规范标准的使用，提升研究生的工程实践能力。

勘察、设计、施工和监测组成的一体化工程案例，贯穿整个地下工程建设周期的课程讲解，反映了工程建设的先后关系。工程建设中岩土工程勘察先行，其后根据勘察报告和地下埋深进行基坑支护结构设计，再根据基坑支护结构设计文件进行施工组织的设计，并在基坑开挖过程中实施基坑与周边环境监测。课程中工程案例环环相扣，在建设周期完成之后，可根据施工阶段的监测数据对勘察、设计与施工进行反思和总结。一体化案例教学内容贯穿工程建设的全过程，形成了学习、实践、总结、反思的能力培养完整闭环，体现了学习的挑战性和创新性，促进学生的知识运用和工程实践能力的全面提升。

在一体化教学案例的实施过程中，课程团队根据承担的科研项目、设计竞赛、工程实践等内容进一步拓宽知识面，带领学生深入工程一线，进行现场学习，形成课堂教学、工程实践和科研探索的良性循环，融科研于教学，科研成果丰富了课堂教学内容，提高了案例课程的教学质量。

与此同时，教学团队将思政融入课程教学，通过思政教导、全国劳动模范榜样激励，贯彻立德树人教育理念，帮助学生坚定理想信念，培养学生的道德观念和职业素养，将爱国情怀和工匠精神植根于学生心中。工程实践、探索发现和课程思政的多维融合，为案例课程的高质量实施和高层次工程技术应用型人才培养奠定了基础。

三、多方位全面提升工程实践和创新能力

一体化工程案例帮助学生构建了地下工程建设系统的专业知识体系，通过实训案例提高了工程实践能力，通过研讨增强了学生的表达能力，通过对比分析和方案优化激发了学生的创新思维能力。在学习中发现工程难点问题，提炼了论文的研究课题。

一体化案例教学在全面提升学生的工程实践能力和创新能力的同时，也拓展了教学团队的科研方向，提升了团队老师的教学能力和工程实践能力。师生在实践操作、软件编程、专利申报和规范编制等多方面取得了可喜的成效，不仅提升了学生就业的适应性，而且提高了就业层次。

① 针对岩土工程勘察和地下结构工程设计中土体设计参数的重要性，引导学生参与土工试验训练，培养学生的动手能力和工匠精神。团队指导的研究生在第一届全国平行土工试验（砂土三轴压缩试验）竞赛中取得了优异的成绩。

② 针对工程设计阶段定量计算分析的复杂性，鼓励学生充分运用现代计算工具，提高科学计算效率和正确性。以地下工程设计中设计参数的合理取值为课题，结合现场监测数据，采用有限元结合粒子群算法，编制相应的设计参数反演计算程序，实现了设计参数反演计算方法的创新，获批计算机软件著作权，激发了学生的创新能力，提升了学生开展科学研究工作的自信心。

③ 针对"桩墙合一逆作法"中桩基础受力的复杂性，开发了一种桩基抗扭、抗拉扭、抗压扭的检测系统及方法，并获国家发明专利授权，充分反映了工程实践问题提炼对学生创新能力培养的重要性。案例教学也拓展了教师的科研方向，团队教师和研究生合作，共同编制了《基坑减压双排帷幕支护结构设计规范》（HG/T 20718—2020），并于2021年4月1日开始实施。

四、结语

针对专业硕士研究生工程实践综合创新能力培养的薄弱环节，构建了贯穿地下工程建设中勘察、设计、施工和监测的一体化案例教学体系，通过设计多样化的案例实训项目，促使学生掌握扎实的专业基础理论，深化对专业规范和标准的理解，形成作品化的课程学习成果。通过对实训成果的汇报、研讨等教学过程，激发学生的创新思维，熟悉地下工程建设中方案论证、优化设计和信息化施工等工程建设流程。一体化案例教学体系培养学生的工程实践综合创新能力和解决复杂工程问题的知识综合运用能力，全面提升了学生的职业素养。

岩土工程一体化案例体现了知识、能力和素质的有机结合，以及课堂教学、工程实践、科研探索和课程思政的多维融合，培养了学生解决复杂岩土工程问题的综合能力和思辨能力，强化了学生的社会责任感和使命感，为案例课程的高质量实施和高层次工程技术应用型人才培养奠定了基础。

实例 4：多元组合教学提升研究生实践创新能力案例教学

南京工业大学 土木工程学院 张建东团队

一、产研教学用结合，构建工程类专业学位研究生培养创新模式

团队结合钢混组合桥梁重点案例课程建设项目，综合考虑案例库的代表性、系统性、多维度等要素，选取目前应用最广且发展前景较好的三类桥型进行案例库的建设。以科学研究能力为基础，将课程教学和实际工程案例相结合，注重研究与应用领域技术的融合，培养学生发现问题、解决问题以及应用创新的能力，打造研究与实践多能化综合型技术人才。

教学结合工程应用，以典型组合结构桥梁建设工程为依托，以教学、科研、设计和施工为切入点，以知识提升和创新作为培养途径，建立以学生为中心的教学模式，将学生从被动接受知识的状态转变为主动分析和讨论案例的状态，从而激发学生的思维能力和创新潜能。主要体现在：强化课堂案例基础教学，培养学生自主思维能力；深度参与科学研究和试验，培养动手能力；参与设计单位设计与咨询，培养分析问题能力；结合施工现场并和一线人员交流，培养实践应用能力；鼓励获取自主知识产权，培养创新力和想象力。

结合产学研用，构建多导师制的专业学位研究生培养模式（见图 3-5），包括校内导师和企业导师，充分利用校内导师专业理论强、教学方式多样和企业导师工程实践经验丰富的优势，引导学生运用课程所学的理论知识对实际工程问题进行分析，提出解决方案。

第一阶段专业基础知识以校内导师为主，第二阶段工程应用实践以企业导师为主，第三阶段创新实践能力培养则校内导师、企业导师相结合，研究生分组针对工程技术问题开展独立思维和解决具体问题的创新实践。

二、工程实际融合，增强研究生实践体验和应用能力

实践环节中，在保持学校学分要求的基础上，为研究生开设企业工程师参与授课的大型

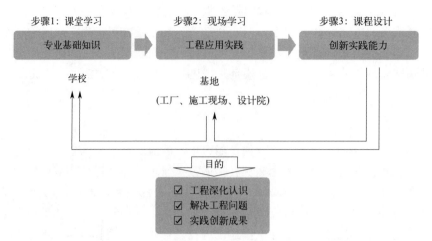

图 3-5　产学研用相结合的工程类专业学位研究生培养模式

桥梁结构案例分析课程，课程内容上强化实践教学环节。首先，以实际工程案例为载体，提出需要解决的问题，结合工程视频和现场施工照片等，以课堂理论教学方式概要讲解该案例涉及的知识点，提升研究生的实践能力。其次，给学生充分吸收的时间和动手操作的空间，由教师分组制定工程案例需要解决的问题，启发和引导学生通过课内外讨论、查阅资料找出解决问题的思路和方法，达到学以致用的目的。最后，结合科研课题研究，学生分组动手制作试验模型，培养动手实践能力，主动发现问题、解决问题，形成独立从事工程技术问题研究的能力。

对于土木工程类相关专业的专业学位研究生培养而言，更应偏向实践性和应用性。因此，在本案例教学和授课过程中，结合钢和钢混组合结构领域前沿技术和应用，组织研究生分批到设计院及施工现场一线考察实习，并与现场技术人员沟通和交流，在实践中理解和体会实际工程的具体技术和管理难题，将课堂知识和工程紧密结合，培养学以致用、临机应变的实践应用能力。

三、学以致用，提升工程类研究生实践创新思维

在课堂基础教学、课题研究、工程实践的基础上，团队注重培养专业学位研究生的创造力、想象力等创新思维。目前，研究生在导师的指导下，参与获得桥梁工程方向授权专利已达 40 余项，其中部分专利成果已应用于南京长江四桥、河南桃花峪黄河大桥等典型工程中。

团队以钢混组合梁桥的创新和发展为基础，开展专业学位研究生案例教学的研究与探索，把案例教学作为一种以实践教学为基础的教学方式，与实际工程项目紧密结合，积极推进校企产学研合作，带领研究生先后完成了国内数十座典型大跨径钢混组合桥梁的科研、设计咨询、施工技术服务等工作，其中包括建成时国内最大跨径波形钢腹板连续梁桥——港珠澳大桥连接线珠海前山河特大桥、国内首座钢桁腹预应力混凝土组合梁桥——南京绕越高速公路江山桥、世界上首座双层桥面波形钢腹板斜拉桥——南昌朝阳大桥（六塔斜拉桥）、国内首座节段预制波形钢腹板组合梁桥——南京长江五桥引桥、世界最大跨径波形钢腹板组合梁矮塔斜拉桥——运宝黄河大桥等。多项研究成果达到了国际领先水平，先后获省部级科技奖 7 项，主编行业标准和省部级标准 10 余部。

实例5:"递进式"工程实践能力培养案例教学

南京工业大学 电气工程与控制科学学院 蒋书波团队

针对现行培养模式下存在的研究生课程学习与工程实践脱节的情况,面向控制工程专业的专业学位研究生培养,蒋书波老师团队将实践环节融入课程教学中,探索将工程项目案例按递进方式开展,培养专业学位研究生工程实践创新能力,设计采用"专业知识-工程应用-实践创新"的递进模式,把一个工程项目的全流程分解到多门课程中,研究生在掌握知识点的基础上,逐步完成实际项目的设计实施。以智能制造中的"智能检测"类项目作为素材,"智能检测"技术融合"人工智能""智能控制"及"传感与检测"等多学科知识,是高度综合和集成的发展方向,为学生提供将多科目知识有机融合、软硬件结合的实战锻炼机会,亦能帮助他们了解和掌握业界前沿动态及发展趋势。

一、认知阶段,理论知识学习与实践环节无缝对接

目前专业学位研究生培养过程中,课堂教学和工程实践环节存在相互脱节的现象,行业最新成果及现状在现有课程体系中也难以深入体现。近些年来,世界各国都在积极开展"人工智能+理工科"应用型研究生的培养。同时,高校开展创新型人才的培养是一项极其复杂的系统性工程,不仅需要在师资力量和教学资源上进行优化和提升,更需要在现有办学条件下深化培养模式改革,从纯理论课题教学过渡到结合工程训练的实践环节的案例教学中。课程学习的知识如何尽快转化为能力,在项目中得以实施,是研究生培养中亟待解决的问题。

本团队系统地设计了智能制造类"智能检测"的项目素材,充分融合专业学位研究生的培养方案,将解决工程实际问题的思维方法、具有行业特点的项目解决方案,细化落实并贯穿在课程体系中,用系列化的知识点构建项目模块设计开发内容。首先,项目会涉及线性系统控制、智能控制、现代电机、图像处理、计算机视觉和模式识别等系列课程的知识,在前期开设的课程中,选择多个典型项目案例进行整体说明讲解;其次,在各个相关课程中,将典型项目案例进行分解,讲解相关知识点后,完成项目中相关模块的设计开发;最后,通过一门课程的大作业或专业学位的实践环节,完成该典型项目案例的系统设计(见图3-6)。

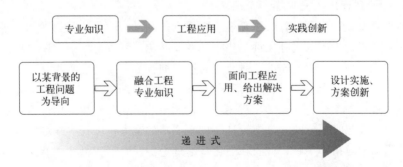

图3-6 递进模式专业学位研究生工程实践创新能力培养过程

此阶段采用项目驱动方式,以工程问题为导向,通过具有情境化工程案例融合课程内容和专业知识中关注的中心概念和原理,因为有明确的工程应用背景,把知识学习融入有意义的任务完成过程中,主要解决绝大部分专业学位硕士研究生缺乏企业工程实践项目的训练的问题,在工程项目中提出并设计解决方案,充分利用培养方案中系列化的课程架构,将理论知识学习与实践环节进行合理对接。

二、应用阶段，全面提升专业学位研究生工程实践能力

对于工科专业学位研究生工程实践能力的培养，以项目的形式开展，将工程认知提升到工程项目的应用中，研究生要全面了解企业生产工艺、技术路线、管理制度等内容，在企业和导师指导下确定研究课题，理解并掌握工程所涉及的相关专业知识、影响因素、道德伦理等，在解决问题的过程中发现所需知识，提高思辨、思维能力。

选用"智能检测"类项目作为教学案例，该类项目需要应用多门课程相关知识，其实现技术成熟并能够尽可能覆盖课程群的各主要教学环节。学生在前期充分了解到工件检测领域柔性不强、干扰多、识别难、精度低等，是智能制造检测领域亟待解决的问题。在实验室提供的基本平台上，学生可进行数据采集、核心处理算法测试、通信及控制系统测试、软件平台测试，同时鼓励学生自主选择软件平台，积极改进算法流程、编写程序，让学生通过对已有项目的模仿和再现，感受到工业化智能检测的魅力和智能化时代的进步。同时，满足"人工智能"时代对学生跨专业、跨学科综合创新实践能力的需求。

此阶段主要根据项目需求提出合理的可行方案及实现工具，并完成项目的实施。项目调试过程中，难免会遇到技术难点和问题，可以让学生排查，缩小问题的范围，最终找到问题并解决问题。项目研发的质量需要通过测试、用户反馈、权威检验机构的认证等方式来检验，由于学生全程参与了项目的设计、调试、中试和工厂安装测试等所有环节，不仅提高了他们的实践能力，还锻炼了他们吃苦耐劳的劳动精神。

三、创新阶段，培养专业学位研究生创新思维，提高综合能力

项目授课和案例教学过程中，通过一系列有效且有针对性的专业理论知识和实际的工程应用实例，夯实了学生的专业基础。在"智能检测"类项目的创新阶段，研究生根据给定测量对象和被测参数要求，独立设计系统的软硬件，包括硬件的选型、核心处理算法、运动控制模块等，通过工业现场的检测平台运行测试。通过开展企业调研、查阅资料等方式，按照给定工程项目的实施步骤进行信息收集、方案设计、开发调试，要求学生在面对复杂的、不确定的工程背景时，提出新观点、新理论、新知识，并能进行深入的阐释，培养了专业学位研究生的创新思维。在实践中自行设计实验并验证，整合或超越单纯的科学研究和技术研究，形成系统设计到使用的完整周期。

综合创新性竞赛是具有研究性、创新性、探索性的活动，也是研究生参加学术科研、教学相长的一种重要形式。本团队老师在近几年指导专业学位研究生过程中，在开展的案例内容及实施举措方面进行了新的探索与尝试，研究生通过参加各级各类创新实践竞赛，提高了自身创新实践能力与科学研究能力，同时有效提升了口头表达能力、文案写作能力等综合能力。

团队将继续通过产学研合作，学以致用，完善"专业知识—工程应用—实践创新"递进式的工程实践平台，按照问题导向—方案设计—创新实践的全方位工程实践培养方式，以学生为中心，由项目驱动学习指导实践，巩固和强化基本理论，提升创新思维，推进创新能力培养。

实例 6：案例教学与实地调研相结合提升工程实践能力

南京工业大学 土木工程学院 张大长团队

一、产研共生，夯实土木水利专业学位研究生培养根基

在我国大规模建设输电线路工程的背景之下，开设面向土木水利专业学位研究生的"输

电线路钢结构杆塔设计与施工案例"课程意义重大。通过该案例课程的学习，学生能够从事输电杆塔结构设计的相关工作，也为进一步深入学习杆塔结构的理论知识与掌握先进的技术手段打下更为坚实的基础。

虽然输电杆塔结构设计理论属于土木工程中结构工程的范畴，但是土木工程专业的传统教学很少涉及杆塔结构的设计理论，仅仅在某些钢结构理论的教材上一带而过，这就导致了土木工程专业的学生对输电杆塔这一对国民生产极度重要的结构形式缺乏了解，更不用说对其设计理论的掌握了，即使有些学生因想自学而在互联网上查阅资料，能找到的也只是相关规范中的只言片语，若缺乏实际案例的学习，掌握的程度是远远不够的。

通过"输电线路钢结构杆塔设计与施工案例"课程建设项目，团队跨越已有的专业、学科乃至部门，组建具备土木工程、电气工程专业知识的课程团队，为研究生撰写了设计理论与实际案例相结合的课程内容。不同专业背景组成的案例教学团队、各专业的研究生、各大电力设计院，以及学校职能管理部门，在"输电线路钢结构杆塔设计与施工案例"课程建设中相互合作，共同发展，为土木水利专业学位研究生的培养奠定了坚实基础（见图3-7）。

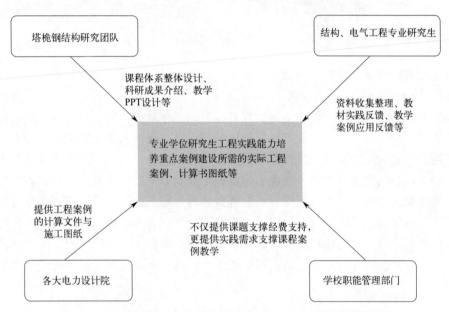

图 3-7　土木水利专业学位研究生实践创新能力培养案例建设体系

二、结合实际工程教学，提升土木水利专业学位研究生工程实践能力

在培养土木水利专业学位研究生实践创新的过程中，团队以钢结构设计理论等土木工程专业知识为基础，以塔桅钢结构实际案例为载体，以理论与工程实践结合为方法，以提升专业学位研究生工程能力从而服务社会为目标，全面推进建设适应现代工程研究生培养、即插即用的研究生课程教学模式。

案例教学和实际授课过程中，通过大量有效且有针对性的塔桅钢结构专业理论知识讲解以及工程案例的分析，让学生能在适当的时间内学会并感悟到输电线路塔桅钢结构巨大的工程价值，掌握如何把自己所学知识应用于设计中。本案例课程将遵循工程强化理论、理论指导实践、实践提升能力、理论与实践结合、适应现代工程研究生培养、打造即插即用的研究生培养模式这六大思维模式开展建设，其相互关系如图3-8所示。案例工程与规范对照如

图 3-9 所示。

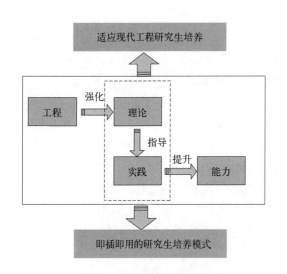

图 3-8　案例课程建设思路

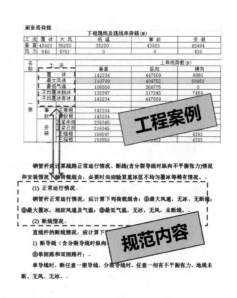

图 3-9　案例工程与规范对照

通过工程案例强化理论知识的学习。塔桅钢结构设计将充分运用钢结构基本原理以及输电线路杆塔设计相关规范，这些资料大部分是概念、计算公式的罗列，缺乏针对性，而本案例课程中的实际工程案例附有杆塔结构设计各部分的具体计算内容，与规范形成对照，这将充分强化理论知识的教学效果。输电线路杆塔结构设计过程涉及多个专业，例如在确定钢管杆水平档距、垂直档距、导线型号、导地线布置、电气间隙、接地及其形式时涉及了电气工程的理论知识，当确定这些参数后就由土木水利工程专业进行杆塔导线荷载、各工况下的荷载组合、杆塔荷载等计算，荷载计算完成后进行构件截面、连接设计，这一部分占据了杆塔设计的绝大部分，设计时将融合结构力学、材料力学等专业基础课与钢结构基本原理、混凝土结构设计基本原理等理论知识，只有具备了这些理论基础才能进行工程实践。而基于实际案例的教学过程，使研究生对理论的认识更加深入，从而有效提升了研究生的工程实践创新能力。

三、实地调研，加深学生对实际工程的理解

在结合输电杆塔实际工程案例教学的同时，团队组织学生进行工程项目的实地调研学习，以加深学生对输电杆塔实际工程中各组成部分的理解，大大提升了教学效果。目前团队已组织部分学生对南京工业大学江浦校区内钢管杆实际工程进行调研。

理论来源于实践，在实践中挖掘理论发展新的导向。通过案例教学，学生熟练掌握了传统的土木工程相关理论知识的同时，了解电气工程、复合材料相关知识，典型的如电气间隙、输电导线的布置原理、杆塔防锈蚀涂层等。而实地的调研，更让学生体会到了熟练运用结构力学、材料力学、高等数学等基础理论知识以及钢结构基本原理、混凝土结构设计基本原理等专业理论知识在输电杆塔工程实践中的重要性。这是多门课在一个设计案例中的综合运用，大大拓宽了学生的视界并引导他们对土木工程领域产生新的、更深入和全面的理解。理论与实践只有立体地、有机地结合，相辅相成，才能助力土木工程教育迈上新台阶。

输电线路钢结构杆塔设计与施工案例教学建设，切实提升研究生实践创新能力和解决实

际工程问题的能力。学生们在强化专业知识的同时，提高了对工程实践的理解及把握，为开展类似工程设计实践奠定了基础；同时有利于他们进一步深入学习和理解专业知识，达到有目的、有方向地主动学习。2019年～2020年，团队共计有12位研究生参与了由某设计院承担的钢管杆结构设计项目，真正做到了学以致用。

实例7：大数据思维提升研究生实践创新能力案例教学

南京工业大学 经济与管理学院 朱晓峰团队

一、产研共生，夯实管理类专业学位研究生培养根基

阿里巴巴集团创始人曾在接受美国财经媒体CNBC采访时表示："在快速逼近的技术新时代，核心是数据。与数据和数据分析有关的技能将变得非常有价值。"学校为管理类专业学位研究生开设了"大数据分析技术"案例教学课程，旨在通过课程的学习，使学生能够掌握从事与数据和数据分析相关工作的技术与能力。

大数据分析是一个富有很强时代性的、开放的动态系统，且由于所涉及的数据类型多样、数据量庞大、价值密度低、运行和维护成本高等导致传统方式下的大数据分析教学效果不尽如人意。与此同时，大数据领域发展日新月异，各行各业都有众多实践案例，也有诸多经验教训，完全可以通过研究提炼，将已有的成功案例转换为教学素材，帮助管理类专业学位研究生了解和掌握业界最新动态与发展。

通过专业学位研究生工程实践创新能力培养重点案例建设项目，团队运用共生思想，跨越已有专业、学科乃至部门、单位的界限，跨专业组成案例撰写团队，为大数据时代管理类专业学位研究生培养奠定坚实基础。换而言之，不同专业背景组成的案例教学团队、各专业的研究生、学校职能管理部门、大数据专业公司，共同构成一个共生系统（见图3-10），在专业学位研究生实践创新能力培养案例建设中，有机结合，相互合作，共同发展。

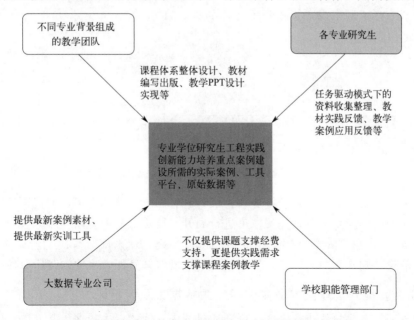

图3-10　共生视角下的专业学位研究生实践创新能力培养体系

通过产研共生，以业界具体实践为基础，团队积极地进行了一系列的教学研究与探索：成功申报 2017 年产学合作协同育人项目"大数据分析课程建设与教材建设"、2018 年产学合作协同育人项目"新工科视角下大数据分析导论精品课程建设"，出版了《大数据分析概论》；成功申报 2019 年产学合作协同育人项目"大数据分析与挖掘课程建设与教材建设"、2020 年产学合作协同育人项目"大数据可视化导论课程建设"，并出版了两本江苏省"十三五"重点教材《大数据分析与挖掘》《数据可视化导论》。

二、产教融合，构建管理类专业学位研究生教学内容的双 T 体系

在安排管理类专业学位研究生学习内容时，需要融合产业实际工具和实际场景，同时，在教学内容方面注意取舍，达到广度和深度的平衡，既要避免泛泛而谈、没有重点，也要避免只及一点、不及其余。

在案例设计撰写过程中，融入苏州 KY 公司开发的专注于大数据分析的软件——MJ 平台，以及北京 LJST 公司开发的专注于大数据挖掘的软件——PMT 平台，并取材于两家公司实际开展的来自一线的大数据分析案例、数据和工具。

与此同时，融入了大量企业实际场景的教学案例，尽可能覆盖该课程的主要教学环节，有助于帮助研究生构建起一个完整的大数据技术体系。在理论部分，包括大数据分析的基本概念、技术和方法，数据的不同类型，数据处理的流程和数据的生命周期，数据处理的不同模式，数据分析的主要方法，等等。其中数据的类型是丰富多样的，包括文本、社交网络、时间序列、轨迹数据、音频/图像和视频等。在应用部分，包括数据处理的基础设施、平台和各种工具，以及一系列成功案例。

由于实际教学内容繁多，只能选择几个专题进行深入介绍。以"大数据可视化导论"课程为例，在讲解大数据分析技术和方法、主要的数据类型及其分析方法之后，可以选择对实践创新帮助最大的内容，例如数据可视化模块，进行重点讲解。在内容方面删繁就简，突出基本概念、基本认知和基本思路三大块。因此，案例涉及的教学内容由基础知识部分和技术应用部分构成，形成两条线索，两个 T 形，如图 3-11 所示。

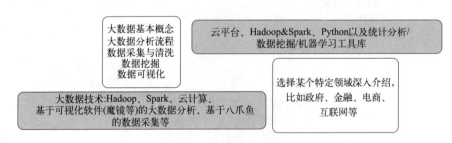

图 3-11　管理类专业学位研究生教学内容的双 T 体系

理论部分，先由浅入深，再按宽度进行展开，有助于培养学生宽广的视野，形成完整的知识体系。应用（实践）部分，先按宽度进行展开，再深入某个应用领域（政府、金融、电商、互联网等），旨在培养学生的动手能力和浓厚兴趣。理论部分解决"所以然"的问题，而应用部分解决"知其然"的问题，从而帮助学生既要知其然，也要知其所以然。

三、学用结合，提升管理类专业学位研究生数据实践创新能力

在培养管理类专业学位研究生实践创新的过程中，团队以大数据为基，以定量分析方法为力，以实践创新为策，以社会实际应用为标，全面推进提升管理类专业学位研究生的数据

实践创新能力。

案例教学和实际授课过程中，通过大量有效且有针对性的专业理论知识的培训和实际的大数据分析案例，让学生能在适当的时间内学会并感悟到大数据分析的真实价值和实际工作所需，掌握如何把自己所学知识应用于大数据分析实际操作中，并具有进一步拓展将其衍生为研究生实践项目的可能性。在研究生通过各级各类学科竞赛锻炼自身"场景赋能数据驱动"的过程中，团队不仅收获了"华为杯"第十六届中国研究生数学建模竞赛三等奖等荣誉，也产生了诸如"汽车怎么在海里"的有趣发现。

案例教学也在实际工作场景中有效提升学生运用数据思维解决实际问题的能力。2017级工程管理硕士（MEM）学生，在案例教学中学习理论知识、方法和工具，围绕建筑信息模型（BIM）相关领域开展深入研究。

受益于消费者数据的指数级增长、人工智能算法准确度和算力资源提升，以及大数据、智能硬件、AIoT、虚拟现实、5G等新兴技术发展，各级各类学科竞赛纷纷借助大数据技术与工具解决面临的问题，各个行业、各个企业也亟须具备数据思维的专业人才进行创新探索。团队将继续通过产学研合作，学以致用，继续立足以大数据思维推进管理类专业学位研究生实践创新能力的培养，服务学科建设和人才培养。

实例 8：四位一体打造研究生双维创新能力案例教学

南京工业大学 经济与管理学院 孙玉玲团队

技术创新引发的科技革命和产业变革，正在不断地创造新的社会和经济发展模式。科技创新、乡村振兴、区域协调发展、可持续发展等工程管理领域的新问题不断涌现。企业对工程管理类专业学位研究生的实践创新能力提出了更高的要求，迫切需要具有较强工程实践创新能力的高层次复合型人才。孙玉玲老师团队围绕国家创新战略，积极开展工程管理类专业学位研究生实践创新能力培养研究，取得了一系列丰富的研究成果。

一、需求引导，开拓协同培养模式

与其他学科的专业相比，工程管理涵盖工业工程、物流工程、项目管理、知识管理等多个领域的理论知识，具有极强的交叉性。工程管理类企业面临的管理决策问题复杂多样，对工程管理类专业学位研究生的实践创新能力要求较高。一方面，需要工程管理类研究生具备完善的知识体系，掌握管理学、系统工程、管理决策、项目管理、产业经济、区域经济、投资学、金融学和产业规划等多学科领域的知识。另一方面，需要工程管理类研究生具备较强的实践创新能力，能够将多学科知识融会贯通，工作后能直接胜任管理咨询、项目管理、产业优化、项目策划等工作，解决企业的实际问题。

工程管理是一个实践性极强的学科，只有接触丰富的工程项目，才有可能提高实践创新能力。目前，工程管理类专业学位研究生课程的教学内容以理论为主，学生开展实践创新的途径较少，缺乏接触实际项目的机会。另外，现有的工程管理类专业学位研究生的课程体系虽然设置了一定的实践环节，但是缺乏有规划的引导和指导，使得学生选择实习单位、实习岗位时具有较大的随机性，实践环节流于形式，无法起到真正的实践锻炼效果。

实践能力和创新能力的培养并不是孤立的，而是相互关联的。通过专业学位研究生工程实践创新能力培养重点案例建设项目，团队聚焦国家前沿热点问题，以精品案例库建设为主要抓手，探索工程项目、科研项目、学科竞赛、课堂教学改革"四位一体"的培养模式，全方位提高工程管理类专业学位研究生的实践创新能力和科研创新能力。

二、四位一体，提升实践、科研"双维"创新能力

运用"四位一体"的培养模式，从四个不同的维度提升工程管理专业学位类研究生的实践创新能力和科研创新能力。

（一）依托工程项目，提高学生实践创新能力

工程项目是对社会热点需求的有效反馈。团队聚焦实际工程项目，综合运用"引进来"和"走出去"两种方式，使学生可以快速了解工程项目的分析和实施过程，提高问题的分析和解决能力。

一方面，通过指导部分研究生参与案例的收集、整理和编写，提升他们的实践创新能力。通过接触案例素材，研究生能够对项目实施过程进行更深入的思考和了解，同时能够身临其境，了解工程管理的研究热点，学习复杂工程管理的分析思路。孙玉玲教授团队所开发的案例素材大部分来自当前社会热点的实际工程项目，涉及枢纽区域治理、乡村振兴以及创新创业等热点领域。

案例"×湖核心枢纽区域综合治理之路"来源于×湖综合治理项目。案例聚焦城市公共空间区域的综合管理需求，运用精细化管理理论、网格化管理理论、城市规划理论和经济学理论等，对×湖改革过程进行了叙述，阐述了网格化管理的"×湖模式"落地方式。

案例"乡村振兴的江苏探索：××特色田园乡村的建设之路"来源于溧阳市××田园乡村建设项目。案例聚焦国家乡村振兴现实需求，综合运用管理学、产业组织理论、经济学和金融学等多种理论，对溧阳市××村特色田园乡村建设过程中面临的问题进行深入分析，介绍××特色田园乡村建设路径。

案例"凤凰涅槃：从传统电子街区走出来的创业大街"来源于S电子街区创业大街建设项目。案例综合运用管理学、经济学、项目管理和系统工程等多种理论，对传统电子街区沿线产业面临的问题进行系统阐述，阐述传统街区向创业街区的转型过程。

另一方面，通过指导部分研究生参与实际工程项目，提升他们的实践创新能力。研究生通过实地调研、了解企业需求、参与项目实施等多种形式参与实际项目。在学校导师和企业导师联合指导下，进一步锻炼研究生理论与实践融会贯通的能力。

（二）基于科研项目，提高学生的科研创新能力

团队开发的部分案例来源于科研项目。案例"M市科技创新名城的绩效评价之困"的原始素材正是来源于"M市创新名城建设专项评估"科研项目。案例聚焦国家科技创新需求，系统阐述了M市创新名城建设指标体系构建与评价过程。根据评价结果，剖析M市创新名城发展存在的问题与短板，结合国内外创新名城建设典型做法，提出具有建设性意义的对策建议。

团队成员指导学生直接参与相关科研项目，将研究生个人培养、导师学术研究与工程实践活动有机结合。在项目开展过程中，研究生作为活跃崭新的科研力量，大胆探索先进科研方法和科研手段，迅速开拓了学术视野，夯实了学术基础，培养研究生的科研创新思维，获得了很好的研究成果，同时也开辟出新的科研方向。

（三）借助创新创业平台，提高学生的实践创新能力

长期以来，团队一直通过校企合作加强对研究生实践创新能力的培养。团队邀请合作企

业的总经理担任研究生企业顾问，从企业对人才的真实需求出发，为研究生实践创新能力的培养提供实践机会，并进行具体而准确的指导。自2015年以来，团队每年都会推荐2~3名研究生和5~6名优秀本科生进入合作公司进行社会实践和实习，先后有8名研究生参加了实际项目研发。通过参与实际的横向科研项目，研究生能更快地熟悉项目的开展过程，同时也能了解企业的需求，为走入社会提供了预演。在2019年先后四次邀请合作企业的投资顾问来校开展项目经验分享与人才培养指导，研究生反响热烈。另外，团队还鼓励和指导研究生以及部分优秀本科生参加全国研究生数学建模大赛、大学生创新创业实践大赛等。通过这些大赛，进一步锻炼了研究生实践能力和科研创新能力，取得了较丰富的成果。

（四）改革课程内容和形式，实现理论实践双轨有机融合

为了锻炼研究生对知识的综合运用能力，团队对课堂教学内容和形式进行了改革。一方面，丰富教学内容，加强兴趣引导。在研究生的基础课"管理工程案例""绩效管理"等教学过程中，引入精品案例，增强学生对专业的感性认知，选取的五个精品案例是国家、省市以及企业等迫切需要解决的新问题，具有较强的前沿性。这些案例也具有很强的综合性，需要多种理论的综合运用。例如，乡村振兴案例需要项目管理、产业发展理论和乡村振兴战略等多种理论的综合运用。

另一方面，改革教学形式，让学生融入案例的生成过程。在"战略管理"课程的教学过程中，团队成员采用了课堂反转的教学方法。通过设立研究目标进行课堂讨论的方式，鼓励研究生对研究对象的发展走向展开分析，从中分析和提炼可能的管理思想和管理创新点。这种课堂反转，大大调动了研究生的主观能动性，经过研究生多轮分析与讨论，成功地设计了"南京KN公司的战略变迁"案例的基本框架。案例以时间为序，描述了南京KN公司从最初单一的接插件战略向轨道交通装备、电力自动化等多元化的战略转型过程。这个过程始终围绕单一战略向多元化战略发展和主业突出（主业的横向发展）两条主线。通过对案例生成过程的训练，提高学生的系统分析能力，能够很大程度上促进学生实践创新能力的提升。

三、产教研融合，项目建设成果多元化

经过一年的项目建设，团队获得了丰富的研究成果，共开发出五个精品案例以及案例指导书、PPT以及相关视频等教学材料。部分案例已经在MBA、MPAcc的专业课程"战略管理"以及工程管理类专业学位研究生基础课程"管理工程案例"中得到应用，使用研究生达150余人，使用效果良好。研究生参与的科研项目中部分研究成果获省级领导批示，在政府内参发表论文2篇；1篇硕士论文获校优秀硕士论文，2名研究生获2019年中国研究生数学建模大赛全国三等奖。

实例9："AI+"双向驱动培养跨学科综合创新人才案例教学

南京工业大学 计算机科学与技术学院 杭文龙团队

人工智能已经成为现今科技发展与产业变革的重要驱动力量，未来将渗透到各行各业。"AI+"基础理论、技术手段以及行业应用步入爆发期，各国纷纷争相在人工智能领域进行战略布局，以期抢占人工智能全球制高点。目前，我国人工智能整体发展水平以及创新型人才储备仍无法满足巨大的社会需求，高校开展前瞻性人工智能基础研究、加大人才培养投入力度、推动创新人才培养模式发展、加快提升人才数量与质量已成必然。

杭文龙老师团队重视学生创新思维能力、终身学习能力的培养，不断摸索人工智能人才培养的途径。案例库内容涉及计算机科学、脑科学、医学影像、智能控制等多学科交叉渗透，以期打破学科专业壁垒，使得学生将所学的知识融会贯通，在跨学科综合素质的创新型人才培养方面发挥重要作用。

一、统筹兼顾，设计契合跨学科创新型人才培养需求的典型案例

人工智能是计算机科学的重要分支，以实际案例为驱动，采用课堂讲授和实践教学一体化的教学模式，能够培养具有创新性思维方式、分析与动手能力强的专业人才。"人工智能"课程要求融会贯通机器学习、模式识别、计算机视觉、智能系统等庞大的知识体系，需要高校整合多个专业来建设人工智能专业群，保证能够长期系统地开展人才培养。研究生阶段开设该课程，存在知识点繁杂、课时设置不足的实际矛盾，需要授课教师梳理分散的知识体系并积累教学素材，结合"AI+"的具体问题设计典型案例，以契合对学生工程实践能力培养的新趋势和新要求。

借助学校专业学位研究生工程实践创新能力培养重点案例建设项目，授课老师经过前期调研和分析，结合自身人工智能领域的研究基础，从课程知识模块、专业知识体系、发展方向等多视角分析现存教学问题，通过介绍"AI+"典型应用系统中的"信息获取—信息传输—信息处理—决策应用"全过程，构建具备课程体系、知识模块、工程实践在内的全方位、多元化的教学环节，以适应培养跨学科创新型人才的需求（图3-12）。

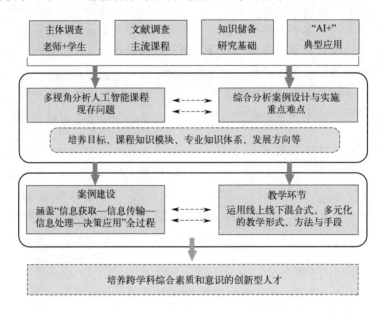

图 3-12　专业学位研究生实践创新能力培养重点案例建设实施思路

在人工智能领域，团队积极开展科研工作，逐渐形成"生物医学数据智能挖掘与分析"这一明确的研究方向，围绕生物信号、医学影像开展医学信息挖掘、模式识别与机器学习研究。团队成员主持国家级、省部级等多项科研项目，为准确把握相关领域的研究动态和进展，实现"科研反哺教学"奠定坚实基础。同时，注重教学理论、教学实践的探索与创新，多次荣获教学奖励，为顺利开展案例建设、教学模式探索提供了良好的基础。

二、理论联系应用，构建计算机类专业学位研究生教学三位一体体系

人工智能技术具有重要社会价值和意义，已渗透到各个领域，如智慧医疗、智能交通、智能教育等。在安排计算机类专业学位研究生学习内容时，需要注意结合实际应用，同时注重多个相关专业领域基础理论知识和研究方法的融会贯通，要凸显一定的理论深度和应用广度。

在案例库设计撰写过程中，注重案例的前沿性，本案例涉及前沿领域——AI 医学影像分析以及脑-机接口；注重案例的实际性，案例取材于江苏省某医院医学影像数据或开放共享的脑电信号数据集；注重案例的可复现性，采用 PyTorch 机器学习库，给出案例的实现源代码。

教学案例库涵盖了人工智能领域成熟的学习模型、框架，覆盖了人工智能课程的主要教学环节，融入了数据获取、特征学习、应用识别环节，有助于提高研究生的人工智能理论素质，帮助研究生构建较为完整的人工智能技术体系。在基础理论知识部分，既包括深度学习的数学基础，例如矩阵运算、数值微分、链式法则等；也包括深度学习的基本模型，如全连接神经网络、卷积神经网络等；还包括深度学习技术，如反向传播、参数更新等。在实践应用方面，采用典型的深度学习模型和框架解决现有实际问题，同时介绍行业内最新技术与方法，鼓励学生结合实际应用进行思考并改进课程提供的源代码。

构建"理论知识—实践开发—问题分析"三位一体案例教学体系，如图 3-13 所示。从基本的基础理论知识出发，让学生掌握相关专业领域的基本理论；在实践开发中，鼓励学生参与数据采集、数据特征提取以及应用示范的整个流程，引导学生在学习过程中明确怎么做；启发学生发现实践中遇到的问题，鼓励学生提出解决方案并进行总结，引导学生不但能够"学会"还能够做到"会学"。三位一体教学体系鼓励学生在掌握理论知识的基础上，通过案例实践开发并对遇到的问题进行分析，进一步从理论知识角度寻求解决问题的可行方案，形成自我学习的闭环，最终实现理论知识学习、实践能力锻炼以及实际问题分析相互结合、相互促进，使得学生能够建立分析问题和解决问题的思维方式，达到提高自学能力的目的。

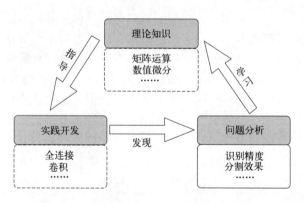

图 3-13 "理论知识—实践开发—问题分析"的三位一体案例教学体系

三、学以致用，培育贯通人工智能学科的创新型人才

在智能时代背景下，教学团队以"夯实学科基础，拓宽专业视野，强调工程实践，重视素质培养"为原则，发挥人工智能学科交叉属性鲜明的特点，加快研究生人工智能课程体系

建设，完善学校人工智能领域学科布局，力争培育一批熟练掌握人工智能理论、方法、技术与应用的创新型人才。

在案例授课过程中，结合学生就业期望，整合和优化专业知识结构，运用贴近人工智能应用的典型案例，如"AI＋医疗"，采用课堂讲授和实践教学一体化的教学模式，培养学生实践动手能力、系统设计能力、团队合作能力和工程创新能力等，使学生毕业后能够从事人工智能领域工程设计开发工作，达到学以致用的目的。自 2019 年重点案例建设开展至今，团队培养研究生获得江苏省研究生数据建模科研创新实践大赛一等奖，在"AI＋医疗"领域指导研究生发表国际期刊论文 2 篇、国际顶级会议论文 1 篇，授权国家发明专利 1 件。

实例 10：管理类专业学位研究生"以赛促学"提升创新能力

南京工业大学 经济与管理学院 张长江团队

管理类专业学位研究生（以下简称管理类专硕）人才培养已构建起以全国管理案例精英赛、中国 MPAcc 学生案例大赛、江苏省 MBA 案例大赛为代表的案例大赛，以全国百篇优秀管理案例评选、全国会计硕士专业学位优秀案例评选为代表的案例评选，以中国管理案例共享中心、中国专业学位教学案例中心、全国 MPAcc 教学案例库为代表的教学案例库，以中国管理案例学术年会为代表的案例学术会议，以《管理案例研究与评论》《财会案例评论》为代表的管理案例研究期刊的多维立体体系。入选高级别案例大赛获奖、入选案例库，已成为评价管理类专硕学位点培养质量的重要指标。

学校管理类专硕已涵盖 MBA、MEM、MPAcc 三大领域，分别于 2011 年、2017 年和 2019 年开始招生，现年均招生人数约 180 人，在校生规模稳定在约 550 人，已由规模构建向高质发展转型升级。案例教学作为管理类专硕培养的重要抓手，在培养学生实践能力、提升教师教学水平、促进产学研合作等方面发挥了不可替代的作用。近年来，学校管理类专硕培养中的突出问题是缺乏原创性教学案例、缺乏时代感教学案例、缺乏案例教学法的广泛运用、缺乏案例大赛和入库案例方面的标志性成果。

为此，团队积极组织具有案例大赛指导、案例撰写经验的师资队伍，借参加国家级、省级管理类专硕案例大赛之机，开发原创案例，推进管理类专硕案例建设。团队本着"以赛促学、以赛促教、以赛促改"精神，通过组织管理类专硕学生参加全国管理案例精英赛、中国 MPAcc 学生案例大赛、江苏省 MBA 案例大赛等赛事，在团队组建与磨合、案例调研与访谈、案例撰写与研讨、案例参赛与演绎、案例修整与试用、案例成型与提交等过程中培养学生发现问题、分析问题和解决问题的能力，有力推动学生掌握理论、形成观点、提高能力，使学生具有战略眼光、创新意识、创业精神、团队合作能力、处理复杂问题的决策和应变能力以及社会责任感。同时提升了教师的案例编写能力、案例教学能力和案例研究能力，对学校管理类案例教学与研究模式改革创新起到了推动作用。

一、以赛促学，亮化管理类专硕实践环节

在传统管理类专硕培养方案实践教学环节（如企业家讲堂、移动课堂、企业运营管理模拟、ERP 沙盘模拟、企业管理诊断等）基础上，对接培养体系亮化工程，显性突出案例大赛载体，以此为着力点带动管理类专硕实践教学环节独具特色。通过举办全国管理案例精英赛校园突围赛，参加全国管理案例精英赛、江苏省 MBA 案例大赛，组建师生

参赛团队，推动了学校 MBA、MEM、MPAcc 学生发现问题、分析问题和解决问题能力的提升。

2017 年以来，学校累计约 70 名管理类专硕直接参与了案例调研、案例撰写、案例参赛、案例修整等案例实践，300 余名学生通过案例教学讨论了团队开发的原创案例。此外，多位管理类专硕因在案例大赛中表现出色，进而在中国 MBA 发展论坛、丝路全球商学院 MBA 发展论坛、江苏省 MBA 发展论坛等评比中获得中国 MBA 新秀 100、中国 MBA 商学院创新创业新星、江苏 MBA 十大创新企业家、江苏 MBA 十大公益企业家、丝路全球商学院 MBA 新秀奖等 11 人次。

二、以赛促教，强化管理类专硕实践师资

在单一模式推动任课教师案例教学积极性、主动性效果甚微背景下，以案例研究、案例开发、案例教学、案例竞赛一体化为抓手，配置以顶层设计式激励政策，一部分教师在案例工作中找到突破口。团队积极资助教师参加案例学术研讨会、各类管理案例师资培训，近三年累计派出 12 人次。

在团队带领下，学校自 2019 级起分别在 MBA、MEM 和 MPAcc 培养方案中增设案例赛事课程"工商管理案例"和"会计审计案例"，16 学时，1 学分，专门针对案例大赛，主要教学形式包括案例大赛系列讲座、案例分析集训、案例分析校内竞赛等。该项目的开展，使教师教学中案例教学使用率及对中国管理案例共享中心等案例库的利用率大幅提高，学生对案例教学认可度、好评度和参与度稳步提升，为 MEM 和 MPAcc 案例教学树立范本。学生们反馈"参加一次案例大赛对于能力的提升胜过修习多门课程"。近年来，通过案例大赛牵引的培养模式改革，推出了学校 MBA、MEM、MPAcc 案例教学等标志性成果，培育出 2017 年中国工商管理国际最佳案例奖入库案例 1 项，江苏省 MBA 案例大赛二等奖案例 2 项，江苏省 MBA 案例大赛三等奖案例 3 项。

三、以赛促改，深化管理类专硕实践培养

学校管理类专硕教育起步较晚，培养模式改革和升级需要"催化剂"，案例大赛在管理类专硕培养模式改革中扮演了"催化剂"的角色。案例大赛能催化激励监督机制向实践教学倾斜，能催化任课教师更加关注案例教学和案例研究，能催化学生主动发现问题、分析问题和解决问题（表 3-5）。以案例大赛为抓手，推动设立了院级管理类教学案例培育项目。学院已制定研究生培养工作奖励办法，其中对管理类专硕案例编写、案例教学、案例开发的奖励措施做了明确规定。学院配套制定了教学案例成果奖励政策，结合学院学科建设奖励制度，加入教学案例获奖、案例入库、案例论文等成果的奖励措施。

表 3-5 案例大赛与管理类专业学位研究生能力培养关系

组织流程	工作内容	参与人员	能力培养
团队组建与磨合	先后组建 7 支参赛队伍	在校学生 指导老师	团队合作能力 社会责任感 集体荣誉感
案例调研与访谈	实地案例调研、座谈会、访谈、研讨	参赛队员 指导老师 案例企业负责人	发现问题能力 分析问题能力 人际交往能力

续表

组织流程	工作内容	参与人员	能力培养
案例撰写与研讨	案例分析正文、案例使用说明的撰写	参赛队员 指导老师 校内外专家	解决问题能力 专业写作能力 理论分析能力
案例参赛与演绎	盲评、会评、现场PK等环节	参赛队员 指导老师 评审专家	综合应变能力 专业表达能力
案例修整与试用	对赛后案例进行再次修改完善，在相关课程教学中试用	指导老师 任课教师 在校学生	案例教学能力 案例开发能力 案例分析能力
案例成型与提交	案例使用结束后，研发团队集中完成案例工作，申报入库	相关老师	案例研究能力 创新创业能力

自2017年以来，连续三年组队参加江苏省MBA案例大赛，获得江苏省MBA案例大赛团队二等奖2项、团队三等奖3项、最佳指导教师奖4人次、优秀指导教师奖6人次、最佳风采奖2人次，全国管理案例精英赛华东三区晋级赛季军、最佳新锐和最佳网络人气奖各1项。

参考文献

[1] 陈效林，程永波. 工商管理硕士研究生"三位一体"案例教学体系研究——以南京财经大学MBA教学为例［J］. 研究生教育研究，2021（6）：77-84.

[2] 乔刚，杨旭婷，娄枝. 研究生教育质量治理：科学内涵、转变维度与实践路径［J］. 研究生教育研究，2021（6）：51-57，97.

[3] 欧丽慧. 整合式工商管理专业硕士（MBA）案例教学模式研究——以H大学为例［D］. 上海：华东师范大学，2018.

[4] 吕一博，刘泉山，马晓蕾，等. 工商管理案例开发现状及撰写规范性研究［J］. 管理案例研究与评论，2017，10（2）：209-224.

[5] 冯晓敏. 我国教育专业学位案例开发的主题选择及其改进——基于教育专业学位入库案例的文本分析［J］. 教育学报，2023，19（1）：90-101.

[6] 冯茹. 面向教育硕士的教学案例开发研究——以小学教育领域为例［D］. 长春：东北师范大学，2019.

[7] 吴平，张雪英. 辩论演讲协同角色代入的案例教学在"工程伦理"课程中的应用［J］. 科教导刊，2021（29）：156-158.

[8] 何菁，丛杭青. 工程伦理案例教学的价值设计——兼论场景叙事法的课堂引入［J］. 高等工程教育研究，2019（2）：188-193，200.

[9] 范利丹，秦刚，杨佳，等. 研究生案例教学的几点思考［J］. 教育教学论坛，2017（30）：212-213.

[10] 郭增伟，周建庭，梁波. 土木工程专业研究生创新思维和科研自信的培养方法［J］. 高等建筑教育，2020，29（5）：55-60.

[11] 杨斌，张满，沈岩. 推动面向未来发展的中国工程伦理教育［J］. 清华大学教育研究，2017，38（4）：1-8.

[12] 张恒力，钱伟量. 美国工程伦理教育的焦点问题与当代转向［J］. 高等工程教育研究，2010（2）：31-34，46.

[13] 朱琎，邓小乔，李效龙，等. "人工智能＋新工科"背景下研究生创新能力培养模式研究［J］. 高教学刊，2019（21）：35-37.

[14] 张玉，赵敏，李宝平，等. 案例教学在建筑与土木工程硕士领域人才培养中的探索与应用研究［J］. 教育教学论坛，2019（8）：240-241.

[15] 郑世良，杨小微. 工程专业学位研究生专业实践的价值意蕴、历史演进与路径探寻［J］. 黑龙江高教研究，2023，41（3）：124-129.

[16] 张玉，李宝平，刘瑾，等. 案例教学在土力学与地基基础课程中的应用探讨［J］. 高教学刊，2020（1）：116-118.

[17] 罗逾兰. 创新实践大赛推进研究生培养质量提升的探索和研究——以江苏省研究生创新实践大赛为例［J］. 国家教育行政学院学报，2019（11）：33-38.

[18] 苗光辉. 面向部分可观测环境的值迭代深度网络模型研究［D］. 北京：北京理工大学，2018.

· 第四章 ·
企业战略环境分析教学案例

研究生教学案例正文及案例使用说明

案 例 名 称：企业战略环境分析教学案例
专 业 类 别：管理类
专 业 领 域：工商管理
所 在 单 位：南京工业大学经济与管理学院
作 者 姓 名：陈同扬

案例正文

一、标题

企业战略环境分析教学案例

二、首页注释

编者：陈同扬

案例涉及的知识点：企业战略环境分析

案例情况：真实发生

三、摘要及关键词

摘要：本案例以 LK 智慧科技股份有限公司（以下简称 LK 公司）为研究对象，重点描述 LK 公司如何从创业初期的贸易企业，经过自主研发与创新，转型成为国内知名的智慧产业整体解决方案供应商。LK 公司最初从贸易领域入手，通过不懈努力在电力行业的服务中实现了产品化、定制化、模块化、平台化，打造出具有自主知识产权的"管理咨询、解决方案与产品、IT 运维与监理服务"全生命周期服务体系，逐渐成为智慧产业领域中的领军企业，为改善城市、园区及工厂管理绩效提供数字化方案。本案例为中国软件企业如何借助当今的中国机遇进行发展与创新，助力中国经济发展提供了很好的借鉴。

关键词：自主研发与创新；一体化平台；工业互联网

四、引言

LK 公司成立于 1999 年，是国内领先的智慧产业整体解决方案提供商。LK 公司始终以振兴民族软件品牌为己任，在一个平台上开发出具有自主知识产权的管控一体化信息化平台，多项产品已经成功实现了进口替代，有效保障了国家工业信息安全。LK 公司是工信部两化融合促进节能减排重点推进项目供应商、国家级信息化和工业化深度融合示范企业解决方案提供商、能力成熟度模型集成（CMMI）L4 国际评估认证企业、全国信息化标准委员会 SOA 标准工作组电力行业联合组组长单位、中国智慧城市产业联盟副理事长单位。目前，LK 公司已成为拥有 13 家参/控股公司的集团级企业，业务覆盖全球十几个国家和地区，服务对象包括 1000 多家央企、大型国企、知名外企和地方政府。

五、案例内容

（一）LK 公司的诞生——商机驱动的贸易实体

世界上任何事物的诞生都是伴随着必然和偶然的完美结合，LK 公司也不例外。1999 年成立时的 LK 公司并不是一家以软件业务为主营业务的企业，而是以经营自动化设备为主的企业。在那时，公司董事长依靠在德国 XMZ 公司的工作经验，很快将自动化设备外贸业务经营得有声有色。但是随着市场竞争的不断变化与加剧，转型成了 LK 公司能够继续发展的唯一出路。

1. 市场的需求成就了 LK 公司

LK 公司的发展与成长得益于其迎合了市场的需求。1999 年夏天，LK 公司承接了海口一个小区改造项目。这个项目需要八个 XMZ 品牌的旁路系统调节阀。依托董事长曾经在 XMZ 公司担任过销售的经验，LK 公司抓住了机遇。经过几个月的辛苦奔波，终于让海南方面顺利从德国 XMZ 公司采购到了这批阀门。当时恰逢海南正处于扩大与开发时期，这个项目享受了很多的优惠政策。正是依靠这个项目的利润，LK 公司有了发展的基础。

2. 屹立在风雨中的海棠

在成长的过程中，LK 公司就如同屹立在风雨中的海棠。从 2002 年起，LK 公司代理国外品牌的营业收入每年为三四千万元，但是其最终决定放弃该代理业务，主要的原因有两个。其一，汇率的变化。依托董事长在 XMZ 公司工作的经验，最初的代理业务大部分都来自德国。随着欧元兑人民币汇率的上涨，利润也就变少了。其二，公司员工缺乏法律保护意识，在代理业务中遭受了多重损失。例如，花费了几个月的一项大工程，刚打开销路，外企便"过河拆桥"，取消了 LK 公司的代理资格，直接与 LK 公司的客户签约。类似案例频繁发生，LK 公司蒙受了巨大损失。本质上来说，代理商只不过就是中间转手的人而已，既不是真正的买家，也不是真正的卖家，风险自然很大。最终，LK 公司被迫决定转型。

(二) 工贸一体，技术先行

1. 在自我否定中前行

在公司业务发展过程中，很多客户在安装 LK 公司的自动化产品后，往往会顺带提一些简单的软件模块改造要求，实现某些软件的控制功能，而复杂的、利润更高的软件开发、运营、维保等都被国外一些大公司所垄断，比如 SAP。因其不甘心只在制造业末端生存，起初只是简单尝试软件，后来毅然决定舍弃自动化设备的主营业务，向并不熟悉的软件领域转型，此时公司成立仅一年多时间。

转型的契机来自与扬州某电厂的合作项目。基于之前与扬州某电厂的自动化设备合作基础以及国产软件相较国外知名软件的价格优势，LK 公司成功地将 LiEMS 1.0 版本的发电企业管控一体化产品应用到扬州某电厂信息化改造项目中。仅半年时间，该企业就比上年同期多发电 10177 万度（1 度＝1 千瓦时＝3.6×10^6 焦），煤炭使用量减少 11430 吨。企业也因为导入 LK 公司的资产管理方案，把物资库存从 2700 万元下降到 1200 万元。从此，LK 公司的转型迈出坚实的第一步。

2. 一飞冲天，一鸣惊人

在创业初期，LK 公司将精力都集中在电力行业中，努力创新。LiEMS 1.0 及 2.0 的陆续诞生，以及与扬州某电厂的合作让 LK 公司在转型一年多后被行业所了解。在 2003 年至 2004 年期间，LK 公司更是做出一个让所有人都为之震惊的决定——开始一项为期 14 个月的封闭式研发项目。为期 14 个月的封闭式研发绝对不是一件轻松的事情，研发团队成员团结合作，自觉克服各种困难，最终在董事长的带领下完成了公司的既定目标。这样的追求和坚持使得 LK 公司将企业级应用软件全部搬到基于 J2EE 技术的 B/S 架构上。在当时，整个市场也没有类似产品。2005 年 1 月 1 日在南京举行的 LiEMS 3.0 产品发布会上，LK 公司员工沉寂 14 个月的付出为市场提供了一款惊艳的产品，至此展现了 LK 公司在电力行业软件开发与应用上的实力，之后 LK 公司被 AMT 机构评为"中国 EAM（企业资产管理）领域五强厂商"。

公司董事长助理回忆说："在场的年轻人眼里已经充满了惊叹与羡慕。但是董事长却问大家，你们以为遇到了一些困难，有一些机遇就能让 LK 公司一路走来？错了，LK 公司就是要不断地在困难中摸爬滚打，也许你以为最差不过如此，其实不然，明天也许情况更恶劣。即便被生活捏碎了，也要重新活过来。"

（三）涅槃重生

凤凰之所以会涅槃，是为了绽放更绚丽多彩的生命。2004 年至 2007 年期间，LK 公司依旧面临众多难题，不得不再次寻求变革。此时的 LK 公司，正从一个在软件领域的"门外汉"逐步发展成为具备独立自主开发能力的综合型软件解决方案供应商，其纵向业务能力不断提升。

1. 环境与政策的严峻

在内部环境方面，上市失败对 LK 公司的发展造成了巨大的生存压力。2006 年至 2007 年的"大牛市"让大家都关注到了股市，当时大家认为 2009 年在深交所上市的第一批创业板就相当于中国的纳斯达克。十年磨一剑，如果 LK 公司能够成为国内第一家在 EAM 领域上市的创业板公司，那么前途必定不可限量，企业发展中的融资问题也一下子就能解决了。然而现实往往和预期有很大差异，由于当时 LK 公司内部很多人对未来、对创业板并不了解，因此在上市问题上几位股东发生了分歧，可以说当时股东中只有董事长一个人赞同上市。最终 LK 公司并没有成功上市，部分股东也离开了。本想在资本市场获取融资的 LK 公司，为了上市而支付了不少咨询和其他费用，本就捉襟见肘的资金问题更为棘手。

在外部的环境方面，国家发布电力信息化政策导向，鼓励电力行业企业向信息化管理模式转型。所有人都认为这是商机，一旦抓不住，机遇就会成为别人占领市场的跳板。像 LK 公司这样的民营企业该如何抓住机遇？那个年代，优质软件的开发商主要是集中在德国、美国、日本等全球领先的企业管理软件解决方案提供商，国内政府、中大型企业大多使用和采购国外软件作为管理与运营工具，其他企业很难在这块大蛋糕上分得一杯羹，即便获得了部分外包业务，也是零星的散活，最终能否获利不得而知。另外，根据当年中国科学院的一份研究报告，中国软件行业 72% 的需求来自政府，其次是大型国有企业，工业应用软件方面更是如此。因此，软件行业的大环境势必竞争激烈，不能与政府及大企业成为合作伙伴的软件公司必然很难生存。报告还指出，由于市场需求变动导致企业创新过程中止或失败的更是占到 83%。

因此，缺资金、没有大客户的局面让 LK 公司人清醒地认识到这种吃不饱、饿不死的局面已经不能满足企业发展，要想更好地活下去就必须坚持纵向发展，将技术做到极致，彻底打破现存的尴尬局面。

2. 修炼内功，厚积薄发

如果说大环境不能改变，那么企业能做到最可行的就是提升自身的核心竞争力——技术能力，类似于武侠小说中的内功修炼，LK 公司的内功修炼包括以下四个方面。

（1）引进战略投资。由于上市失败，LK 公司急需获得更多的资金从事技术研发。经过多轮洽谈，终于在 2009 年先后引入 HZ 银行与 ZJC 公司的战略投资，2011 年又获得了 YR 集团的注资。三笔大额注资让 LK 公司在研发上有充分的资金保证，为企业注入了最可靠的强心剂。此外，能够短时间内获得这三家大型公司注资，也让 LK 公司的整体实力上升到了新高度，现有客户继续坚定选择 LK 公司，潜在客户也主动向 LK 公司抛出橄榄枝，LK 公司也由此将软件业务从电力行业成功扩展到建材行业。

（2）强化 LK 公司数据库。2009 年 9 月，LK 公司与包括 NR 集团在内的三家品牌企业联手成立了"江苏 RJ 数据股份有限公司",力求打破工业控制领域实时数据库系统长期依赖国外的窘困局面。RJ 公司成立以来,三方一起合作陆续研发出"HX 实时数据库"等国产软硬件产品,值得一提的是,"HX 实时数据库"拥有完全自主知识产权,并拥有行业内首创的混合压缩技术,打破了传统实时数据库实例分布限制,能够处理上亿甚至数十亿的测点规模。目前,该产品已在智能电网、节能减排以及环保监测等领域得到广泛应用,在部分行业市场占有率达全国第一,成功占据国内大数据技术的制高点。

(3) 针对客户的专属型应用。LK 公司提倡为客户创造价值,能帮助客户获利才是企业长久生存和发展之道。秉承这样的经营理念,LK 公司的产品体现出人性化、定制化的特点。在 2008 年第二次年会上,某公司信息中心负责人表示:"我们选择 LK 公司软件的理由是 LK 公司的产品是一个商品化软件,但同时又具备它的灵活性、拓展性和适应企业管理变化的完美体验感"。LK 公司在 EAM 领域不断钻研,将接口、功能与应用设计得日趋完美,用技术水平博得行业的认可与称赞。

(4) 五个"一体化"。一体化平台是 LK 公司软件产品的特色。集团/企业一体化、基建/生产一体化、过程自动化/管理信息一体化、财务/业务一体化、绩效/业务一体化五个一体化产品,用互联网思维模式,结合物联网、大数据技术手段,融入行业最新管理思想,打造面向集团、分(子)公司、工厂的新一代智能企业管理系统,进一步提升集团型企业的管控效率和效益。为 ZD 集团研发的"生产过程控制管理系统",在 MD 能源集团进行推广,技术鉴定结果为"国际先进、国内领先";为 HN 集团江苏某电厂实施的基建生产一体化项目,是 HN 与 GD 两大发电集团的重点示范工程,也是国家百万千瓦超临界火电机组示范项目,实现了基建/生产一体化的深化应用;为天山 LD 工业园实施的管控一体化项目,开创工业园区建设、运维可视化管理新模式,助力天山 LD 工业园从基建与生产并存的粗放式无序管理逐步走向自动化、精细化、可视化管理新方向,实现煤、电、铝三个产业最大资源共享与协同。

3. 产业链的不断拓展

当软件技术满足行业高端水平后,LK 公司才真正在国内软件市场站稳脚跟。如今的 LK 公司已发展成为拥有 13 家分(子)公司的大型企业;跨区域、跨领域、国际化正是目前 LK 公司所表现出的经营特色,其服务对象包括近千家央企、大型国企、知名外企和地方政府等。公司正在全力推进本土化战略,并拓展国内外市场,计划在多个省、直辖市,在电力、建材、军工、港口、交通、医药、化工等行业建立分公司或合资公司,还计划组建国外分公司。此外,LK 公司紧跟"一带一路"倡议,为越来越多的工程建设企业提供一体化解决方案,构建信息化平台,为海外项目保驾护航。

(四) 砥砺前行,放眼未来

工业互联网是中国制造业向智能制造转型的核心之一,未来我国能否全面实现智能制造,很大程度上取决于软实力——工业互联网的发展水平。从全球来看,我国工业互联网发展目前处于起步阶段,但与国外公司并非差距巨大。深入了解、积极借鉴、有所启发、有所作为,中国必将与美国、德国组成新的世界工业互联网三足鼎立之势。"一带一路""互联网+""中国制造 2025""工业 4.0"这些词已经成了生活中的高频词,也意味着 LK 公司遇到了最好的发展时机,站在了时代的风口上。

1. 工业互联网转型

设备互联是工业企业实现工业互联网转型的第一步。LK 公司从提升设备连接能力与设备智能化两方面入手,通过智能网关软件与完善设备组网方案,打造了智能工业物联网平台,帮助用户解决设备接入难、设备自主功能弱等问题。设备接入难主要表现在数据接口标准不统一、工业网络结构与环境多样化问题。二十余年的工业设备数据采集经验,让LK公司积累了丰富的工业设备通信协议库和完善的设备接入调试知识库,支持所有标准工业数据通信协议和主流设备厂家的自定义协议,极大提升了设备接入的能力与运行效率;同时LK公司与多家工业互联网硬件厂商合作,提供多样化的设备接入组网解决方案。智能化是设备管理发展趋势,LK公司最新研发的智能网关软件引入边缘计算思想,实现设备管理的智能化,达到设备数据的实时分析与反馈效果,并赋予设备一定的自主智能决策能力。

支撑工业互联网平台灵活性、敏捷性、高性能的要求是工业互联网转型的第二步。LK公司工业互联网平台SC基于微服务技术架构。工业PaaS是工业互联网平台中的核心,SC平台在PaaS层通过构建统一的开发者社区、打造完善的工业APP应用市场、汇聚上下游企业业务链,起到统一平台生态的作用,为工业应用软件的开发、部署提供了一个基础服务平台。通过提供丰富的应用开发工具、业务建模组件、行业算法和模型库,从而实现平台能够将企业应用中的工业技术原理、行业知识、基础业务模型进行规则化、软件化、模块化。采用微服务的技术架构,构建可独立部署、可重复使用的多个微服务应用,提高企业应用的开发、测试和部署效率。第三方软件公司或开发者基于SC平台提供的快速开发平台,可完成各类工业APP应用的开发,并统一集中到企业应用市场中,实现各行业平台应用生态的构建。

工业互联网转型的第三步是设备建模。设备建模是实现设备数据智能化分析的关键,也是工业企业智慧化转型的核心任务,通过设备建模能够大大简化设备管理的难度,提升设备运行、管理数据分析的深度。但是,由于设备建模工作要求开发者对设备运行机理有深入了解、对设备运行数据有一定的分析处理能力,因此设备建模也成了阻碍工业企业智慧化转型的绊脚石。LK公司可视化建模平台是基于LK公司十几年设备建模积累的经验建成的。平台能够实现对设备、业务模型的创建与维护,以树状结构反映业务中各设备之间的逻辑关系,如工厂系统与设备树结构,企业用户通过可视化手段完成设备建模,在一定程度上降低了设备建模难度。

基于上述三个能力的沉淀与培养,LK公司围绕智慧工厂、智慧园区、智慧城市三个主题打造工业互联网转型的具体方案。

(1) 智慧工厂。围绕数字化智慧工厂整体解决方案,公司加强了关键核心技术的研究和开发,致力于做工业级系统软件,打造智慧工厂基石。公司专业从事国家大型通用实时数据库管理系统及套件的研究开发、项目实施和技术服务,成为国际一流的数据管理软件及服务供应商。LK公司通过生产工艺建模,以企业生产系统和设备为基础,进行模型构建。

(2) 智慧园区。LK公司致力于研究企业智能化,通过数据中心、公共信息平台、地理信息技术、物联网感知技术、工作流协同技术、移动应用技术的全面整合,实现科技园区及化工园区建设、运维的立体可视化管理。

LK公司智慧化工园云平台,融入"互联网+"模式,通过公共云或私有云的方式,将园区监督管理、公共服务业务和企业经营生产业务布置在云端,降低园区和企业信息化的投入和运维成本。如化工园区委的安全监管、环保监控、危化品管理、隐患管理、公共服务、政策信息等,可进一步提高智慧化工园区的公共服务能力和核心竞争力。

(3) 智慧城市。智慧城市建设的内涵是实现城市精细化的管理,LK公司在此方面拥有得天独厚的优势。LK 公司从智慧城市建设中的"智慧管线""智慧管廊"入手,先后实施完成了南京市、安顺市、大连普湾新区等多个地区的智慧城市基础平台建设项目,以及石家庄等多个城市的智慧管线建设任务。正在建设的内蒙古赤峰市"智慧 HS"项目,总投资额超十亿元,是内蒙古地区智慧城市标杆。

2. 探索与培养新的增长点

除了外部持续稳步地发展外,LK 公司在内部也进行着各种探索与培养,试图发现一些新增长点。

(1) 组织和文化转型。两翼齐飞。公司建立二元组织架构,两个事业部分别负责创新工业互联网业务和传统业务。这样的组织架构既考虑了两个事业部各自业务考核的独立性,又考虑了业务间的协同和配合,以及资源上的整合和复用,实现了公司战略上的一致和协同。二元组织是公司两个并行发展的组织单位,是在一套决策指挥机构下的两个单位。公司高层考虑到新老业务的协同发展,向员工灌输企业战略发展愿景,防止在组织架构上的分离变成组织分裂,实现公司一体化业务战略的"两翼齐飞"。同时,二元组织在一定程度上保证了传统业务和创新业务的隔离。

第一是实现了文化和思维模式的隔离。"互联网+"遵循互联网思维和业务发展规律,事业部保证了同类思维模式的员工可以在同一事业平台上发展。创新业务发展需要创新型人才,创新业务员工要按照互联网公司要求,严格人员选拔标准,尽量不由公司传统业务员工来经营创新业务,而要面向企业内外部招聘真正有互联网特质的人才。

第二是实现了考核政策的隔离。事业部作为一个独立考核的责权利主体,两个考核主体业务指标可以区别开,实现考核的隔离。这种隔离造成责权利划分比较明确,能较好地调动大家的积极性,保证两个并行主体都能通过激励往正确的方向上发展。

第三是实现了运营的隔离。"互联网+"云业务除了对部分客户和传统业务中核心技术有依赖外,基本靠自身的发展,完全可以从现有公司业务体系中解放出来,独立运营。

(2) 研发项目内部招标:创客模式。打造智慧产业模式特点的线上"工业互联网测试床"加线下"创客空间"新模式,从组织、机制、平台几个维度建立新型创新能力体系,提升公司技术创新能力。

① 创新的新模式。LK 公司是一个知识密集型高科技公司,团队的持续创新是公司发展的基础,在公司业务转型过程中,将公司打造成一个创新型组织是非常关键的要素。在实施时,坚持的一个核心设计理念就是"企业平台化、员工创客化"。"企业平台化"的内涵既包含公司业务的平台化转型,也包括企业为大家营建平台化的创业环境。"员工创客化"的内涵指内部员工的创客和外部创客(见图 4-1)。

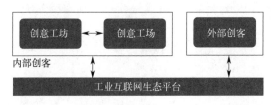

图 4-1 工业互联网生态平台中的"员工创客化"

创意工坊:创意工坊机制是公司内部畅想的跨界众包机制,极大地发挥员工创造力和主动性。公司在创意奖励清单中,选择部分清单项目进行立项,给出对等的激励政策,员工可选择虚拟创业进入创客中心（见图 4-2）。

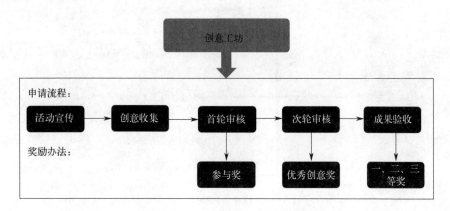

图 4-2　创意工坊申请流程及奖励

创意工场：创意工场机制是由公司内部专家牵头的机制模式，具体需求由公司根据业务战略在年度研发经营计划中提出，员工可以自由报名参加，由团队负责人来确定，公司可以根据实际情况对参与员工发放项目专项奖励。

② 工业互联网平台上的外部创客。外部创客利用 LK 公司工业互联网平台 SC 上微服务提供的数据，开发自己的 AI 算法，将算法部署到工业互联网平台上运行，帮客户创造价值，通过被客户调用进行计费，具体见图 4-3。对于不同创客的 AI 算法，平台可以对其可靠性和精准性进行评价和排名，甚至给出应用推荐，如此更能帮助平台建立公平和透明的生态网络。

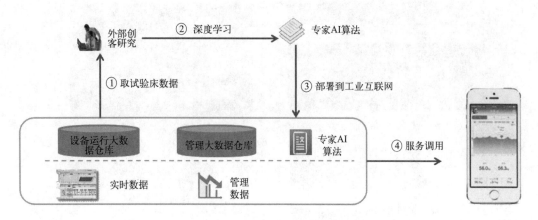

图 4-3　外部创客在 LK 公司工业互联网平台上创造价值

③ 线下创客中心。公司还为内外部创客设立实体创客中心，强大的园区运营为创客提供优越的办公、IT 资源等服务（见图 4-4）。

公司还通过项目内部孵化出"LK 公司帮"平台。通过"LK 公司帮"企业生态平台的建设，运用"互联网＋"模式突破了传统的营销体系布局，形成线上的"LK 公司帮"。根据传统业务和新型业务的发展需要，对公司营销体系和布局进行改造。将原来的"大客户＋直销"模式裂化为三种模式，分别是利润模式、现金模式和市场模式。其中，利润模式是对原来营销体系的继承，营销传统业务产品，这部分营销短期来看是实现公司利润的保证，是

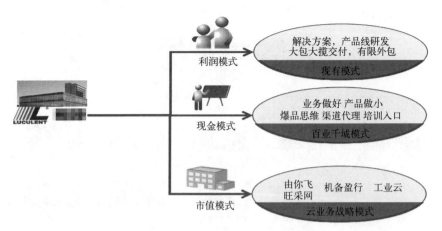

图 4-4 LK 公司智慧园创客中心实景

公司发展其他新业务的基础。现金模式又叫"百业千城"模式,是基于火爆产品的营销体系模式,公司专门成立渠道部,强调代理,通过公司的品牌影响力,建立渠道体系,收取代理费,形成正向现金流。"百业"是指火爆产品具有跨行业的特点,可以在多个行业内行销;"千城"是指在全国范围内建立渠道模式。而市值模式是公司的互联网平台运营推广模式。

"LK 公司帮"数字化平台的前端连接公司渠道和营销合作伙伴,后端连接公司运营体系。前端是业务,后端是服务。"LK 公司帮"是一个应用小程序技术且便于分发和利于传播的平台(见图 4-5)。

图 4-5 "LK 公司帮"小程序界面

（五）第三个十年路

2018年7月，工业和信息化部印发了《工业互联网平台建设及推广指南》和《工业互联网平台评价方法》，其中提出，到2020年，培育10家左右跨行业跨领域工业互联网平台和一批面向特定行业、特定区域的企业级工业互联网平台。这一政策对LK公司未来十年的发展来说又是一针适时的强心剂。

LK公司董事长曾提到，如果一个企业仅仅是做产品，可能就是一个销售型企业；如果研究产品的同时还在研究解决方案，可能就是行业发展的领导者；如果在研究方案的同时研究价值链，可能就是这个产业的引领者；如果在研究价值链的同时研究生态环境，可能就会缔造一个商业王国。

LK公司正是秉承着这一目标，在成功的道路上不断前行。

案例使用说明

一、教学目的与用途

适用的课程：工商管理

适用专业：工商管理类

教学目标：本案例描述了LK公司不满足目前的成就，坚持致力于工业互联网形势下的产品转型升级，并且不断孵化新的业务增长点。同时介绍了LK公司二十余年来如何由贸易向技术转型，坚持提升核心研发竞争力的过程。案例呈现了LK公司的管理者在企业的发展道路上不断遭遇困难又努力克服困难的心路历程，以及最终企业凭借管理者的战略眼光和团队成员不断的创新能力与过硬的业务能力站在了行业风口的过程。通过本案例的分析，有助于理解企业战略决策的思维模式及其应用条件，对企业战略管理具有一定的启示意义。

二、理论依据与分析

1. 企业战略环境分析的方法与工具

产业环境分析方法为"波特五力分析模型"（Michael Porter's Five Forces Model），又称波特竞争力模型，是美国哈佛商学院教授迈克尔·波特（Michael Porter）于20世纪80年代初提出的，他认为行业中存在着决定竞争规模和程度的五种力量，这五种力量综合起来影响着产业的吸引力以及现有企业的竞争战略决策。波特五力分析模型从供应商、购买商、竞争对手、替代品、潜在的进入者五个方面分析该产业的竞争状态及潜在的利润空间。

常见的宏观环境分析方法与工具是"PEST"分析法，它通过政治（Politics）、经济（Economic）、社会（Society）和技术（Technology）角度或四个方面的因素分析，从总体上把握宏观环境，并评价这些因素对企业战略目标和战略制定的影响。

2. 企业战略制定和决策的方法与工具

常用的企业战略制定与决策框架是20世纪60年代伊戈尔·安索夫（Igor Ansoff）开创的ECIRM战略模型。在ECIRM战略模型中，E（Entrepreneur）是企业家，C（Capital）是资本，I（Industry）是产业，R（Resource）是资源，M（Management）是管理，它们构成公司战略不可或缺的五大要素，共同耦合成为一个以企业家精神和企业家能力为核心的公司战略模型。

另一个企业战略制定与决策框架是 SWOT 矩阵，又称 SWOT 分析法，即将企业通过内外部环境分析所发现的优势（Strength）、劣势（Weakness）、机会（Opportunity）和威胁（Threats）四种战略要素按矩阵形式排列，用系统分析的思想进行相互匹配，制定可能的战略措施和方案以供决策。

三、问题及解决思路

本案例主要有如下两个问题：

（1）LK 公司跨行业的转型发展后为何最终能走向成功？

（2）LK 公司两次主动转型的合理性以及对未来发展的影响？

（一）本案例第一个问题"LK 公司跨行业的转型发展后为何能最终能走向成功？"的分析思路

借助 ECIRM 战略分析模型，从企业家、资本、产业、资源和管理五大要素对 LK 公司进行全面的剖析，找到 LK 公司所对应的关键成功要素，从而说明为什么 LK 公司能够成为行业杰出代表。

1. 企业家要素

松下电器的创始人松下幸之助曾说过："一个企业的兴衰，70%的责任在于企业家。"可见管理者对企业的重要性，尤其是 LK 公司这样的民营企业。不难看出，公司董事长作为 LK 公司最大的核心竞争力，自 1999 年创立 LK 公司以来，在公司发展历程中的每个困难时期都能发挥一个领袖的作用，其良好的管理素质、知识和能力成为企业运转与发展的最有力保证。

2. 资本要素

企业组建与诞生过程需要有资本的投入，企业持续成长过程中也需要有资本的不断供给，简单来说就是持续不断有资本投入。一个企业从诞生到成为大型公司，必定是一个"融资—投资—再融资—再投资"规模不断放大的资本循环过程，同时也是一个伴随着大量收购、兼并、重组和合资等活动的资本扩张过程。LK 公司上市的经历虽然不成功，但在最需要资金用于研发的时候先后引入 HZ 银行与 ZJC 集团的投资，之后又获得了 YR 集团的注资。目前全国累计有 13 家分（子）公司。这些分（子）公司的成立就是资本循环与扩张的过程。

3. 产业要素

一个企业能否成功还与它所在或所选择从事的产业或产品领域紧密相关。哈佛商学院教授戴维·科利斯（David J. Collis）指出："产业选择对于企业战略获得长期成功是至关重要的，公司绩效的最好预报器就是公司赖以展开竞争的产业的获利能力。"第一个原因是产业的盈利能力制约着产业内厂商的盈利水平。第二个原因是产品市场总量和产业规模决定着企业的成长空间和规模极限。简单来说就是如果只是卖茶叶蛋，那么无论如何也做不成一个具有较大规模的企业。LK 公司董事长选择扎根的电力行业正好符合上述两点产业要求：营利性与规模性。LK 公司二十余年的发展始终以电力行业为根基，占领着中国最具营利性与规模性的电力行业，可以拓展产业链至政府、建材行业、校园产业。

4. 资源要素

企业经营所必需的那些有形的和无形的生产要素、条件、技能和能力等统称为资源，包含天然资源、物质资源、人力资源、市场资源等。资源决定着企业的业务范围和成长空间。依托董事长在德国 XMZ 公司工作的业务经历，LK 公司在电力行业中拥有较多的物质资源（技术及产品）和人力资源（人脉），更容易整合和管理电力行业相关的产业资源。

5. 管理要素

企业运营需要一系列配套的制度与体系，如今这些要素在 LK 公司都已经相当成熟。新的组织机构调整将原本职能有交替重复的机构划分成智慧能源、智能制造、工业互联网以及智能建造事业部四个独立机构，尤其工业互联网更是工作的重心。这些调整就是公司在管理上的不断摸索与更新、组织变革与管理改进的过程。

从结果看，纵观国外成熟市场经济体中的著名公司，尽管从事着不同的行业，有着迥异的企业个性，但在企业家、资本、产业、资源和管理五大要素方面却高度一致。这也就是历程不顺的 LK 公司能发展为工业软件行业最优秀的民营企业的原因。

（二）本案例第二个问题 "LK 公司两次主动转型的合理性以及对未来发展的影响？" 的分析思路

通过分析 LK 公司前后两次的转型过程，探究转型的方向是否合理，转型的时机是否恰当，同时研究在转型过程中企业所付出的代价，以此来判断两次转型成功与否。

LK 公司的第一次转型发生在 2002 年，从贸易公司向软件技术公司转型。我们通过 PEST 管理学分析法，从政治、经济、社会和技术四个方面对 LK 公司当年转型中遇到的问题进行综合分析。

1. 政治方面

2001 年 11 月中国正式加入世界贸易组织（WTO），进出口贸易迎来新的变化，这是最大的政治因素。原本可控的国外代理业务随着市场的开放变得不可控，代理商增多，自由贸易限制减少，这对于 LK 公司这种主要依靠进口代理生存的贸易公司来说风险升高。相对风险较大的进口贸易代理，软件技术产业在国内是新兴产业，政府许可宽松程度高，扶持力度大，同时税收减免政策多。中共十五届五中全会通过的《中共中央关于制定国民经济和社会发展第十个五年计划的建议》中指出，大力发展高新技术产业，以信息化带动工业化，积极发展软件产业，要在企业技术开发和生产营销、社会公共服务、政府行政管理等方面广泛应用数字化。恰逢 2002 年我国电力行业大改革，信息化需求迫切，LK 公司自然会抓住这样的机遇。两种业务领域的对比不难看出软件技术领域在政策上更符合发展趋势。

2. 经济方面

当时由于欧元政策改革，欧元兑人民币汇率的持续升值，导致进口贸易利润不断下跌。通常看来，世界性的经济危机或经济衰退时会直接影响到外贸依存度高的企业。中国外贸增速猛降的主要原因在于：第一，2001 年世界经济增长显著放缓，世界贸易增速显著降低；第二，国际市场一些商品，特别是中国出口的大宗商品价格下降；第三，各种区域经济合作发展迅猛，区域内贸易扩大相对降低了对区域外的需求。此时，LK 公司需要通过战略转型寻找新的增长点，设备贸易的上游软件开发自然成了不二的选择。

3. 社会方面

虽然受该方面的影响不大，但是随着我国经济社会的持续发展和消费水平的进一步提高，单一的自动化设备进口代理贸易已经不能满足企业持续发展的需要，企业需要招聘更多的人、提供更多有价值的工作才能满足发展的趋势。

4. 技术方面

2000 年后整个大环境中高新技术产业不断增多，技术能力不断提升，企业自身经营产品必须具备一定的技术含量，否则很容易被替代。贸易始终只是买卖，只有实体经济才会让企业存在得更真实，而软件行业具有行业门槛和技术门槛。董事长敏锐地意识到了上述问题后，便毅然决定尝试第一次企业转型。

因此不难得出结论，2002 年 LK 公司从外贸代理企业向软件研发企业的转型在现在看来无疑是相当睿智及时的，这也使得 LK 公司能够在初期具备一定的资本积累，同时又始终走在软件行业的前端。当然转型过程中也是付出了艰辛努力，比如为期 14 个月的集中研发，后称为"金肯岁月"。但是目前在国内企业资产管理领域拥有核心技术的 LK 公司再次选择转型又是什么原因造成的？第二次的转型还能否如第一次一样成功？

对于第二次产业转型，从单一的企业资产管理软件到平台化的转型，可以结合麦肯锡战略思考流程来剖析本次转型是否合理（见图 4-6）。

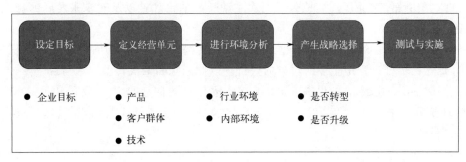

图 4-6 麦肯锡战略思考流程

首先，我们需要明确企业目标。LK 公司的企业目标是助力工业信息化的发展。随着"工业 4.0"相关技术的推进和"中国制造 2025"的开展，国家发展政策已经不局限于信息化，而是强调智能制造，因此企业的发展目标也不断提升。

其次，我们需要定义经营单元，主要包含产品、客户群体以及技术。

（1）产品。我们可以结合产品的生命周期来分析。生命周期分析（Life Cycle Assessment，LCA）是评价一种产品或一类设施从"摇篮到坟墓"全过程总体环境影响的手段。LK 公司目前的企业资产管理软件产品在行业内已经受到认可，有稳定的市场份额，是一个成熟期的产品。到达成熟期后，作为管理者来说就要做两件事：一个是尽可能延长成熟期，从而实现利润的最大化；另一个则要考虑到未来的衰退期，未雨绸缪及时创新产品。

（2）客户群体。LK 公司始终坚持围绕电力行业及其他重资产行业。目前，LK 公司已有客户近千家，未来是一个"互联网＋"的时代，如何能够吸引到更多客户是 LK 公司需要考虑的。虽然用户千家，可是企业性质和行业背景依旧相对单一，在"互联网＋"的时代，依旧具备持续发展的可能与潜力。

（3）技术。技术研发能力是 LK 公司的核心竞争力。通过二十余年来专注工业软件的自主研发，LK 公司拥有完全自主知识产权的 LiEMS 平台，善于获取数据、分析数据、运用数据。在这个平台上，基建/生产、财务/业务、业务/绩效、生产管理/生产监控、集团/工厂五个"一体化"一以贯之，打破信息孤岛。一体化平台将资本运营、管理咨询、自动化控制、信息化产品、服务与技术集成在一起，形成更为完整的行业信息化解决方案。在此特别值得关注的是，LK 公司将资本运营纳入了行业信息化解决方案，因此其极具时代感。在这个平台上，人、数据和机器连接形成开放的网络，通过机器与机器、机器与数据、数据与人之间的信息交流，实现人与机器的深度融合，从而助力智能制造企业完成跨越发展。各行各业对信息化有不同需求，但在不同的需求中也可以合并同类项，尤其是对底层技术的需求，通用性一般是比较强的，比如大数据分析，虽然数据不同，但算法是有较强通用性的，而对算力的需求则基本没有差异（除了 AI 芯片）。利用好这种通用性就可以为相近的行业赋能，衍生出新业务，从而扩大业务规模，将技术优势变为市场优势。

接着，我们需要对环境进行分析。这里我们主要通过波特五力分析模型对外部环境以及 SWOT 分析模型对内部环境分别进行研究，判断整个市场对 LK 公司第二次转型的影响。

产业环境分析所用方法为"波特五力分析法"，即从供应商、购买商、竞争对手、替代品、潜在的进入者五个方面分析该产业的竞争状态及潜在的利润空间。

（1）供应商：对于 LK 公司这类软件服务型企业而言，其产品多以程序及代码为主，对原材料及零件本身的需求往往不大。就算是提供软件外包服务的二级供应商也没有太多的议价能力。毕竟核心技术掌握在 LK 公司，否则该供应商也不会作为二级供应商了。

（2）购买商：LK 公司所面向的客户多为重资产单位，政府、大型央企以及国企为主要客户，他们的议价能力较强，因此购买商对 LK 公司的发展有影响作用。

（3）竞争对手：与 LK 公司在企业资产管理领域竞争的对手不多，因为 LK 公司专注于特定行业的软件服务企业，这个行业相对较窄，同样是软件开发企业未必将市场瞄准在工业软件领域。此外，新的竞争对手还受制于包括规模经济、产品差异、销售渠道开拓、政府行为与政策等方面因素，其中有些障碍是很难借助复制或仿造的方式来突破的。虽然国内的竞争对手不多，但是国外的都是强劲对手。目前借助特定行业优势的 LK 公司想要在更多领域战胜 SAP 等行业巨头绝非易事。

（4）替代品：取决于竞争对手，特别是国外行业巨头们。

（5）潜在的进入者：竞争较小。

综上，通过"波特五力分析法"不难得出 LK 公司目前的外部竞争环境压力主要受限于国外行业巨头的影响，如果需要拓展更多业务领域那么必然存在竞争，但是如果固守着现有的行业，竞争对手较少。这也和软件本身的特殊性有关，软件不能轻易地被模仿和复制。目前 LK 公司在自主研发能力上的技术处于国内先进，其短板在于品牌和营销，战略转型应以此为主。

通过 SWOT 分析，将企业通过内外部环境分析所发现的优势、劣势、机会和威胁四种战略要素按矩阵形式排列，用系统分析的思想进行匹配，将企业的内外部环境要素有机结合，对企业战略环境进行全面、系统的梳理和研究（见表 4-1）。

表 4-1　LK 公司智慧 SWOT 分析一览表

因素	内容
优势（Strength）	核心技术领先，行业客户资源固定
劣势（Weakness）	业务领域相对局限，国际品牌知名度不高
机会（Opportunity）	国家智能制造机遇与政策
威胁（Threats）	招标的不确定性

（1）优势（Strength）：二十多年的工业软件和工业数据库自主研发技术的沉淀让 LK 公司在核心技术上处于国内领先的水平。其核心的 LiEMS 平台能够不断进行功能添加，打

造出一个一体化管控平台。客户主要集中在电力、建材等重资产行业,经过常年的业务合作,客户关系稳定。

(2) 劣势(Weakness):目前主力产品均围绕工业软件领域,产品的丰富程度不如国外知名企业,如 SAP。因此虽然在国内获奖无数,也具有业务实力,但是在国际上甚至国内非电力行业中的品牌知名度与影响力依旧不足。

(3) 机会(Opportunity):近年,国家关于智能制造、信息化、数字化等政策不断出台,对于国内为数不多的工业软件服务商,尤其在重资产方面有二十余年从业经验的 LK 公司而言无疑是利好消息。工业互联网是智能制造转型的关键,LK 公司在技术上的优势可以确保其获得更多的发展机会。

(4) 威胁(Threats):在政府项目的招标上,国内民营企业始终还是存在一定的劣势。

四、主要结论与预期贡献

本案例以 LK 公司的发展历程为对象,从 LK 公司跨行业转型发展成功的原因、LK 公司两次主动转型的合理性,以及对未来的发展影响等方面分析了企业转型成功的基本要素。

1. 主要结论

LK 公司的转型升级是围绕着所服务客户的需求展开的:第一次转型升级是面向大型发电厂的个性化需求无法从正常的市场上获得,强化自主知识产权开发能力;第二次转型是将向国有重资产型流程的服务体系和能力集成为五个"一体化",打破横向和纵向的信息孤岛,拓展至工业互联网、智能制造领域,建成全生命周期的信息化服务能力。所有转型过程中,LK 公司顺应行业发展环境,提前承担相关转型成本,客户不承担转型的成本,反而获得更好的使用体验。

LK 公司的两次转型均选择了当时不紧迫但很重要的工作作为战略投资重点,甚至选择"金肯岁月"这样的兵团会战模式,既锻炼和筛选出了公司的核心团队成员,也培养了团队文化,真正实现了"商业企业"向"高科技企业"的伟大转变,公司真正拥有了自主知识产权。第二次转型将 LK 公司从原本的电力企业信息化解决方案提供商转为工业大数据价值驱动、产业互联网业务模式的管控平台运营商。这次转型并没有以"金肯岁月"方式实施,而是通过组织平台化、衍生化推动业务产品纵向一体化、横向产品链条化,实现智慧化运营。

2. 预期贡献

企业的成长过程,需要不断地响应国家产业政策引导方向,更需要坚持发展自主知识产权体系,持续强化自身的核心竞争力,提升客户体验。软件企业可以通过贸易代理、生产代工等方式快速提升组织经营利润和规模,但如果没有开发出具有独立自主知识产权产品,这样的快速扩张是极具风险性的。

本案例的分析在应对市场需求、企业发展战略、企业组装架构、资金运用和技术创新等方面总结了 LK 智慧科技股份有限公司跨行业转型发展的成功经验,为国内民营企业在当前形势下创新发展提供了借鉴的经验。

参考文献

[1] 魏小庆. L 软件公司平台化业务转型研究[D]. 南京:南京大学,2015.

［2］ 冯义军. 能源互联网建设呼唤顶层设计和布局——对话朗坤智慧科技股份有限公司董事长武爱斌［N］. 中国电力报，2020-06-01.

［3］ 王蕾，杨仪松. 自主创新 海迅数据库打造中国版的"工业4.0"［N］. 中国工业报，2015-03-16.

［4］ 闵杰. 抢占工业互联网 中国制造"变道超车"更近一步［N］. 中国电子报，2017-06-20.

［5］ 王铁辰. 中国离世界第一有多远？［N］. 经济日报，2018-03-31.

［6］ 吉丽. 一位江南哲商的工业互联网"拓荒"之旅——武爱斌深度解读朗坤"春华秋实"三部曲［J］. 中国设备工程，2018（21）：8-19.

［7］ 韩青山. 基于青岛华联超市主导的商超O2O平台整合规划研究［D］. 济南：山东财经大学，2015.

［8］ 计良峰. DM电梯公司经营策略研究［D］. 苏州：苏州大学，2015.

［9］ 张文华. A公司电能质量产品发展战略研究［D］. 厦门：厦门大学，2016.

［10］ 周密. 中国银行Z支行出国留学金融服务营销策略研究［D］. 沈阳：东北大学，2019.

［11］ 唐月方. 星辰公司发展战略的研究［D］. 厦门：厦门大学，2018.

［12］ 徐建峰. 公路隧道施工碳排放计算方法及预测模型研究［D］. 成都：西南交通大学，2021.

· 第五章 ·
地下工程一体化系列教学案例

研究生教学案例正文及案例使用说明

案 例 名 称：地下工程一体化系列教学案例
专 业 类 别：工学
专 业 领 域：土木水利
所 在 单 位：南京工业大学交通运输工程学院
作 者 姓 名：王旭东、蒋刚、缪云、刘恒、
　　　　　　王洪凯、尤苏南

案例 1　场地岩土工程勘察

|案例正文|

一、标题
某消费金融中心岩土工程勘察

二、首页注释
编者：王旭东，蒋刚，尤苏南

案例涉及的知识点：勘察方法、室内土工试验、岩土参数统计和选用、岩土工程分析评价

案例情况：真实发生

案例与图片来源：工程实践

三、摘要及关键词
摘要：以某消费金融中心项目为背景，利用场地的岩土工程勘察原始资料，了解钻探、原位测试、室内土工试验等岩土工程勘察手段，熟悉岩土工程勘察方法，掌握岩土参数的统计和取值方法，评价建设场地的稳定性和适宜性，提出不良地质作用和地质灾害的岩土工程分析评价和建议，编制岩土工程勘察报告，为岩土工程设计和岩土治理提供依据。

关键词：岩土工程勘察；场地地质条件；岩土工程设计参数；场地分析评价

四、引言
岩土工程勘察是指根据建设工程的要求，查明、分析、评价建设场地的地质、环境特征和岩土工程条件，编制勘察文件的活动。

岩土工程勘察的内容主要包括工程地质调查和测绘、勘探及采取土试样、原位测试、室内试验、现场检验和检测，综合运用勘察成果，对场地岩土工程条件进行定性或定量分析评价，编制满足工程建设需求的岩土工程勘察报告。

本案例以某消费金融中心项目的岩土工程详细勘察为背景，帮助学生熟悉岩土工程勘察的基本工作和勘察方法，掌握岩土工程勘察报告的编制程序，深化对建设场地工程地质条件的认识，利用提供的岩土工程勘察原始数据，完成岩土工程勘察报告的编制。

五、背景介绍
建设场地位于南京市秦淮区五老村街道四条巷，西临长白街，东至四条巷，南至市级文保单位李鸿章祠堂，北至现状七层住宅。拟建场地位置如图 5-1 所示。

建设项目规划用地面积为 $4087m^2$，总建筑面积为 $17715m^2$（其中地上面积为 $8165m^2$，地下面积为 $9550m^2$），建筑物占地面积 $1965m^2$。建筑为一个单体建筑（地上六层，地下三

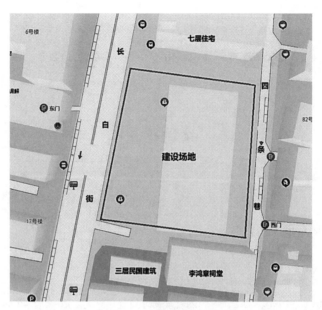

图 5-1 拟建场地位置

层),其中地上一层为商业用途,二~六层为办公用途,拟建建筑物概况如表 5-1 所示,建筑剖面如图 5-2 所示。

表 5-1 拟建建筑物概况

序号	建筑物名称	层数地上/地下	结构形式	±0 标高/m	地基基础设计等级	抗震设防类别
1	商业办公	6F/—3F	框架结构	8.20	甲级	标准设防类(丙类)
2	地下室	—3F	框架结构	—5.70	甲级	标准设防类(丙类)

注:1. 标高属 1985 国家高程基准。
2. 地下室底板标高—6.30m(板厚 0.6m)。
3. 场地整平标高为 8.07~8.59m。
4. 采用直径 1.2m 的钻孔灌注桩,单桩承载力特征值 12000kN。

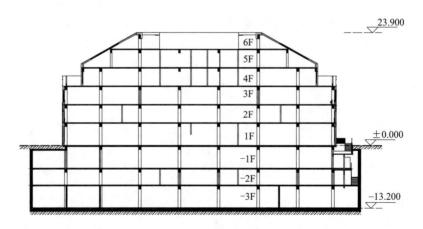

图 5-2 某消费金融中心建筑剖面图

六、案例内容

1. 岩土工程勘察工作

（1）勘察目的和任务。

勘察目的：在收集已有地质资料的基础上，通过钻探、原位测试、室内土工试验等手段，对场地工程地质条件做出全面而详细的分析与评价，提出详细的岩土工程地质资料和设计所需的岩土技术参数，为基础设计、基坑工程以及不良地质作用的防治等具体方案做出论证与建议，为施工图设计和岩土治理提供依据。

勘察具体任务：

① 查明建筑范围内岩土层的类型、深度、分布、工程特性，分析和评价地基的稳定性、均匀性和承载力；

② 查明不良地质作用的类型、成因、分布范围、发展趋势和危害程度，提出整治方案的建议；

③ 查明埋藏的河道、沟浜、墓穴、防空洞、孤石等对工程不利的埋藏物；

④ 查明地下水的类型和埋藏条件，提供地下水位及其变化幅度，判定水和土对建筑材料的腐蚀性；

⑤ 评价场地的稳定性及地震效应，划分场地土类型和场地类别，划分抗震地段，对20m以内的饱和砂（粉）土进行液化判别；

⑥ 对可供采用的地基基础方案进行论证分析，提出经济合理的设计方案建议，提供满足设计要求的地基承载力及变形计算参数，并对设计与施工应注意的问题提出建议；

⑦ 提出经济合理的桩基础建议及桩基设计参数，对可能采用的桩型进行分析，评价成桩可能性，论证桩的施工条件及对环境的影响；

⑧ 对基坑工程的设计、施工方案提出建议，提供基坑开挖支护设计所需的岩土技术参数，论证其对周边环境的影响；

⑨ 提出基坑施工降水的有关技术参数及地下水控制方法的建议，提供用于计算地下水浮力的设计水位。

（2）勘探工作布置。勘探点位置根据设计院和现行规范要求确定，主要沿建筑物周边线、角点及柱列线布设，勘探点间距不超过24m。勘探区共布置27个勘探点。其中取土孔9个，原位测试孔18个，孔间距在8～24m之间。控制性钻孔要求进入持力层20m以上，并满足变形验算要求；一般性钻孔应进入持力层20m左右。勘探点数量、间距、孔深、取样数量、原位测试数据等应满足规范要求。勘探点位置详见图5-3。

拟建项目场地为冲积平原地貌，根据相邻场地岩土工程勘察资料，场地内主要以松散杂填土、流塑状态的淤泥质粉质黏土夹粉土、稍密至中密状态粉砂和软塑至可塑状态的粉质黏土组成，由于拟建场地浅部无适宜的基础持力层，详细勘察的钻孔深度按照满足桩基础设计要求确定。

（3）勘察方法及技术要求。根据勘察目的与任务，勘察的主要方法为钻探、原位测试（标准贯入试验、动力触探试验、波速测试）及室内岩土试验。

① 钻探。野外钻探使用工程地质钻机进行施工。钻孔采用φ130mm开孔器开孔，穿越填土层后换用φ110mm岩芯管钻至终孔。地下水位以上土层干钻，地下水位以下采用泥浆护壁钻进，回次进尺控制在1.5～2.0m左右。地质编录严格按编录规定逐项详细记录，终

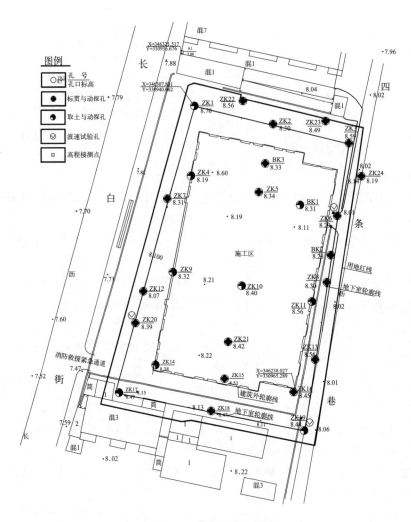

图 5-3　勘探点平面位置

孔后应校正孔深,并及时提交编录资料。钻孔结束后即采用原土对泥浆池进行回填。

取样及水位测量:严格控制土及水试样的取样质量,取样间距一般为 2m,层位稳定及厚度较大时适当放稀。采用 $\phi 91mm$ 取样器取土,软土采用薄壁取土器静压法采取,对可塑至硬塑黏性土宜采用二、三重管回转取土器钻进取样,取得Ⅰ级的原状土样。岩石试样系岩芯中截取,水质分析样系钻孔中采取。所有岩土试样均及时标识包装封蜡,并采取有效的防震、防晒、防失水措施,及时送交实验室。

地下水位测量:钻进中遇地下水时,停钻量测初见水位;进入浅水层后静置 24 小时量测稳定水位。水位测量误差≤±10mm。

分层量测潜水、承压水水位:在钻穿第一含水层并进行稳定水位观测之后,采用套管隔水,抽干孔内存水,变径钻进,再对下一含水层进行水位观测。

量测水位后采用原土进行封孔,同时对泥浆池进行回填夯实。

② 原位测试。

标准贯入试验:采用自动脱钩的自由落锤法(锤重 63.5kg,落距 76cm)进行锤击,贯入器预打 15cm 后,开始记录每打入 10cm 的锤击数,以累计贯入 30cm 的锤击数为标贯击数。

重型动力触探试验：采用自动脱钩的自由落锤法（锤重 63.5kg，落距 76cm）进行锤击，记录每贯入 10cm 的锤击数。

波速测试：采用波速测井仪进行测试，信号接收探头采用悬挂式井液耦合检波器。

③ 室内岩土试验。

土工试验：颗粒分析、含水率、重度、液限、塑限等物理性质试验，直接快剪、固结快剪、不固结不排水试验（UU）、压缩试验、岩石单轴抗压强度试验等力学性质试验，以及土的渗透性和腐蚀性试验。

水样：水质分析和侵蚀性 CO_2 分析。

土样：易溶盐分析。

2. 勘察工作量与原始成果

(1) 勘察工作量。经现场钻探、原位测试、取样以及室内试验，完成的勘察工作量见表 5-2。

表 5-2　勘察测试工作量

序号	项目	工作内容	单位	工作量
1	野外施工	机钻孔	孔	27 孔/1904m
2	取样	原状土样	件	159
		扰动样	件	6
		岩样	件	208
3	原位测试	标准贯入试验	次	237
		动力触探试验	米	7.0
		波速测试	孔	3 孔/60m
4	室内岩土、水试验	物理性质试验	组	159
		渗透试验	组	15
		固结试验	组	159
		直接快剪试验	组	88
		固结快剪试验	组	47
		不固结不排水试验	组	12
		颗粒分析试验	组	12
		易溶盐试验	组	2
		水质分析(简分析)	组	2
		岩石单轴抗压强度试验(饱和)	组	196
		岩石单轴抗压强度试验(天然)	组	14
5	测量	勘探点高程测量	点	27

(2) 现场勘探与室内试验成果。经现场钻探、原位测试得到钻孔土层描述、标准贯入试验、动力触探试验、波速测试等成果，以及室内土工试验成果。

3. 岩土工程勘察报告编写

岩土工程勘察报告是岩土工程勘察的最终成果，是建筑地基基础设计和施工的重要依据。岩土工程勘察报告应根据任务要求、勘察阶段、岩土工程条件等具体情况编写，应真实反映勘察场地的地形、地貌、构造、地层、地下水、岩土性质、不良地质现象、环境工程地质问题及其他要求查明的问题，并进行正确合理的岩土工程分析评价，对工程建设中的岩土工程问题提出建议，满足工程建设对勘察的要求。

(1) 岩土工程勘察文字报告。文字报告的内容应根据任务要求、勘察阶段、地质条件、工程特点等具体情况确定，与图表部分应互相配合，相辅相成，不得出现前后矛盾。章节划分和名称由报告编写人根据具体情况确定。

文字报告中插图和表格的位置应紧接有关文字段，插图和表格均应有图名、图号和表名、表号。

(2) 详细勘察阶段的文字报告。详细勘察阶段的文字报告应有明确的工程针对性，对地质和岩土条件相似的一般建筑物或构筑物可按建筑群编写报告。不分阶段的一次性勘察，应按详细勘察阶段的要求执行。

详细勘察阶段的文字报告应在详细查明场地条件基础上，提出地基基础设计方案、设计参数和施工措施。

① 勘察目的、任务要求和依据的技术标准。勘察任务、目的和要求应以勘察任务书或勘察合同为依据，并应写明委托单位名称和勘察阶段。

② 拟建工程概况。编写工程概况时，应写明建筑物名称、地上层数、地下层数、总高度、基础底面深度、结构类型、荷载情况、沉降缝设置、对沉降及差异沉降的限制、大面积地面荷载、振动荷载及振幅的限制、拟采用的地基和基础方案等。

③ 勘察方法和勘察工作布置。勘察方法及勘察工作完成情况应包括下列内容。

- 工程地质测绘或调查的范围、面积、比例尺、测绘或调查的方法；
- 钻探、井探、槽探的数量、深度、方法及总延长米、控制孔取样孔的布置；
- 原位测试的种类、数量、方法、技术要求；
- 取土样的间距，所用的取土器和取土方法，土样等级，取水样位置，土样和水样的数量；
- 岩土室内试验和水质分析的项目和技术要求。

④ 场地地形、地貌、地层、地质构造、岩土性质及其均匀性。

场区地形、地貌和地质构造描述包括：

- 场地地面标高、坡度、倾斜方向；
- 场地地貌单元、微地貌形态、切割及自然边坡稳定情况；
- 不良地质现象的种类、分布、发育阶段、发展趋势及对工程的影响；
- 基岩的产状，基岩面的起伏，断层的性质、证据、类型，地震基本烈度或抗震设防烈度。

岩土性质描述包括：

- 岩石应描述名称、风化程度、颜色、矿物成分、结晶岩结构与构造、裂隙宽度、间距和充填情况、工程岩体质量等级及其他特征；
- 碎石土应描述名称、颜色、浑圆度、一般和最大粒径、均匀性、含有物、密实度、温度、母岩名称、风化程度及其他特征；
- 砂土和粉土应描述名称、颜色、均匀性、含有物、密实度、湿度及其他特征；
- 黏性土应描述名称、颜色、均匀性、含有物、状态及其他特征。

岩土参数的统计分析按下列要求执行：

- 岩土性质指标的统计应按岩土单元进行，岩土单元中的薄夹层不应混入统计。统计前应对被统计的指标逐一检查核对，确认无误；
- 勘察报告应按岩土单元提供各项统计指标的最小值、最大值、平均值、标准差、变异系数和统计数据的个数。

岩土参数的选用按下列要求执行：

- 评价岩土性状的指标，如天然含水率、天然密度、液限、塑限、塑性指数、液性指数、饱和度、相对密实度、吸水率等，应选用指标的平均值；
- 正常使用极限状态计算需要的岩土参数指标，如压缩系数、压缩模量、渗透系数等，宜选用指标的平均值，当变异性较大时，可根据经验做适当调整；
- 承载能力极限状态计算需要的岩土参数，如岩土的抗剪强度指标、静力荷载试验的极限承载力等，应选用指标的标准值；
- 容许应力法计算需要的岩土指标，应根据计算和评价的方法选定，可选用平均值，并做适当的经验调整。

岩土参数的平均值和变异系数按式(5-1)~式(5-3)计算：

$$\phi_m = \frac{1}{n}\sum_{i=1}^{n}\phi_i \tag{5-1}$$

$$\sigma_f = \sqrt{\frac{1}{n-1}\left[\sum_{i=1}^{n}\phi_i^2 - \left(\sum_{i=1}^{n}\phi_i\right)^2/n\right]} \tag{5-2}$$

$$\delta = \frac{\sigma_f}{\phi_m} \tag{5-3}$$

式中，ϕ_m 为岩土参数的平均值；σ_f 为岩土参数的标准差；δ 为岩土参数的变异系数。

求得平均值和标准差之后，可舍弃带有粗差的数据后重新统计。剔除粗差可用正负三倍标准差法，将离差大于 $\pm 3\sigma_f$ 的数据舍弃。如求得的标准差和变异系数过高，应检查原因，必要时应考虑重新划分统计单元。

岩土参数的标准值按式(5-4)和式(5-5)计算：

$$\phi_k = \gamma_s \phi_m \tag{5-4}$$

$$\gamma_s = 1 \pm \left[\frac{1.074}{\sqrt{n}} + \frac{4.678}{n^2}\right]\delta \tag{5-5}$$

式中，γ_s 为统计修正系数，正负号按不利组合考虑，如抗剪强度指标的修正系数应取负值。

统计修正系数 γ_s 也可按岩土工程的类型和重要性、参数的变异性、统计数据的个数，根据经验选用。当勘察报告中采用的设计标准另有专门规定时，标准值的取值方法应按该规范的规定执行。指标的统计数量少于6个时，可根据指标的范围值，结合地区经验取值。

⑤ 地下水埋藏情况、类型、水位及其变化。场地地下水情况应阐明地下水的类型、水位、季节变化和年变化、补给、径流和排泄条件，当有多层地下水且可能对工程产生影响时，应阐明各层水位或水头，是否存在越流补给，并评价其对工程的影响。提供用于计算地下水浮力的设计水位。

⑥ 土和水对建筑材料的腐蚀性。水、土对建筑材料的腐蚀危害是非常大的，因此除对有足够经验和充分资料的地区可以不进行水、土腐蚀性评价外，其他地区均应采取水、土试样，进行腐蚀性分析。

⑦ 岩土工程分析评价。岩土工程的分析评价应按《岩土工程勘察规范》(GB 50021)及其他有关规范的规定执行，可按单体建筑分别评价；当岩土条件较简单时，可按建筑群评价。勘察报告应根据工程结构特点和场地地基条件，提出一种或几种地基基础方案，并对其技术上的可行性和经济上的合理性进行论证。

岩土工程分析评价应符合下列要求：

- 充分了解工程结构的类型、特点、荷载情况和变形控制要求；
- 掌握场地的工程地质与水文地质背景，考虑岩土材料的非均质性、各向异性、随时间的变化，评估岩土参数的不确定性，确定其最佳估值；
- 充分考虑当地经验和类似工程的经验；
- 对于理论依据不足、实践经验不多的岩土工程问题，可通过现场模型试验或足尺试验取得实测数据进行分析评价；
- 必要时可根据施工监测信息反馈，建议调整或修改设计及施工方案；
- 岩土工程分析评价应在定性分析的基础上进行定量分析，比如岩土体的变形、强度和稳定性应定量分析，场地的适宜性、场地地质条件的稳定性可仅作定性分析。

⑧ 场地稳定性和适宜性的评价。岩土工程勘察报告应对可能影响工程稳定的不良地质作用及其对工程危害程度进行描述和评价；对岩土利用、整治和改造的方案进行分析论证，提出建议；对工程施工和使用期间可能发生的岩土工程问题进行预测，提出监控和预防措施的建议。

（3）报告的排印和装帧的要点如下。
- 勘察报告的文字和图表，均应字迹清晰、线条均匀，编排规范，无遗漏和错误。
- 勘察报告的纸张应厚实，装订应牢固，应采用硬质封面，在传递和使用过程中应不易破损，且适宜长期保存。
- 勘察报告的幅面应符合《房屋建筑制图统一标准》(GB/T 50001) 的规定，基本幅面宜采用 A3 或 A4，较大图表可以加长。
- 勘察报告应有良好的装帧，可一册合装或分册装订，图纸较多，且幅面较大时，图纸与文字报告可以分装。勘察报告装订的次序应符合下列要求：1 封面；2 扉页；3 目次；4 文字报告；5 图表；6 附件（勘探点平面布置图、工程地质柱状图、工程地质剖面图、原位测试成果图表、室内试验成果图表）。
- 勘察报告的扉页应包括下列内容：1 报告名称；2 报告完成单位；3 报告有关责任人姓名；4 报告提交日期。

七、附件

与案例相关的资料还包括现场勘察和室内试验原始资料、PPT 课件等。

八、案例思考题

1. 如何划分勘察等级？
2. 确定勘探孔深度要考虑哪些因素？
3. 岩土性质描述应包括哪些内容？
4. 如何合理取用土的变形参数和抗剪强度参数？
5. 抗浮水位的确定原则？

案例使用说明

一、教学目的与用途

适用的课程：岩土工程案例分析

适用专业：土木水利

教学目标：本案例提供某消费金融中心场地的岩土工程勘察原始资料，帮助学生熟悉岩土工程勘察的基本工作，掌握岩土工程勘察报告的编制程序，深化对建设场地工程地质条件的认识，案例学习将提升学生运用岩土工程勘察服务工程建设的综合能力，深化对场地地质条件在工程建设中重要性的认识，增强在岩土工程设计和岩土治理中提出合理化建议的能力。

二、涉及知识点

本案例涉及岩土工程钻探、现场原位测试、室内土工试验、工程资料的总结分析和岩土工程勘察报告的编制。

主要知识点包括：岩土工程勘察工作布置、勘察方法与技术；工程地质条件；水文地质条件；岩土参数的统计和选用；岩土工程分析评价；岩土工程报告编写；等等。

三、教学课件

"某消费金融中心岩土工程勘察"PPT。

四、启发思考题

案例课题教学中，以问题为导向，针对岩土工程勘察中的难点和重点问题，结合教学顺序，提炼以下启发思考题。

1. 岩土工程勘察在工程建设中的重要性？
2. 岩土工程勘察方法和技术手段？
3. 详细勘察中勘察深度确定原则？
4. 怎样准确描述岩土的物理性状？
5. 岩土参数平均值和标准值确定及选用？
6. 地下水浮力的设计水位确定原则？
7. 岩土工程分析评价的主要内容？
8. 岩土工程勘察报告编制中的规范性、科学性、专业性和可读性？
9. 工程实践中怎样准确运用岩土工程勘察报告？

五、分析思路

以岩土工程勘察的目的和任务为指导，根据相应的规范和标准要求，结合建设场地的地质条件和建筑物特点布置勘探工作量，选用合理的勘察技术进行现场钻探取样、原位测试和室内土工试验，利用勘察成果评价场地的工程地质条件和水文地质条件，开展岩土指标的统计分析，提出岩土指标合理的取值，最终形成场地的稳定性、适用性和岩土工程评价，为工程建设的设计和施工提供依据。

六、理论依据与分析

本案例涉及普通地质学、工程地质学、水文地质学、土力学、基础工程、岩土工程勘察等课程的基础理论和专业知识，综合运用于场地工程地质条件、水文地质条件、岩土工程分析评价、场地稳定性和适宜性评价，为岩土工程勘察的定性分析和定量分析奠定了理论基础。

七、背景信息

建设项目规划用地面积为 $4087m^2$，总建筑面积为 $17715m^2$，建筑物占地面积 $1965m^2$。建筑为一个单体建筑（地上六层，地下三层），其中地上一层为商业用途，二至六层为办公用途。

在收集已有地质资料的基础上，通过钻探、原位测试、室内土工试验等手段，对场地工程地质条件做出全面而详细的分析与评价，提出详细的岩土工程地质资料和工程设计所需的岩土物理力学参数，对基础设计、地基处理、基坑设计以及不良地质作用的防治等做出论证与建议，为施工图设计和岩土治理提供依据。

八、关键要点

1. 场地岩土层的描述

场地岩土层的性质直接影响地基的工作性状，从物理性质角度反映出的岩土状态，一定程度上反映土的力学性质，准确描述岩土物理状态，可与原位测试和室内试验结果进行相互印证，有助于岩土的合理分层。

不同岩土的物理性质描述包括岩石的名称、风化程度、颜色、矿物成分、结晶岩结构与构造、裂隙宽度、间距和充填情况、工程岩体质量等级及其他特征；碎石土的名称、颜色、浑圆度、一般和最大粒径、均匀性、含有物、密实度、温度、母岩名称、风化程度及其他特征；砂土和粉土的名称、颜色、均匀性、含有物、密实度、湿度及其他特征；黏性土的名称、颜色、均匀性、含有物、状态及其他特征等内容。

2. 岩土参数的统计和合理选用

岩土参数的统计的准确性和选用的合理性直接影响岩土工程设计和施工方案制定。

岩土参数的统计应按岩土单元进行，统计前应对被统计的指标逐一检查核对，确认无误，并提供各项统计指标的最小值、最大值、平均值、标准差、变异系数和统计数据的个数。

岩土参数选用要注意何时选择平均值和标准值。评价岩土性状的天然含水率、天然密度、液限、塑限、塑性指数、液性指数、饱和度、相对密实度、吸水率等指标，应选用指标的平均值。正常使用极限状态计算采用的压缩系数、压缩模量、渗透系数等，应选用指标的平均值。承载能力极限状态计算采用的岩土的抗剪强度指标、地基极限承载力等，应选用指标的标准值。

3. 岩土工程分析评价和建议

岩土工程的分析评价应按《岩土工程勘察规范》(GB 50021)及其他有关规范的规定执行，岩土工程分析评价应充分了解工程结构的类型、特点、荷载情况和变形控制要求，掌握场地的工程地质与水文地质条件，突出建筑物结构变形控制与场地地基条件的协调统一，并且充分考虑当地经验和类似工程的经验，有针对性地提出一种或几种地基基础方案，并对其技术上的可行性和经济上的合理性进行论证。

岩土工程分析评价应在定性分析的基础上进行定量分析。岩土体的变形、强度和稳定性应定量分析；场地的适宜性、场地地质条件的稳定性，可仅作定性分析。

4. 岩土工程报告编制

岩土工程勘察报告是工程建设的重要文件，要充分搜集和利用相关的工程地质资料，要重视现场钻探的钻孔编录资料、原位测试和室内试验资料的相互印证。勘察报告的结构形式要合理，逻辑关系要清晰，报告内容要完整、全面，场地工程地质条件和水文地质条件分析要重点突出，岩土工程分析评价要论据充足。

报告编写格式要注重规范性，报告文字表述要体现科学性和专业性，图表要具有可读性。

九、建议教学活动计划

1. 课堂讲解

介绍案例背景信息和教学的目的，运用工程地质、水文地质、土力学、基础工程、岩土工程勘察等专业知识，解释案例涉及的知识点，理清岩土工程勘察工作基本程序，掌握岩土工程勘察报告编制要求。

2. 课后自学

熟悉案例提供的勘察原始资料和试验资料，学习岩土工程勘察相关标准，根据岩土工程勘察报告的编制要求，撰写报告章节内容，形成综合文字、图表的岩土工程勘察报告，并按要求完成报告的排印和装帧。

3. 成果展示与研讨

运用 PPT 汇报岩土工程现场勘察报告的编制工作，着重阐述勘察场地的岩土工程分析评价、场地的稳定性和适宜性。研讨报告编制中遇到的问题和解决方法，深化学生对岩土工程勘察重要性的认识，综合提升学生对岩土工程勘察报告的理解力和运用能力。

案例 2　基坑支护设计

案例正文

一、标题

某消费金融中心基坑支护设计

二、首页注释

编者：王旭东，刘恒，王洪凯

案例涉及的知识点：基坑支护设计原则、基坑支护设计方法、桩墙合一、逆作法

案例情况：真实发生

案例与图片来源：工程实践

三、摘要及关键词

摘要：以某消费金融中心基坑工程为对象，根据场地地质条件、基坑开挖深度和周边环境等工程条件，指导学生综合运用所学基础理论和专业知识，通过对基坑支护设计标准的研读，熟练掌握基坑支护结构和地下水降止水计算方法，提出"安全可靠，经济合理，技术可行，施工方便"的"桩墙合一"逆作法基坑支护方案。

关键词：基坑工程；支护结构；地下水控制；桩墙合一；逆作法

四、引言

基坑是为进行建（构）筑物地下部分的施工而由地面向下开挖出的空间。基坑开挖将对基坑周边建（构）筑物、地下管线、道路、岩土体与地下水体产生影响。为保护地下主体结构施工和基坑周边环境的安全，对基坑采用的临时性支挡、加固、保护与地下水控制的措施即为基坑支护。

本案例以某消费金融中心项目的基坑工程为背景，针对建设场地狭小、周边环境复杂的特点，综合场地的地质条件、基坑开挖深度等工程条件，提出"安全可靠、经济合理、技术可行、施工方便"的"桩墙合一"逆作法基坑支护方案，掌握基坑支护结构和地下水设计计算方法。通过多样化的解决方案的对比分析，引导学生进行个性化的基坑支护设计创新。

五、背景介绍

1. 场地周边环境条件

建设场地狭小，基坑周边环境条件复杂，基坑周边有市级文保单位、民国建筑、居民建筑物、道路、地下管线，距离基坑边线近，基坑施工将对周边环境产生影响。基坑开挖过程中要保证基坑东、西侧道路的畅通，不对基坑南侧和北侧的建筑物造成危害。基坑周边环境情况统计表见表5-3，场地四周环境如图5-4所示。

表5-3 基坑周边环境情况统计表

区段	环境名称	基坑边线与用地红线距离/m	基坑边线与外部环境间距离/m
东侧	四条巷路牙	3.0	5.5
	五层住宅		15.0～16.9
南侧	三层民国建筑、李鸿章祠堂	3.57	3.57
西侧	长白街路牙	2.88～3.70	3.0
	五层住宅楼五老村小区		27.5～29.0
北侧	一层商业建筑	4.47	4.47
	七层住宅		14.86

2. 场地地质条件

拟建项目场地属冲积平原地貌单元。场地现状标高为8.07～8.59m，起伏较小，较为平坦。根据现场钻探、原位测试及室内岩土试验综合分析，勘探深度范围内岩土体自上而下分布如下所述。

①杂填土：色杂，结构松散，以建筑垃圾为主，局部含粉质黏土，密实度、均匀性极差。场地内普遍分布，填龄在10年以上。

②-1 粉质黏土：灰色至黄褐色，可塑至软塑，含铁锰质氧化物及高岭土团块。切面稍光滑，韧性中等偏高，干强度中等偏高，无摇振反应。场地内普遍分布。

②-2A 粉砂：青灰色，饱和，稍密至中密。矿物成分以石英、长石为主，云母次之。以透镜体状分布于②-2层内。场地内局部分布。

②-2 淤泥质粉质黏土夹粉土：灰色，流塑，韧性低，干强度低，稍有光滑，无摇振反应。具有水平层理，局部有互层的现象。场地内普遍分布。

②-3 粉质黏土：灰色，可塑。切面稍光滑，韧性中等偏高，干强度中等，无摇振反应。场地内普遍分布。

图 5-4 场地周边环境条件

②-4 粉质黏土：灰色至灰黄色，软塑，稍有光泽，无摇振反应，干强度中等偏低，韧性中等偏低。场地内普遍分布。

②-5 粉质黏土：灰色，可塑。切面稍光滑，韧性中等偏高，干强度中等偏高，无摇振反应。场地内普遍分布。

④卵石：杂色，中密为主，卵石含量约60%，粒径大部分在20～40mm，最大可见100mm以上，磨圆度一般，呈亚圆形，充填物为粉质黏土、砂土及强风化岩屑。场地内普遍分布。

⑤-1 强风化泥质粉砂岩：棕红色至棕褐色，粉砂状结构，厚层状构造，岩体极破碎，属极软岩。岩石基本质量等级为Ⅴ级。场地内普遍分布。

⑤-2A 中风化泥岩：棕红色至棕褐色，层状构造，泥质胶结，岩体较完整，岩芯采取率约90%，岩石质量指标（RQD）约70%～80%，属极软岩，岩石基本质量等级为Ⅴ级。场地内局部分布。

⑤-2 中风化泥质粉砂岩：棕红色至棕褐色，粉砂状结构，厚层状构造，泥质胶结，岩体较完整，岩石饱和单轴抗压强度标准值$f_{rk}=3.82$MPa，属极软岩，岩石基本质量等级为Ⅴ级。场地内普遍分布。

3. 场地水文地质条件

场地勘察深度内地下水包括潜水、承压水、基岩裂隙水。对基坑工程影响的主要为潜水和承压水。

（1）潜水：孔隙主要赋存于①层杂填土、②-1层粉质黏土、②-2层淤泥质粉质黏土夹粉土和②-2A层粉砂中。①层杂填土结构松散，是赋存和排泄地下水的良好空间和通道；②-1层粉质黏土、②-2层淤泥质粉质黏土夹粉土，透水性弱、给水性差；②-2A层粉砂分布于②-2层淤泥质粉质黏土，属层间微承压水，透水性较强，但厚度不大，在基坑施工挖除深度内。

（2）承压水：承压水由④层卵石组成含水层，总体富水性较好，透水性较强，上覆黏性土为相对隔水层作为隔水顶板，下伏基岩为隔水底板。

勘察期间钻孔内测得孔隙型潜水初见水位埋深2.10～2.60m，根据本地区的区域水文地质资料，水位季节性变化明显，地下水水位丰水期与枯水期年变化幅度为1.50m左右，近3～5年最高地下水水位埋深为0.50m，建议设计基准期内地下水最高水位埋深按场地整平后地面下0.50m进行设计。

4. 基础工程与基坑工程

建筑物地基基础设计等级为甲级，桩型采用钢筋混凝土钻孔灌注桩，桩基设计等级为甲级。采用直径1.2m的钻孔灌注桩，单桩承载力特征值12000kN。

建设场地整平标高为+8.20m，建筑±0.00相当于绝对标高+8.20m。根据地下室底板板面（结构）标高-13.90m、底板厚度0.60m、垫层厚度0.20m考虑，基坑实际开挖深度14.70m，基坑周长240m，开挖面积3310m^2。

5. 基坑开挖支护设计参数

根据岩土工程勘察报告，场地土层的基坑支护设计参数如表5-4所示。

表5-4 基坑支护设计参数

层号	土层名称	重度 $\gamma/(kN/m^3)$	黏聚力 C_{cq}/kPa	内摩擦角 $\varphi_{cq}/(°)$	渗透系数 $K/(cm/s)$
			固结快剪标准值		
①	杂填土	18.5	8.0	12.0	1.00×10^{-3}
②-1	粉质黏土	18.9	16.0	13.6	1.80×10^{-5}
②-2A	粉砂	19.2	5.0	30.0	5.00×10^{-3}
②-2	淤泥质粉质黏土夹粉土	17.9	11.7	10.9	5.00×10^{-5}
②-3	粉质黏土	19.1	27.3	15.6	5.00×10^{-6}
②-4	粉质黏土	18.6	15.7	13.3	9.60×10^{-6}
②-5	粉质黏土	19.1	23.8	15.3	2.00×10^{-5}
④	卵石	20.0	0.0	35.0	6.00×10^{-3}

六、案例内容

1. 基坑支护方案选择

基坑工程实施过程中，基坑支护结构自身的稳定性和周边环境（有建筑物、道路及地下管线）的安全性是基坑设计与施工的首要目标，在保证安全性的前提下，如何采用经济合理、施工快捷、挖土方便的基坑支护体系及技术措施，以控制工程造价和满足工期要求，是基坑工程优化设计的重要工作，是基坑工程独特性和创新性的综合体现。

根据场地的地质条件、基坑规模及周边环境条件，提出"安全可靠、经济合理、技术可行、施工方便"的基坑支护方案，是基坑支护优化设计的目标。通常基坑支护可采用"顺作法"和"逆作法"两种形式。

（1）基坑工程顺作法。"顺作法"是一种常规的、成熟的基坑工程传统施工方法，该方法在施工竖向挡土结构和止水体系后，采用开敞式土方开挖施工。随土方开挖施工水平支撑体系,待土方开挖至基坑底设计标高后,由下而上施工地下室侧墙、楼板、竖向构件的地下结构,并同步拆除相应的水平支撑体系,地下室施工完成后再进行上部主体结构施工。

顺作法的缺点:

① 需待地下室施工完成后方可施工上部结构,总体工期较逆作法长;

② 需设置临时水平支撑,支撑体系与逆作法中结构梁板相比刚度较小,对支护结构水平变形控制能力相对较弱,支撑拆除工序引发支护结构附加变形;

③ 支护结构与地下室外墙间要预留较大的施工空间。

(2) 基坑工程逆作法。"逆作法"施工利用地下室的梁、板、柱结构作为内支撑体系,随着基坑由地面向下开挖而由上往下逐层浇筑地下室梁板结构,直到地下室底板封底。与"顺作法"由底板逐层向上浇筑地下室结构的顺序相逆,故称之为"逆作法"。

"逆作法"施工根据地面一层楼面结构是封闭还是敞开,可分为"封闭式逆作法"和"开敞式逆作法"。前者可以地面上部结构与地下结构同时施工,后者只能地下结构自上而下逐层施工。

逆作法的优点:

① 逆作法可以地上、地下结构同时施工,减少工程建设时间;

② 以结构梁板作为基坑支护的水平支撑,避免了大量临时支撑的设置和拆除,具有明显的经济效益和社会效益;

③ 结构梁板支撑刚度大,对基坑的水平变形控制极为有利,避免支撑拆除对周边环境的二次影响,尤其是对周边环境复杂、施工场地狭小的建设工程更为适用。

(3) "桩墙合一"支护结构体系。基坑支护结构与地下结构相结合进行一体化设计是逆作法施工的一个重要特点。"桩墙合一"基坑支护技术就是一种将挡土、止水、防渗作用的墙和地下室结构外墙合于一体的围护结构。即在基坑工程施工阶段,旋挖灌注桩墙作为围护结构,起到挡土和止水的目的;在结构永久使用阶段,旋挖灌注桩墙作为主体地下室结构外墙,通过设置其与主体地下结构内部水平梁板构件的有效连接,不再另外设置地下结构外墙。

"桩墙合一"作为一种集挡土、止水、防渗和地下室结构外墙于一体的围护结构型式,占用施工空间小。对于工程场地狭小、周边环境复杂的基坑工程具有十分显著的技术和经济效果。

① 挡土结构与地下室外墙合一技术。挡土结构采用双排三轴深搅桩内插支护排桩的工艺,如图 5-5 所示。先施工横向搭接 100mm 双排三轴深搅桩,成型后宽度为 1600mm,内插旋挖灌注桩 $\phi1000@1200$。大直径旋挖灌注桩不仅作为基坑挡土结构,而且还作为地下室外墙,同时与三轴深搅桩配合形成良好的基坑止水体系。

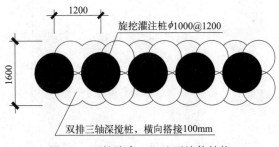

图 5-5 "桩墙合一"地下墙体结构

② 水平支撑系统：地下结构楼板。以结构梁板作为基坑开挖阶段的水平支撑，如图 5-6 所示。楼板支撑系统刚度大，对支护桩水平变形控制和周边环境保护极为有效。其最大优势在于避免了大量临时支撑的设置，以及降低了拆除围护结构二次受力和二次变形对周边环境造成的进一步影响，具有较为明显的经济优越性，对于资源的节省和环境的保护意义重大。

③ 竖向支承系统：一柱一桩。竖向支承系统采用一柱一桩结构，即钢管混凝土柱（全逆作法，上部结构与地下室同时施工）、钢格构柱（半逆作法，上部结构不施工，仅施工地下室）与旋挖灌注桩相结合，作为上部建筑物和地下结构的竖向支承系统。

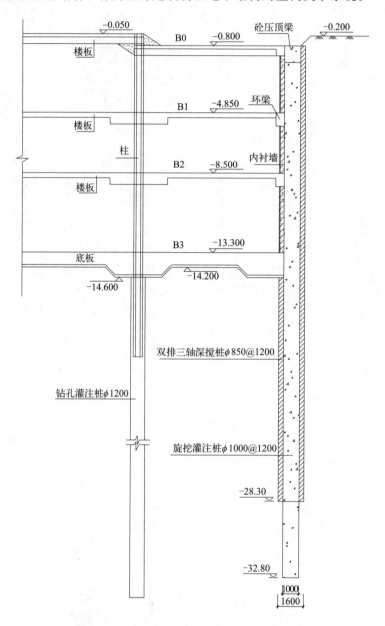

图 5-6 "桩墙合一"水平支撑系统

2. "桩墙合一"基坑支护设计依据

（1）设计相关资料。建筑总平面图，基础工程和地下室结构等相关图纸；建设场地岩土工程勘察报告；邻近既有建（构）筑物结构类型、基础类型资料；周边道路、地下管线等相关资料；基坑周边地面堆载及大型车辆的动、静荷载情况。

（2）基坑支护设计标准。《建筑基坑支护技术规程》(JGJ 120)、《建筑桩基技术规范》(JGJ 94)、《建筑地基基础设计规范》(GB 50007)、《建筑结构荷载规范》(GB 50009)、《混凝土结构设计规范（2015 年版）》(GB 50010)、《钢结构设计标准》(GB 50017)、《岩土工程勘察规范（2009 年版）》(GB 50021)、《建筑基坑工程监测技术标准》(GB 50497)、《地下建筑工程逆作法技术规程》(JGJ 165)、《建筑工程逆作法技术标准》(JGJ 432)、《钢管混凝土叠合柱结构技术规程》(T/CECS 188)、《建筑地基基础工程施工质量验收标准》(GB 50202)、《供水管井技术规范》(GB 50296)。

（3）基坑支护设计原则。《建筑基坑支护技术规程》(JGJ 120) 规定了基坑支护设计原则。

① 基坑支护设计应规定其设计使用期限，基坑支护的设计使用期限不应小于一年。

② 基坑支护应满足下列功能要求：保证基坑周边建（构）筑物、地下管线、道路的安全和正常使用；保证主体地下结构的施工空间。

基坑支护设计时，应综合考虑基坑周边环境和地质条件的复杂程度、基坑深度等因素，按以下规定采用支护结构的安全等级。

- 支护结构失效、土体过大变形对基坑周边环境或主体结构施工安全的影响很严重时，支护结构的安全等级为一级；
- 支护结构失效、土体过大变形对基坑周边环境或主体结构施工安全的影响严重时，支护结构的安全等级为二级；
- 支护结构失效、土体过大变形对基坑周边环境或主体结构施工安全的影响不严重时，支护结构的安全等级为三级。

③ 支护结构应按承载能力极限状态和正常使用极限状态设计。

承载能力极限状态：

- 支护结构构件或连接因超过材料强度而破坏，或因过度变形而不适于继续承受荷载，或出现压屈、局部失稳；
- 支护结构及土体整体滑动；
- 坑底土体隆起而丧失稳定；
- 支挡式结构，坑底土体丧失嵌固能力而使支护结构推移或倾覆；
- 锚拉式支挡结构或土钉墙，土体丧失对锚杆或土钉的锚固能力；
- 重力式水泥土墙整体倾覆或滑移；
- 重力式水泥土墙、支挡式结构因持力土层丧失承载能力而破坏；
- 地下水渗流引起的土体渗透破坏。

正常使用极限状态：

- 造成基坑周边建（构）筑物、地下管线、道路等损坏或影响其正常使用的支护结构位移；
- 因地下水位下降、地下水渗流或施工因素而造成基坑周边建（构）筑物、地下管线、道路等损坏或影响其正常使用的土体变形；
- 影响主体地下结构正常施工的支护结构位移；
- 影响土体地下结构正常施工的地下水渗流。

3. 基坑支护设计内容

基坑支护设计计算的主要内容,包括:水平荷载标准值计算;支撑轴力计算;支护结构嵌固深度;支护结构最大弯矩计算;基坑整体稳定性、抗隆起和抗渗验算;挡土结构、支撑结构、冠梁、围檩、立柱、立柱桩设计;降止水设计。具体设计方法参见相关标准。

(1) 水平荷载标准值计算。按照《建筑基坑支护技术规程》(JGJ 120),水平荷载标准值计算以朗肯土压力理论为基础。根据地下水位和土的性质分水土合算和水土分算两种计算方法,对黏性土以及黏质粉土采用水土合算的总应力法计算,对碎石土、砂土、砂质粉土采用水土分算有效应力法计算。

(2) 支挡结构受力和变形计算。锚拉式支挡结构、支撑式支挡结构、悬臂式支挡结构宜采用平面杆系结构弹性支点法计算挡土结构、锚拉结构、内支撑结构的受力和变形,也可采用等值梁法计算支撑轴力、支挡结构嵌固深度和最大弯矩。

(3) 基坑稳定性验算。

① 嵌固稳定性验算(倾覆/踢脚)。悬臂式支挡结构、单层锚杆和单层支撑的支挡结构需要进行抗倾覆稳定性计算,两层以上(含两层)的支撑不需要进行抗倾覆稳定性验算。

② 整体滑动稳定性验算。锚拉式、悬臂式支挡结构和双排桩应进行整体滑动稳定性验算,整体滑动稳定性可采用圆弧滑动条分法进行验算。当挡土构件底端以下存在软弱下卧土层时,整体稳定性验算滑动面中应包括由圆弧与软弱土层层面组成的复合滑动面。

③ 坑底抗隆起稳定性分析。当坑底以下存在软土时,需要进行坑底抗隆起稳定性验算。当挡土构件底面以下有软弱下卧层时,坑底抗隆起稳定性的验算部位还应包括软弱下卧层。悬臂式支挡结构可不进行抗隆起稳定性验算。

(4) 抗承压水头(突涌)稳定性验算。坑底以下有水头高于坑底的承压水含水层,且未用截水帷幕隔断其基坑内外的水力联系时,应验算承压水作用下的坑底抗突涌稳定性。

(5) 流土稳定性验算。悬挂式截水帷幕底端位于碎石土、砂土或粉土含水层时,对均质含水层,应验算地下水渗流的流土稳定性,对渗透系数不同的非均质含水层,宜采用数值方法进行渗流稳定性分析。

(6) 支护桩配筋计算。支护桩按承载能力极限状态设计,考虑承载能力极限状态下支护结构构件作用基本组合的综合分项系数和支护结构重要性系数,依据支护桩最大弯矩进行配筋计算。

(7) 冠梁和围檩计算。冠梁和围檩按承载能力极限状态设计,考虑承载能力极限状态下支护结构构件作用基本组合的综合分项系数和支护结构重要性系数,根据支撑最大间距确定最大弯矩和剪力,按正截面受弯和斜截面受剪进行配筋计算。

(8) 内支撑计算。计算自重、施工荷载、支撑安装在内支撑中产生的弯矩,按最不利组合的总支撑弯矩进行钢筋混凝土内支撑和钢支撑设计。

(9) 立柱及立柱桩计算。根据施工荷载、支撑和连系梁自重荷载验算缀板式格构柱强度,依据格构柱荷载按承载力进行立柱桩设计。

逆作法中,建筑物荷载竖向支承系统采用一柱一桩结构。钢管混凝土立柱和角钢格构柱截面根据逆作阶段的承载力计算确定,立柱桩利用主体结构框架柱下工程桩,作为逆作施工阶段立柱桩的主体工程桩,其桩长、桩径及持力层等应以逆作施工期间的最不利工况作为控制条件通过计算确定。

（10）基坑止水和降水设计。根据场地水文地质条件和基坑开挖深度，进行基坑降水和止水设计。

基坑止水帷幕分落底式止水帷幕和悬挂式止水帷幕。当基坑底以下存在连续分布、埋深较浅的隔水层时，应采用落底式止水帷幕，落底式止水帷幕设计时主要考虑止水帷幕进入下卧隔水层的深度。当基坑底以下含水层厚度大，需采用悬挂式止水帷幕时，帷幕进入透水层的深度应满足对地下水从帷幕底部绕流的渗透稳定性要求，对渗透系数不同的非均质含水层，宜采用数值方法进行渗流稳定性分析，并应对悬挂式止水帷幕外的地下水位下降引起的基坑周边建（构）筑物、地下管线沉降进行分析。

在合理概化地下水流动计算模型基础上，计算基坑涌水量，选择基坑降水方法，合理布设抽水设施，满足基坑施工对降水的要求。

七、附件

与基坑工程相关的资料，包括岩土工程勘察报告、建筑总平面图（周边环境信息）、建筑物基础工程和地下室结构图纸、PPT 课件等。

八、案例思考题

1. 支护结构安全等级确定原则？
2. 基坑支护设计参数的选取？
3. 支护结构设计原则中承载能力极限状态有哪些？
4. "桩墙合一"逆作法与顺作法在设计上的差异？
5. 落底式止水帷幕和悬挂式止水帷幕选择的依据和设计计算的差异？

案例使用说明

一、教学目的与用途

适用的课程：岩土工程案例分析

适用专业：土木水利

教学目标：本案例以某消费金融中心基坑工程设计为目标，帮助学生熟悉基坑工程设计程序，构建基坑支护技术的知识体系，掌握基坑工程设计方法。引入"桩墙合一"逆作法地下结构设计概念，激发学生的创新思维，完成"桩墙合一"逆作法地下结构设计任务，提升学生的基坑工程设计能力。运用有限元数值模拟深化"桩墙合一"逆作法基坑施工过程分析，增强学生对逆作法施工中基坑工作性状的认识，提升岩土工程计算分析能力，培养学生多样化解决方案与个性化工程特点的设计创新能力。

二、涉及知识点

本案例涉及岩土工程勘察、基坑支护结构设计、地下结构设计、地下水降止水设计、周边环境保护等工作内容。主要知识点包括：场地工程地质条件与水文地质条件；基坑支护设计原则；基坑支护设计参数选用；基坑支护设计内容；等等。

三、教学课件

"某消费金融中心基坑支护设计"PPT。

四、启发思考题

案例课题教学中，以问题为导向，针对基坑支护设计、"桩墙合一"逆作法中的难点和重点问题，结合教学顺序，提炼以下启发思考题。

1. 基坑支护的顺作法和逆作法的差异？
2. 基坑支护方案选择需考虑的因素？
3. "桩墙合一"逆作法工程概念及特点？
4. 基坑支护设计参数选用原则及水平荷载计算？
5. "桩墙合一"逆作法设计中需关注的问题？
6. 如何合理构建"桩墙合一"逆作法基坑工程数值模型？

五、分析思路

① 以完成某消费金融中心基坑工程设计为目标，根据建筑物设计参数确定基坑开挖深度，分析场地地质条件和周边环境条件。通过基坑支护顺作法和逆作法的优缺点的对比，结合建设场地狭小、周边环境复杂、工程建设时间紧张等因素的分析，阐述采用基坑逆作法施工的必要性。

② 从功能和结构上分析支护桩和地下室外墙合一的可行性和合理性，最终提出"桩墙合一"创新性基坑支护方案。

③ 介绍基坑支护设计依据、原则和内容，重点说明"桩墙合一"和逆作法结合带来与传统基坑支护设计的差异，详细解释"桩墙合一"结构中水平支撑系统和竖向支承系统等关键技术的计算原理。

④ 结合逆作法施工工序，说明构建考虑施工工况的基坑开挖有限元计算模型，以及计算结果呈现和分析中应注意的问题。

⑤ 引导学生研读基坑支护设计标准，深化专业知识的学习，构建基坑支护技术的系统知识体系。

六、理论依据与分析

本案例的理论依据来自工程地质学、水文地质学、土力学、基础工程、岩土工程勘察、地下结构设计等课程的基础理论和专业知识，结合场地地质条件、基坑开挖深度和周边环境等工程条件，通过多方案对比分析和优化设计，提出"安全可靠、经济合理、技术可行、施工方便"的基坑支护方案，并利用有限元实现对基坑施工过程的数值模拟，深化对基坑工程性状的分析。

七、背景信息

本工程建设场地狭小，基坑周边环境条件复杂，基坑周边有市级文保单位、民国建筑、居民建筑物、道路、地下管线，距离基坑边线近，基坑施工将对周边环境产生影响。

拟建建筑地基基础设计等级为甲级，桩型采用钢筋混凝土钻孔灌注桩，桩基设计等级为甲级。采用直径1.2m的钻孔灌注桩，单桩承载力特征值为12000kN。建设场地整平标高为

+8.20m，建筑±0.00相当于绝对标高+8.20m。根据地下室底板板面（结构）标高－13.90m、底板厚度0.60m、垫层厚度0.20m考虑，基坑实际开挖深度14.70m，基坑周长240m，开挖面积3310m²。

八、关键要点

基坑支护技术涉及专业知识面广，设计内容包含大量工程建设标准的综合应用，在传统基坑支护设计方法基础上，还要满足"桩墙合一"和逆作法带来的新的设计要求。"桩墙合一"逆作法基坑支护设计有以下几个关键要点。

1. "桩墙合一"逆作法技术

基坑支护方案应综合考虑场地地质条件、开挖深度、周边环境、建筑要求、施工工艺、施工周期及气候条件等因素，针对性地提出"安全可靠、经济合理、技术可行、施工方便"的基坑支护方案。

"桩墙合一"作为一种集挡土、止水、防渗和地下室结构外墙于一体的围护结构型式，占用施工空间小，对于工程场地狭小、周边环境复杂的基坑工程具有十分显著的技术和经济效果。

（1）挡土结构与地下室外墙合一技术。挡土结构采用双排三轴深搅桩内插支护排桩的工艺，先施工双排三轴深搅桩，后内插旋挖灌注桩。大直径旋挖灌注桩不仅作为基坑挡土结构，也作为地下室外墙，同时与三轴深搅桩配合形成良好的止水体系。

（2）水平支撑系统：地下结构楼板。以结构梁板作为基坑开挖阶段的水平支撑，楼板支撑系统刚度大，对支护桩水平变形控制和周边环境保护极为有效。其最大优势在于避免了大量临时支撑的设置，以及拆除带来的围护结构二次受力和二次变形对周边环境造成的进一步影响，具有较为明显的经济优越性，对于资源的节省和环境的保护意义重大。

（3）竖向支承系统：一柱一桩。竖向支承系统采用一柱一桩结构，即钢管混凝土柱（全逆作法，上部结构与地下室同时施工）、钢格构柱（半逆作法，上部结构不施工，仅施工地下室）与旋挖灌注桩相结合，作为上部建筑物和地下结构的竖向支承系统。

2. 基坑支护设计方法和设计参数选用

基坑支护设计方法分总应力法和有效应力法，基坑支护设计参数选用与基坑支护设计方法密切相关，设计方法必须与设计参数相匹配，应满足下列要求。

① 对地下水位以上的各类土，进行土压力计算、土的滑动稳定性验算时，对黏性土、黏质粉土的抗剪强度指标应采用三轴固结不排水抗剪强度指标c_{cu}、φ_{cu}或直剪固结快剪强度指标c_{cq}、φ_{cq}，对砂质粉土、砂土、碎石土的抗剪强度指标应采用有效应力强度指标c'、φ'。

② 对地下水位以下的黏性土、黏质粉土，可采用土压力、水压力合算方法，土压力计算、土的滑动稳定性验算可采用总应力法。此时，对正常固结土和超固结土的抗剪强度指标应采用三轴固结不排水抗剪强度指标c_{cu}、φ_{cu}或直剪固结快剪强度指标c_{cq}、φ_{cq}；对欠固结土，宜采用有效自重压力下预固结的三轴不固结不排水抗剪强度指标c_{uu}、φ_{uu}。

③ 对地下水位以下的砂质粉土、砂土和碎石土，应采用土压力、水压力分算方法，土压力计算、土的滑动稳定性验算应采用有效应力法。此时，土的抗剪强度指标应采用有效应力强度指标c'、φ'，对砂质粉土，缺少有效应力强度指标时，也可采用三轴固结不排水抗剪强度指标c_{cu}、φ_{uu}或直剪固结快剪强度指标c_{cq}、φ_{cq}代替。对砂土和碎石土，有效应力强

度指标 φ' 可根据标准贯入试验实测击数和水下休止角等物理力学指标取值。土压力、水压力采用分算方法时，水压力可按静水压力计算；当地下水渗流时，宜按渗流理论计算水压力和土的竖向有效应力；当存在多个含水层时，应分别计算各含水层的水压力。

④ 有可靠的地方经验时，土的抗剪强度指标也可根据室内试验、原位试验得到的其他物理力学指标，按经验方法确定。

3. 基坑支护设计计算

(1) 土压力强度标准值计算。作用在支护结构外侧、内侧的主动土压力强度标准值，被动土压力强度标准值，宜按下列公式计算。均布附加荷载作用下土压力计算模式如图5-7所示。

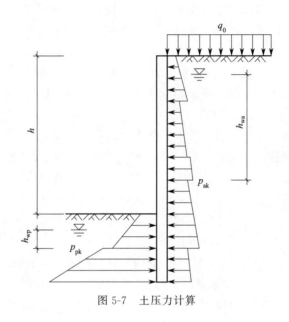

图 5-7　土压力计算

① 对于地下水位以上或水土合算的土层：

$$p_{ak}=(q_0+\sigma_{ak})K_{a,i}-2c_i\sqrt{K_{a,i}} \tag{5-6}$$

$$K_{a,i}=\tan^2\left(45°-\frac{\varphi_i}{2}\right) \tag{5-7}$$

$$p_{pk}=\sigma_{pk}K_{p,i}+2c_i\sqrt{K_{p,i}} \tag{5-8}$$

$$K_{p,i}=\tan^2\left(45°+\frac{\varphi_i}{2}\right) \tag{5-9}$$

式中，p_{ak} 为支护结构外侧第 i 层土中计算点的主动土压力强度标准值（当 $p_{ak}<0$ 时，应取 $p_{ak}=0$），kPa；σ_{ak}、σ_{pk} 分别为支护结构外侧、内侧计算点的土中竖向应力标准值，kPa；$K_{a,i}$、$K_{p,i}$ 分别为第 i 层土的主动土压力系数、被动土压力系数；c_i 为第 i 层土的黏聚力，kPa；φ_i 为第 i 层土的内摩擦角，(°)；p_{pk} 为支护结构内侧第 i 层土中计算点的被动土压力强度标准值，kPa。

② 对于水土分算的土层：

$$p_{ak}=(q_0+\sigma_{ak}-u_a)K_{a,i}-2c_i\sqrt{K_{a,i}}+u_a \tag{5-10}$$

$$p_{pk}=(\sigma_{pk}-u_p)K_{p,i}+2c_i\sqrt{K_{p,i}}+u_p \tag{5-11}$$

式中，u_a、u_p 分别为支护结构外侧、内侧计算点的水压力，kPa。

③ 对静止地下水，水压力（u_a、u_p）可按下列公式计算：

$$u_a = \gamma_w h_{wa} \tag{5-12}$$

$$u_p = \gamma_w h_{wp} \tag{5-13}$$

式中，γ_w 为地下水的重度，kN/m^3，取 $\gamma_w = 10 kN/m^3$；h_{wa} 为基坑外侧地下水位至主动土压力强度计算点的垂直距离，m，对承压水来说地下水位取测压管水位，当有多个含水层时应以计算点所在含水层的地下水位为准；h_{wp} 为基坑内侧地下水位至被动土压力强度计算点的垂直距离，m，对承压水来说地下水位取测压管水位。

当采用悬挂式止水帷幕时，应考虑地下水沿支护结构向基坑面的渗流对水压力的影响。

④ 土中竖向应力标准值（σ_{ak}、σ_{pk}）应按下式计算：

$$\sigma_{ak} = \sigma_{ac} + \sum \Delta \sigma_{k,i} \tag{5-14}$$

$$\sigma_{pk} = \sigma_{pc} \tag{5-15}$$

式中，σ_{ac} 为支护结构外侧计算点，由土的自重产生的竖向总应力，kPa；σ_{pc} 为支护结构内侧计算点，由土的自重产生的竖向总应力，kPa；$\Delta \sigma_{k,i}$ 为支护结构外侧第 i 个附加荷载作用下计算点的土中附加竖向应力标准值，kPa，应根据附加荷载类型计算，参照《建筑基坑支护技术规程》（JGJ 120）要求执行。

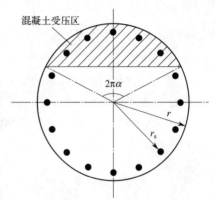

图 5-8 沿周边均匀配置纵向钢筋的圆形截面

(2) 基坑支护稳定性验算。基坑支护稳定性验算参照《建筑基坑支护技术规程》（JGJ 120）要求执行。主要包括：悬臂式支挡结构、单层锚杆和单层支撑的支挡结构的嵌固稳定性验算，锚拉式、悬臂式和双排桩支挡结构整体稳定性验算，锚拉式支挡结构和支撑式支挡结构坑底抗隆起稳定性验算，地下水渗透稳定性验算，等等。

(3) 圆形截面混凝土支护桩的正截面受弯承载力计算。沿周边均匀配置纵向钢筋的圆形截面钢筋混凝土支护桩，其正截面受弯承载力应符合下列规定，如图 5-8 所示。

$$M \leqslant \frac{2}{3} f_c A r \frac{\sin^3 \pi \alpha}{\pi} + f_y A_s r_s \frac{\sin \pi \alpha + \sin \pi \alpha_t}{\pi} \tag{5-16}$$

$$\alpha f_c A \left(1 - \frac{\sin 2\pi\alpha}{2\pi\alpha}\right) + (\alpha - \alpha_t) f_y A_s = 0 \tag{5-17}$$

$$\alpha_t = 1.25 - 2\alpha \tag{5-18}$$

式中，M 为桩的弯矩设计值，$kN \cdot m$；f_c 为混凝土轴心抗压强度设计值，kN/m^2，当混凝土强度等级超过 C50 时，f_c 应用 $\alpha_1 f_c$ 代替，当混凝土强度等级为 C50 时，取 $\alpha_1 = 1.0$，当混凝土强度等级为 C80 时，取 $\alpha_1 = 0.94$，其间按线性内插法确定；A 为支护桩截面面积，m^2；r 为支护桩的半径，m；α 为对应于受压区混凝土截面面积的圆心角（rad）与 2π 的比值；f_y 为纵向钢筋的抗拉强度设计值，kN/m^2；A_s 为全部纵向钢筋的截面面积，m^2；r_s 为纵向钢筋重心所在圆周的半径，m；α_t 为纵向受拉钢筋截面面积与全部纵向钢筋截面面积的比值，当 $\alpha > 0.625$ 时，取 $\alpha_t = 0$。

上述计算方法适用于截面内纵向钢筋数量不少于 6 根的圆形截面的情况。

(4) 抗管涌验算。管涌稳定性可按下式验算。

$$1.5\gamma_0 h'\gamma_w \leqslant (h'+2D)\gamma \tag{5-19}$$

式中 γ_0——侧壁重要性系数；

γ——土的有效重度，kN/m^3；

γ_w——水的重度，kN/m^3；

h'——地下水位至基坑底的距离，m；

D——桩（墙）入土深度，m。

(5) 立柱及立柱桩计算。逆作法中，建筑物荷载竖向支承系统采用一柱一桩结构，根据施工荷载、支撑和连系梁自重荷载验算缀板式格构柱强度，依据格构柱荷载按承载力进行立柱桩设计。

钢管混凝土立柱和角钢格构柱截面根据逆作阶段的承载力计算确定，立柱桩利用主体结构框架柱下工程桩，作为逆作施工阶段立柱桩的主体工程桩，其桩长、桩径及持力层等应以逆作施工期间的最不利工况作为控制条件通过计算确定。

九、建议教学活动计划

1. 课堂讲解

介绍案例背景信息和教学的目的，分析场地工程地质条件与水文地质条件，介绍"桩墙合一"逆作法工程设计概念，明确基坑支护设计原则、基坑支护设计参数选用、基坑支护设计内容，重点阐明"桩墙合一"逆作法关键要点，帮助学生构建"桩墙合一"逆作法基坑支护知识体系。

2. 课后自学

熟悉案例提供的岩土工程勘察报告，研读《建筑基坑支护技术规程》（JGJ 120）及相关标准。提出某消费金融中心基坑支护方案，开展基坑支护设计计算，绘制相关工程图件，形成基坑支护设计工程文件。开展基坑支护方案的有限元数值模拟，形成考虑开挖过程的基坑工作性状数值模拟分析报告。

3. 成果展示与研讨

组织基坑支护方案研讨，运用PPT汇报"某消费金融中心基坑支护设计"和"基坑工作性状数值模拟分析报告"，着重阐述基坑支护方案的总体思路、考虑因素和设计成果，展示数值模拟分析成果，研讨设计过程中遇到的问题和解决方法，激发学生的创新思维，提升学生的基坑支护设计实战能力，培养学生基坑工程分析的综合能力。

案例3 基坑支护结构施工技术

| 案例正文 |

一、标题

某消费金融中心基坑工程"桩墙合一"施工技术

二、首页注释

编者：缪云，王洪凯，王旭东

案例涉及的知识点："桩墙合一"支护体系、逆作法施工、支护桩与地下结构的连接、地下室外墙单边支模

案例情况：真实发生

案例与图片来源：工程实践

三、摘要及关键词

摘要：针对"桩墙合一"逆作法深基坑支护结构体系，根据基坑支护设计方案，熟悉三轴深搅桩、旋挖灌注桩、"桩墙合一"支护体系施工工艺，提出"桩墙合一"逆作法深基坑支护结构施工方案，深化对深基坑"桩墙合一"逆作法现场施工过程的认识，提升学生对深基坑支护施工技术的理解能力和工程实践能力，激发学生解决工程难题的综合创新能力。

关键词："桩墙合一"支护体系、三轴搅拌桩施工、旋挖灌注桩施工、基坑开挖逆作法

四、引言

"桩墙合一"支护结构是将基坑的围护排桩与地下室外墙通过传力板带结合，使基坑围护排桩作为永久使用阶段时地下主体结构的一部分，共同承担周围土水压力与上部结构传来的荷载的支护结构。

在基坑开挖阶段，"桩墙合一"支护结构体系中排桩承担侧向土压力和水压力，随着地下结构施工的进行，围护桩和施工完成的地下结构梁板通过传力板带连接，形成水平支撑，两者共同承担侧向土水压力，减小了支护结构变形，有效保护了建设场地的周边环境。永久使用阶段是指地下结构施工完成至建筑物使用寿命结束，围护排桩和地下结构作为一个整体，共同承担水平土压力和上部结构荷载。

本案例以某消费金融中心"桩墙合一"逆作法深基坑支护结构施工为背景，帮助学生了解"桩墙合一"深基坑支护逆作法施工工艺，熟悉"桩墙合一"深基坑支护结构施工技术的要点，深化对"桩墙合一"深基坑支护结构体系逆作法施工过程的认识。

五、背景介绍

某消费金融中心建设场地狭小，没有足够的场地展开施工。基坑周边环境条件复杂，对周边环境控制要求高，采用"桩墙合一"支护结构体系和逆作法施工技术，不仅能保证基坑开挖施工安全，而且有助于基坑周边建筑物、道路、地下管线的有效保护。

六、案例内容

1. "桩墙合一"支护结构体系

基坑挡土结构采用双排三轴深搅桩内插支护排桩的工艺，先施工双排三轴深搅桩，三轴深搅桩横向搭接100mm，成型后宽度为1600mm，内插旋挖灌注桩 $\phi1000@1200$、$\phi1200@1400$。大直径旋挖灌注桩作为基坑挡土结构，与地下室外墙结构合一，形成"桩墙合一"支护结构体系，如图5-9所示。

2. "桩墙合一"支护结构特点

① 竖向挡土结构与地下室外墙二合一，竖向挡土结构既作为土方开挖期间临时挡土结

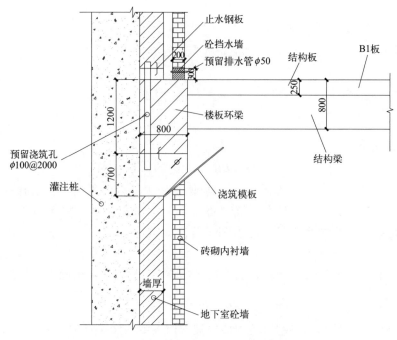

图 5-9 "桩墙合一"支护结构体系

构使用，同时也作为地下室永久性结构外墙使用。

② 地下结构楼板替代水平支撑系统，以结构梁板作为基坑开挖阶段的水平支撑，其支撑系统刚度大，对周边环境保护有利。同时也避免了基坑支撑拆除过程中围护墙的二次受力和二次变形对环境造成的进一步影响。

③ 竖向支承系统采用一柱一桩，即钢管混凝土柱（全逆作法，上部结构与地下室同时施工）、钢格构柱（半逆作法，上部结构不施工，仅施工地下室）与旋挖灌注桩相结合，作为基坑开挖阶段的竖向支承系统。

3. 基坑逆作法开挖施工

利用首层结构梁板作为施工机械的挖土平台及车辆运作通道，可有效解决基地周边施工场地狭小问题。各层结构梁板均匀预留较大的出土口，对逆作施工阶段的出土带来极大的方便，有利于加快施工进度，节约工期。

逆作法施工基本不受天气、"蓝天"行动等因素的影响。竖向支护结构施工完成后，施工地下室首层结构梁板，形成施工栈桥。挖土机和运土车辆可直接在施工栈桥上挖运土方，在远离栈桥区域，可利用长臂挖机栈桥挖土与坑内小型挖机坑内倒土配合施工，方便快速挖除土方。

逆作区域土方采用盆式开挖，盆中开挖完成后，先浇筑盆中结构楼板，盆边土方采用对称抽条跳挖的方式挖土，盆边土方对称挖除后，及时施工周边结构楼板。逐层开挖土方和施工地下结构梁板，并在向下逆作施工过程中利用地下结构梁板体系形成水平支撑系统，减小基坑开挖对周边环境的影响。

4. 深基坑支护结构施工

（1）三轴搅拌桩施工工艺。三轴水泥搅拌桩采用两喷两搅工艺，以水泥为固化剂，在地基土中进行原位的强搅拌，待水泥土固化后形成桩体，用于加固土体。其施工原理为利用三轴搅拌桩钻机在原地层中切削土体，同时钻机前端低压注入水泥浆液，与切碎土体充分搅拌形成隔水性较高的水泥土柱列式挡墙。三轴深搅桩施工要点见表5-5。

表5-5 三轴深搅桩施工要点

序号	项目	施工要点
1	场地平整	平整场地，使工地现场具备"三通一平"条件。三轴搅拌桩施工时道路采用钢板铺路，以满足三轴搅拌桩机行走需求
2	桩位放样	根据场地的坐标基准点，按照设计图进行桩位放样和高程引测，并做好永久及临时标志。由监理进行复核验收签证，确认无误后方可进行搅拌施工
3	开挖导向槽	在搅拌桩桩位上预先开挖沟槽，根据基坑围护内边控制线，采用 $1m^3$ 挖机开挖导向沟，沟槽尺寸为宽2000mm、深1000mm
4	搅拌桩孔位定位	根据设计图纸和测量控制点放出桩位，桩位平面偏差不大于50mm。三轴搅拌机桩径为850mm，作为外围止水桩时采用套接一孔法施工工艺，桩间距为1200mm，套接为850mm
5	桩机就位与垂直度控制	①用卷扬机和人力移动搅拌机到达作业位置，并调整桩架垂直度达到0.5%以上，钻杆垂直度误差控制在0.5%内。 ②桩机移位要平稳、安全。桩机定位后，应对桩机桩位进行复核，桩位偏差不得大于50mm，并注意不向坑内偏差和倾斜。 ③施工前应在钻杆上做好标记，控制搅拌桩桩长不得小于设计桩长
6	水泥浆液拌制	①三轴深层搅拌机叶片直径850mm，作为基坑止水桩时桩间距为1200mm，套接为850mm，横向搭接100mm，成型后宽度为1600mm。使用42.5级普通硅酸盐水泥，其掺入量为24%，水灰比为1.2~1.5，桩体养护不得少于28天，28天的无侧限抗压强度不小于1.0MPa。 ②作为坑内加固桩时桩间距为1800mm，短边搭接为100mm，长边搭接为250mm；使用42.5级普通硅酸盐水泥，坑内暗墩深搅桩上部空搅段水泥掺量15%，基坑内坑底以下暗墩深搅桩的水泥掺量为24%。水灰比为1.5~2.0，桩体28天的无侧限抗压强度不小于0.5MPa
7	注浆搅拌下沉	①控制卷扬机使搅拌头自上而下切土拌和下沉，直到钻头下沉钻进至桩底标高。按照搅拌桩施工工艺要求，钻杆在下沉和提升时均需注入水泥浆液，每次下降时喷浆20%~30%，提升时喷浆70%~80%。 ②水泥浆配制好后，停滞时间不得超过2h，搭接施工的相邻搅拌桩施工间隔不得超过24h
8	喷浆搅拌提升	①钻掘搅拌机下沉到设计深度后，在底部停顿持续喷浆60s，然后边喷浆边旋转搅拌钻头，泵送必须连续，并提升至超设计标高50cm。 ②三轴搅拌机下沉速度控制在0.6~0.8m/min以内，搅拌提升速度控制在0.8m/min以内，并保持匀速下沉与匀速提升
9	施工记录	施工过程中，应详细记录桩位编号、桩长、水位以上地层及水位以下地层的下沉(提升)搅拌喷浆的时间及深度、水泥用量、试块编号、水泥掺入比、水灰比等施工数据，并将施工记录报监理确认
10	搅拌施工顺序	采用跳槽式双孔全套复搅式连接，通过施工设备的垂直度补正确保重复套钻水泥搅拌桩的有效搭接，以实现搅拌桩的止水作用
11	清洗	向集料斗中注入适量的清水，开启灰浆泵，清洗全部管路中残余的水泥浆，并将黏附在搅拌头上的软土清除干净

（2）旋挖灌注桩施工工艺。旋挖灌注桩采用旋挖桩施工工艺。首先，采用旋挖钻机成孔，通过底部带有活门的桶式钻头回转破碎岩土；然后，再由钻机提升装置和伸缩钻杆将钻斗提出孔外卸土，直至钻至设计深度；最后，吊放钢筋笼，灌注水下混凝土，完成旋挖灌注桩施工。旋挖灌注桩施工要点见表5-6。

表5-6 旋挖灌注桩施工要点

序号	项目	施工要点
1	施工准备	①平整场地，测量放线定桩位，使现场具备"三通一平"条件。 ②复核测量控制点，测放桩位，桩架就位。 ③灌注桩正式施工前，应进行试成孔，掌握灌注桩施工特性和孔壁稳定性

续表

序号	项目	施工要点
2	钻进成孔	①埋设护筒。护筒长度应超过杂填土埋深,应进入原状土20cm,且高出自然地面20cm。护筒中心与桩位中心线误差不得大于5cm。 ②旋挖机就位。旋挖钻机就位时与平面最大倾角不超过4°,钻头或钻杆中心与护筒顶面中心的偏差不得大于5cm。 ③钻进成孔。钻机钻进时,严格控制进尺速度,防止桩孔倾斜。孔深允许偏差0～+300mm,桩径允许偏差为0～+15mm;垂直度允许偏差不大于0.5%,桩位偏差不大于50mm,并注意不向坑内偏差和倾斜。 ④护壁泥浆。应根据相应的土质情况进行泥浆护壁成孔作业。一般按以下性能要求对泥浆进行制备。密度:1.10～1.15g/cm³;黏度:17～22s;含沙量:小于4%;胶体率:大于95%。 ⑤排渣、清孔。第一次应在成孔完成后采用清孔钻头进行清孔,严禁采用加深钻孔深度的方法代替清孔;第二次应在钢筋笼和导管安放完毕后进行清孔,确保孔底沉渣厚度不大于50mm,半小时内必须浇灌混凝土,并做好记录
3	制作与吊放钢筋笼	①钢筋笼的制作。根据配筋图制作钢筋笼,按桩孔深度分段制作,分段长度应视成笼的整体刚度、钢筋长度及起重设备的有效高度等因素综合确定。钢筋笼的主筋净距不宜小于80mm。钢筋接长采用单面搭接焊,焊接部位表面污垢应先行清除,单面焊接,焊缝长10d(d为钢筋直径),焊缝宽度不小于0.8d,厚度不小于0.3d,两主筋端面的间隙应为2～5mm。主筋焊接时接头应错开,在同一截面内的钢筋接头数不得多于主筋总数的50%,相邻接头应上下错开,错开距离不应小于35倍主筋直径。 ②钢筋笼吊放。钢筋笼运转过程中,应防止高起猛落导致钢筋笼弯曲和扭曲变形。吊放钢筋笼入孔时,应注意勿碰孔壁,防止坍壁和将泥土杂物带入孔内。先将下段钢筋笼挂在孔内,吊高第二段进行焊接,逐段焊接逐段放下,吊入后校正位置垂直度
4	灌注水下混凝土	①水下混凝土浇筑前复核孔深、孔径、垂直度、孔底沉渣厚度,坍落度控制在18～22cm,粗骨料最大直径不大于25mm,桩顶浮浆高度不应小于1.0倍桩径。钢筋笼放孔中后2小时内必须灌注混凝土,单桩浇注时间不宜超过4小时。 ②导管底部距孔底保持50cm左右,整根导管顶面高出水面3m左右,与漏料连接,导管的第一节底管长度应大于或等于4m,第一次浇筑混凝土时,应保证导管底端埋入混凝土中的深度不小于0.8m,且连续供料
5	空孔回填	空孔部分用现场废渣回填,或用钢筋网片覆盖作为孔口安全防护措施
6	泥浆外运	泥浆应及时采用全封闭泥浆罐车清运出场,以免造成泥浆污染

5. 支护桩与地下梁板结构连接

逆作施工利用地下结构梁板形成支护结构的水平支撑,水平支撑刚度大,有效控制了支护结构的水平位移,保护了周边环境,解除了传统支护体系支撑拆除给周边环境造成的二次影响。支护桩、环梁、地下结构楼板形成的水平支撑连接采用的连接方式如图5-10和图5-11所示。

6. 地下室混凝土外墙施工工艺

压顶梁钢筋施工时需下挂地下室混凝土外墙钢筋,使施工缝留置在压顶梁底面以下500mm处,如图5-12所示,围檩施工时在混凝土内衬墙处向上及向下预留钢筋,并与围檩同时浇筑。

因本工程场地狭小,现有的施工空间无法满足双面支模施工人员操作要求,地下室墙外侧模板无法完成支设,且防水施工也无法完成,故本方案采用地下室外墙内模板单边支模的方法进行施工。

模板组装要严格按照模板配板图尺寸拼装成整体,模板在现场拼装时,要控制好相邻板面之间拼缝,两板接头处要加设卡子,以防漏浆,拼装完成后用钢丝把模板和竖向钢管绑扎牢固,以保持模板的整体性。

第五章 地下工程一体化系列教学案例 | 111

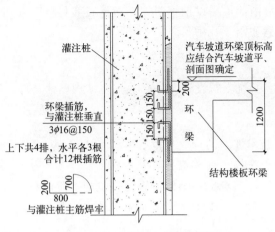

图 5-10 支护桩与楼板连接

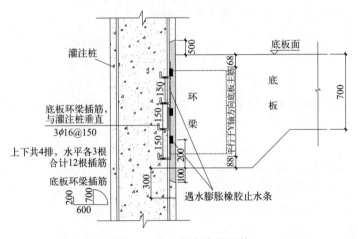

图 5-11 支护桩与底板连接

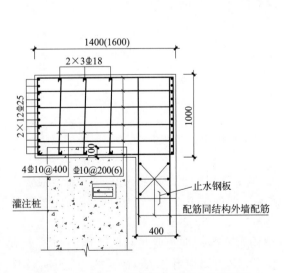

图 5-12 支护桩、压顶梁与地下室外墙连接

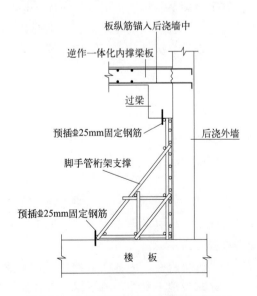

图 5-13 地下室外墙单边支模及斜撑设置

在地下室混凝土外墙内侧边搭设钢管斜撑，斜撑底部和上部分别预埋直径$\Phi 25$的钢筋进行支撑和固定，详细示意如图5-13所示。

七、附件

岩土工程勘察报告、基坑支护设计文件、地下室结构设计文件、PPT课件等。

八、案例思考题

1. 深基坑支护施工技术涉及的行业规范有哪些？
2. 简述顺作法与逆作法施工优缺点。
3. 简述"桩墙合一"深基坑支护结构体系在基坑施工阶段和永久使用阶段的受力特点。
4. 简述"桩墙合一"深基坑支护结构体系中桩墙连接部分的施工工艺。

案例使用说明

一、教学目的与用途

适用的课程： 岩土工程案例教学

适用专业： 土木水利

教学目标： 通过"桩墙合一"逆作法深基坑支护施工技术知识点学习，帮助学生熟悉"桩墙合一"逆作法深基坑支护结构体系施工流程，掌握"桩墙合一"逆作法深基坑支护结构体系施工技术要点，深化对"桩墙合一"深基坑支护结构体系逆作法现场施工过程的认识，案例学习将提升学生对深基坑支护技术的理解和实践运用能力。

二、涉及知识点

本案例涉及基坑支护结构与主体结构相结合"桩墙合一"逆作法基坑施工工艺，主要知识点包括：三轴搅拌桩施工工艺、旋挖灌注桩施工工艺、"桩墙合一"施工工艺和逆作法施工方法，以及支护桩与地下结构连接施工工艺。

三、教学课件

"某消费金融中心基坑工程'桩墙合一'施工技术"PPT。

四、启发思考题

案例课题教学中，以问题为导向，针对深基坑支护施工技术，结合教学顺序，提炼启发思考题。

1. 深基坑"桩墙合一"支护体系逆作法中，地下室混凝土外墙可考虑在上部结构施工前进行施工，也可考虑在上部结构施工后进行施工。两种施工方式下，地下室混凝土外墙的受力过程有何不同？

2. "桩墙合一"深基坑支护体系中，支护结构可作为后期正常使用阶段的竖向支承结构，以此减少地下室外墙的厚度，达到节约成本、提高空间利用率的目的。此种设计方法虽满足受力要求，但结构防水一直是工程界较关心的问题。能否就"桩墙合一"深基坑支护体系的防水措施提出一些创新想法？

五、分析思路

本案例以某消费金融中心项目为背景，首先结合场地地质条件、基坑开挖深度、周边环境条件，介绍"桩墙合一"基坑支护体系的特点。在此基础上介绍三轴搅拌桩施工工艺、旋挖灌注桩施工工艺、"桩墙合一"施工工艺和基坑逆作法施工方法，帮助学生熟悉深基坑支护结构的施工流程，掌握深基坑支护结构的施工技术要点。重点介绍"桩墙合一"施工工艺和逆作法施工方法，激发学生开展创新思维，引导学生探讨"桩墙合一"基坑支护体系中的技术难题。

六、理论依据与分析

本案例涉及土力学、基础工程、地下结构工程施工等课程的基础理论和专业知识，综合运用于深基坑支护施工技术。结合"桩墙合一"逆作法地下工程施工工艺，注重"桩墙合一"地下结构技术和基坑逆作法开挖等知识点的介绍，通过对基坑支护关键技术和施工难题的分析，引导学生开展工程创新思考，寻找解决工程实际问题的创新方法。

七、背景信息

本项目基坑实际开挖深度 14.70m，基坑周长 240m，开挖面积 3310m^2，采用"桩墙合一"基坑支护结构体系，基坑开挖采用逆作法施工技术。

八、关键要点

1. "桩墙合一"基坑支护体系

"桩墙合一"基坑支护结构就是一种将挡土、止水、防渗作用的墙和地下室结构外墙合于一体的围护结构。即在基坑工程施工阶段，旋挖灌注桩墙作为围护结构，起到挡土和止水的目的；在结构永久使用阶段，旋挖灌注桩墙作为主体地下室结构外墙，通过设置其与主体地下结构内部水平梁板构件的有效连接，不再另外设置地下结构外墙。

2. 基坑工程逆作法施工

"逆作法"施工利用地下室的梁、板、柱结构作为内支撑体系，随着基坑由地面向下开挖而由上往下逐层浇筑地下室梁板结构，直到地下室底板封底。与"顺作法"由底板逐层向上浇筑地下室结构的顺序相逆，故称之为"逆作法"。

3. 三轴搅拌桩施工工艺

① 开工前应进行试桩，第一批桩（不少于 4 根）必须在监理人员监管下施工，以掌握该施工场所的各种制桩技术参数，如实际水泥投放量、浆液水灰比、浆液泵送时间、搅拌下沉及提升时间、桩长及垂直度控制方法等，以便于确定三轴深搅桩的正常施工控制标准。

② 钻机钻进速度与提升速度按照技术交底要求均匀、连续注入拌制好的水泥浆液，钻杆提升完毕时，设计水泥浆液全部注完。

③ 水泥浆配制好后，停滞时间不得超过 2 小时，搭接施工的相邻搅拌桩施工间隔不得超过 24 小时。在开机前应进行浆液的搅制，开钻前对拌浆工作人员做好交底工作。因故搁置 2 小时以上的拌制浆液，应作为废浆处理，严禁再用。

④ 三轴搅拌机下沉速度控制在 0.6～0.8m/min 以内，搅拌提升速度控制在 0.8m/min

以内,并保持匀速下沉与匀速提升,提升速度不宜过快,避免出现真空负压、孔壁塌方等现象。

4. 旋挖灌注桩施工工艺

① 开钻前必须先校核钻头的中心是否与桩位中心重合。

② 为防止钻进施工中护筒外圈返浆造成塌孔和护筒脱落,护筒长度应超过杂填土埋深,应进入原状土20cm,且高出自然地面20cm,与坑外之间空隙用回填土填实,保证护筒的稳定与垂直度。

③ 钻机钻进开孔时,为防止桩径超径,应轻压满转,达到护筒底下4m时再加速;在易缩颈的黏土层中钻时,要配合复钻;粉砂中钻进,应中压满转,并加大泵量,在有倾斜状的软硬土层交接处,应吊住钻杆,严格控制进尺速度,防止桩孔倾斜。

④ 清孔分两次进行:第一次应在成孔完成后采用清孔钻头进行清孔,严禁采用加深钻孔深度的方法代替清孔;第二次应在钢筋笼和导管安放完毕后进行清孔,确保孔底沉渣厚度不大于50mm,半小时内必须浇灌混凝土,并做好记录。

⑤ 混凝土浇筑时应徐徐灌入,防止在导管内形成高压气囊,将导管接口处胶垫挤出产生漏水,同时也防止混凝土内气体无法排出。灌注混凝土时,上下提动导管,活动范围不大于0.3m,不容许导管横向移动。

5. "桩墙合一"支护体系桩墙连接部位施工工艺

① 支护桩与楼板环梁、基础底板环梁连接可采用植筋形式进行连接,且植筋后需先做拉拔试验,为植筋深度、植筋规格间距等设计提供依据。

② 调直旋挖灌注桩桩顶钢筋,并确保主筋锚入压顶梁中$35d$(d为钢筋直径)。

③ 压顶梁钢筋施工时需下挂地下室外墙钢筋,使施工缝留置在压顶梁底面以下500mm处;围檩施工时在砼内衬墙处向上及向下预留钢筋,并与围檩同时浇筑。

④ 因工程场地狭小,且排桩距地下室外墙距离较小,外墙外侧模板无法完成支设,可采用地下室外墙内模板单边支模的方法进行施工。

⑤ 在拆除侧模时,混凝土强度要达到1.2MPa(依据拆模试块强度而定),且要满足设计要求,保证其表面及棱角不因拆除模板而受损后方可拆除。

九、建议教学活动计划

1. 课堂讲解

介绍案例背景信息和教学的目的,运用土力学、基础工程、地下结构工程施工等专业知识,解释案例涉及的知识点,厘清"桩墙合一"逆作法基坑支护结构体系施工工序,强调"桩墙合一"逆作法基坑支护结构体系施工技术要点。

2. 课后自学

熟悉案例提供的资料,查阅深基坑支护相关施工规范。根据已经掌握的知识,查阅相关文献,了解目前国内外深基坑支护施工技术现状。根据工程背景资料,编制"桩墙合一"逆作法基坑支护结构施工方案。

3. 成果展示与研讨

运用PPT汇报课后作业成果,研讨深基坑支护结构施工现状和可能的技术创新。

案例 4 基坑工程现场监测技术

案例正文

一、标题
某消费金融中心基坑及周边环境施工监测

二、首页注释
编者：王旭东，蒋刚，缪云
案例涉及的知识点：变形监测、地下水监测、支护结构内力监测、报警值
案例情况：真实发生
案例与图片来源：工程实践

三、摘要及关键词
摘要：以某消费金融中心基坑开挖施工为背景，根据基坑支护设计方案和基坑开挖施工方案，结合基坑和场地周边环境的变形、地下水等因素控制要求，系统介绍基坑的监测原则、监测依据、监测项目、监测点布置、监测方法及精度、监测频率和报警值确定等基坑监测相关内容。帮助学生构建基坑开挖监测的知识体系，掌握基坑监测的基本方法和技术手段，熟悉基坑监测成果的整理和基坑监测报告的编制。深化学生对基坑监测在基坑开挖安全、信息化施工、场地周边环境保护中重要性的认识，培养学生运用岩土工程监测手段保证地下工程建设和环境安全的工程实践能力。

关键词：基坑工程、周边环境、现场监测方法、报警值

四、引言
在深基坑开挖的施工过程中，由于基坑内外土体应力状态的改变，从而引起支护结构承受的荷载发生变化，并导致支护结构和土体的变形。支护结构内力和变形以及土体变形中的任一量值超过容许的范围，将造成基坑的失稳破坏或对周围环境造成不利影响。

由于基坑工程的复杂性和不确定性，现场监测已成为基坑施工中必不可少的手段。通过对基坑支护结构和基坑周围建筑物、构筑物、道路及地下管线等设施进行实时监控，全面了解基坑工程自身安全性和基坑开挖对周围环境的影响程度，及早发现工程事故的隐患，并能在出现异常情况时，及时调整设计和施工方案，并为采取必要的工程应急措施提供依据，从而减少工程事故的发生，确保基坑工程施工的顺利进行。基坑监测成果有助于验证基坑工程设计方法、设计假设和参数的合理性，完善基坑工程设计理论。同时基坑监测成果为基坑支护结构和施工方案的优化设计奠定了基础，有助于基坑开挖信息化施工的实施，也为基坑工程应急措施的实施提供依据。

五、背景介绍
1. 项目背景

本工程的地下室为三层，基坑挖深 14.70m，基坑周长约 234m，开挖面积 3300m^2。基

坑工程采用"桩墙合一"逆作法施工。基坑周边采用双排三轴深搅桩内插旋挖灌注桩作为围护体，既作为基坑开挖阶段的挡土隔水围护体，又作为永久使用阶段的地下室外墙一部分。永久使用阶段在支护排桩内侧设置内衬墙，形成排桩与内衬墙合一的复合地下室外墙。

根据《建筑基坑支护技术规程》（JGJ 120），结合周边环境实际情况，基坑安全等级为一级，重要性系数为1.1。

2. 基坑周边环境

本工程周边环境复杂，基坑西邻长白街，长白街西侧为社区（六层居民楼），距离基坑边线约27m，东接四条巷，四条巷东侧为四条巷小区（六层居民楼），距离基坑边线约16m，南侧紧邻市级文保单位，北侧为七层居民楼，基坑边线距离北侧七层居民楼约15m。用地红线范围内无管线，用地红线范围外周边道路上有通信电缆、高压电缆、给水管道、排水管道、排污管道等，附近无地铁等地下建筑物。

六、案例内容

1. 监测目的和依据

（1）基坑监测目的。

① 确保支护结构的稳定和安全，确保基坑周围建筑物、构筑物、道路及地下管线等的安全与正常使用。根据监测结果，判断基坑工程的安全性和对周围环境的影响，防止工程事故和周围环境事故的发生。

② 指导基坑工程的信息化施工。通过现场监测结果的信息反馈，反演工程设计参数，并对后续施工工况下基坑的工作性状进行预测，指导基坑后续的信息化施工，为基坑支护体系的优化设计和工程应急措施实施提供依据。

③ 验证基坑设计方法，完善基坑设计理论。基坑工程现场实测资料的积累为完善现行的设计方法和设计理论提供依据。监测结果与理论预测值的对比分析，有助于验证设计和施工方案的正确性，总结支护结构和土体的受力和变形规律，推动基坑工程的深入研究。

（2）基坑监测依据。

① 规范和法律法规。基坑监测工作应符合下列工程标准：《建筑地基基础设计规范》（GB 50007）、《工程测量标准》（GB 50026）、《建筑地基基础工程施工质量验收标准》（GB 50202）、《建筑基坑工程监测技术标准》（GB 50497）、《国家一、二等水准测量规范》（GB/T 12897）、《建筑变形测量规范》（JGJ 8）、《建筑基坑支护技术规程》（JGJ 120）、《测绘技术设计规定》（CH/T 1004）、《南京地区建筑基坑工程监测技术规程》（DGJ 32/J 189）。

② 基坑设计资料和规定。基坑监测所需工程设计资料和要求：岩土工程勘察报告、基坑支护设计图纸、基坑监测招标文件、《危险性较大的分部分项工程安全管理规定》（中华人民共和国住房和城乡建设部令第37号）、《南京市房屋建筑深基坑工程监测备案规定》（宁建监字〔2011〕18号）、《南京市房屋建筑和市政基础设施深基坑工程质量监督管理细则》（宁建规字〔2012〕4号）。

2. 基坑监测主要内容

（1）周边环境监测。监测内容包括：周边道路沉降监测；周边地下管线沉降监测；周边建筑物沉降监测。

（2）基坑支护体系监测。监测内容包括：圈梁水平及竖向位移监测；支撑轴力监测；墙板内力监测；立柱竖向位移监测；深层水平位移监测；坑外水位监测。

基坑监测点布置和周边环境监测点布置见图 5-14 和图 5-15。

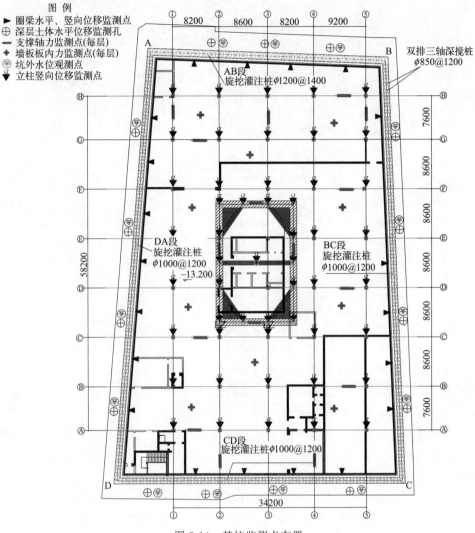

图 5-14　基坑监测点布置

3. 监测点的布置

根据设计文件要求及工程实际情况，基坑周边环境监测主要针对距基坑开挖深度 2～3 倍距离范围内的建（构）筑物、地下管线和道路的变形、土体深层水平位移、坑外地下水位变化以及支护结构本身的变形和内力进行监测。

（1）沉降基准点设置。每个基坑工程至少应有 3 个稳固可靠的基准点，基准点布设必须布置在基坑开挖影响范围之外（大于 5 倍基坑开挖深度），尽量利用基坑附近已知的、易于保护的水准基点，同时需具有良好的通视条件，避免转站引点导致测量误差。工作基点的分布应满足准确、方便地测定全部观测点的需要。应采用有效措施，确保基准点和工作基点的正常使用，并定期检查其稳定性。

基准点、工作基点、监测点埋设完成后，应达到稳定后方可开始观测，稳定期不少于 15 天，并于基坑开挖前采三次数据取其平均值作为初始数据。

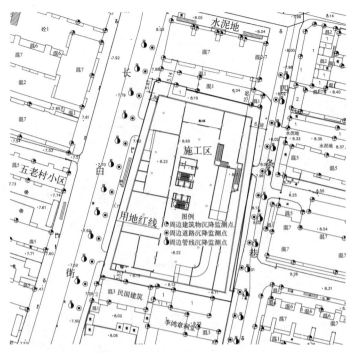

图 5-15 基坑周边环境监测点布置

（2）基坑周边建筑物沉降监测。针对基坑周边建筑物的沉降测点，通常布置在墙角、门边等外形突出部分，测点间距以能充分反映建筑物各部分不均匀沉降为原则。

建筑物监测点的埋设方法：①利用建筑物的原有监测点进行监测；②建筑物若为普通民房，则可击入射钉或膨胀螺栓；③对于有幕墙或大理石刚挂的建筑外墙，在外墙表面贴沉降测量标志进行监测；④手动钻打孔预埋于待测建筑对应位置。

（3）周边道路沉降监测。分别在基坑西侧长白街、基坑东侧四条巷道路上布设沉降监测点，周边道路每隔 10m 左右布设一个沉降监测点，以监测基坑开挖引起的道路地面沉降。为保护测点不受碾压影响，监测点采用窨井测点形式布设。

（4）周边管线沉降监测。长白街人行道下方有尺寸为 700mm×600mm 的 110kV 高压线地沟，管线距离基坑西侧约 3m，以每条管线节点作为沉降监测点。东侧四条巷距离基坑约 11m 处有低压燃气管道，沿着燃气管道走向约 10m 布设一个沉降监测点。监测点可采用抱箍式、直埋式和套筒式埋设。

（5）圈梁的水平及竖向位移监测。在桩顶圈梁上布置水平及竖向位移监测点，监测点在圈梁与支撑混凝土浇筑完成之后，基坑降水或支撑以下土方开挖之前布设，将监测点布置在每边的中部和阳角等部位，布设间距不大于 15m，在圈梁混凝土达到设计强度后采用冲击钻钻孔预埋专用测钉。

（6）深层水平位移监测。深层水平位移采用测斜管监测，土体测斜管采用钻孔埋设，将外径 70mm、内径 59mm 的 PVC 测斜管下入已打好的钻孔内，接头处用套管衔接，并用自攻螺钉拧紧同时用胶布密封，测斜管顶部和底部封闭。埋设时应保证测斜管内的十字导槽必须有一组垂直于基坑边线。

（7）支撑轴力监测。在支撑承受较大内力的指定截面进行支撑轴力监测。采用钢筋计监测钢筋的应变，然后通过钢筋与混凝土共同工作、变形协调条件计算混凝土支撑的轴力。每个支撑轴力监测断面上安装 4 支钢筋应力计，分别布置在 4 个角点的主钢筋位置。钢筋应力计跟随混凝土支撑施工进度的安装，钢筋计与受力主筋通过连杆绑扎方式或者焊接方式相连接。

（8）立柱沉降/隆起监测。立柱沉降的监测点直接布置在立柱桩上方的支撑上，测点通常布设在多个支撑交汇受力复杂处，用冲击钻埋设钢筋或测钉。

（9）地下水位监测。为了解基坑降水效果和止水结构的止水效果，在基坑支护结构外 2m 范围布设土工布包扎的 PVC 水位管，监测基坑开挖过程中地下水位的变化。地下水水位管通常采用钻机成孔埋设。

4. 监测方法及精度要求

基坑监测方法和监测精度选择应根据基坑等级、精度要求、设计要求、场地条件、地区经验和方法适用性等因素综合确定，监测仪器、设备和监测元件应满足观测精度和量程的要求，具有良好的稳定性和可靠性，且经过校准或标定，并在规定的校准有效期内。对同一监测项目，监测时宜固定观测人员，采用相同的观测路线和观测方法，使用同一监测仪器和设备，在基本相同的环境和条件下开展监测工作。

（1）竖向位移（沉降）观测方法。竖向位移采用二等几何水准测量方法测量，监测点按《工程测量标准》（GB 50026）二等变形监测水准测量技术要求观测，主要技术指标及要求见表 5-7 和表 5-8。

表 5-7 监测基准网观测主要技术指标及要求

等级	相邻基准点高差中误差/mm	每站高差中误差/mm	往返较差、附合或环线闭合差/mm	检测已测测段高差之差限差/mm
二等	≤0.5	≤0.15	≤$0.30\sqrt{n}$	≤$0.40\sqrt{n}$

注：n 为观测站数。

表 5-8 沉降观测主要技术指标及要求

序号	项目	限差
1	监测点与相邻基准点高差中误差/mm	≤0.4
2	每站高差中误差/mm	≤0.30
3	环线闭合差/mm	≤$0.30\sqrt{n}$（n：水准路线观测站数）
4	视线长度/m	≥3 且 ≤30
5	前后视的距离校差/m	≤0.5
6	视线离地面最低高度/m	≥0.5 且 ≤2.8

高程基准点选择完成后，需经过至少 3 次复测，确认高程基准点处于稳定状态时，方可使用。施工监测期间定期对基准网进行检测确保其稳定性。即在基准网每次复测后对其进行稳定性分析，稳定性指标为两次高程互差 $\Delta < 2\mu\sqrt{2Q}$（Q 为权倒数，μ 为单位权重误差），如果符合公式条件，则视为稳定。

（2）水平位移观测方法。支护结构顶部水平位移监测主要使用全站仪及配套棱镜组等进行观测。常用的方法有视准线法、小角度法、前方交会法、三角测量法、极坐标法等。

水平位移测量采用一等水平位移标准测量，变形点的点位中误差≤±1.5mm。平面控制网水平位移监测主要技术指标要求见表 5-9。

表 5-9 水平位移观测技术指标及要求

等级	相邻控制点点位中误差/mm	平均边长/m	测角中误差/(″)	测边相对中误差	主要作业方法和观测要求
I	±1.5	<200	±1.0	≤1/200000	一等三角测量

(3) 深层水平位移观测方法。深层水平位移采用测斜仪观测,传感器分辨率为±0.02mm/500mm,重复性为±0.01%FS(FS表示满量程)。测斜仪观测方法如下:将测头导轮插入测斜管导槽内,缓慢地下放至管底,然后由管底自下而上沿导槽全长每隔0.5m测读一次,测读完毕后,将测头旋转180°插入同一对导槽内,以上述方法再测一次。

测斜管埋设完成后、基坑开挖前进行初始数据采集,以管底(或管顶)作为测斜管的基准点。用同一测斜仪对同一测斜管作3次重复测量,以3次测量的算术平均值作为侧向位移计算的初始值。

每次测斜观测时,测斜探头放入测斜管底应等候3min,以便探头适应管内水温。探头每次要在相同深度位置处,确保读数准确性。

(4) 地下水位观测方法。地下水位采用钢尺水位计进行观测,观测度为1mm。将水位计测头缓慢向下放入水管中,当测头接触到水面时,启动讯响器,测得管口下地下水位埋深。根据前后两次水位深度计算地下水位变化量。也可采用水准测量方法,测得水位管管口和地面高程,对测得的地下水位埋深进行修正。

在预定位置钻孔埋设水位管,在基坑进行开挖降水前,应连续多次观测水位管内水位,取其稳定水位平均值作为水位初始值。

(5) 支撑轴力观测方法。支撑轴力采用钢筋应力计观测,通过频率仪测出钢筋应力计的频率,根据钢筋与混凝土共同工作、变形协调条件计算支撑轴力。

在基坑开挖前,分两次测定初始读数,取平均值作为初始值。根据日常监测值与初始值的差值得到支撑轴力随基坑开挖的累计变化量。

5. 监测频率与资料提交

(1) 基坑监测频率。土方开挖及地下结构施工期间监测频率按设计要求进行,具体监测频率见表5-10。

表5-10 土方开挖及地下结构施工期间监测频率

序号	监测项目	开挖深度 H			底板浇筑及以后时间 t		
		$H \leqslant 5m$	$5m < H \leqslant 10m$	$10m < H \leqslant 15m$	$t \leqslant 7d$	$7d < t \leqslant 14d$	$14d < t \leqslant 28d$
1	圈梁水平/竖向位移	1次/2d	1次/1d	2次/1d	1次/1d	1次/1d	1次/2d
2	道路沉降	1次/2d	1次/1d	2次/1d	1次/1d	1次/1d	1次/2d
3	立柱沉降	1次/2d	1次/1d	2次/1d	1次/1d	1次/1d	1次/2d
4	深层水平位移	1次/2d	1次/1d	2次/1d	1次/1d	1次/1d	1次/2d
5	支撑轴力	1次/2d	1次/1d	2次/1d	1次/1d	1次/1d	1次/2d
6	墙板内力	1次/2d	1次/1d	2次/1d	1次/1d	1次/1d	1次/2d
7	地下水位	1次/2d	1次/1d	2次/1d	1次/1d	1次/1d	1次/2d
8	周边建筑物沉降	1次/2d	1次/1d	2次/1d	1次/1d	1次/1d	1次/2d
9	周边管线沉降	1次/2d	1次/1d	2次/1d	1次/1d	1次/1d	1次/2d

说明:当监测数据异常时,应分析其原因,必要时应进行复测;当监测数据达到报警值时,在分析原因的同时,应预测其变化趋势,并加大监测频率,必要时要跟踪监测。

(2) 资料提交。现场监测完成后,应对各项测试数据进行计算分析,及时将测试结果以报告的形式送交有关各方(业主、监理、施工单位)分析使用。当监测值接近预警值时,及时预警,并提请有关方面注意;当达到报警值时,及时报警,并分析原因。地下室工程结束后,基坑土体部分回填后,即可终止安全监测。对所测资料进行全面的综合分析,提交基坑监测最终分析成果报告。

① 成果资料提交时间。基坑现场监测和室内分析完成后,监测成果应及时提交给有关各方,以对基坑工作性状和周边环境进行综合分析和评价。

- 基坑开挖初期,监测报表在下次监测时送至工地;
- 基坑开挖超过5m至基础底板施工期间,监测当天在现场将有关监测成果提交有关建设单位,正式监测报表第二天送至工地;
- 基础底板浇筑完毕,监测报表在下次监测时送至工地;
- 支撑拆除后,监测当天在现场将有关监测成果算出提交给各相关单位,正式报表第二天送至工地。

② 提交的成果资料。基坑监测提交的成果包括:

- 周边道路(管线)沉降监测成果表和时程曲线;
- 周边建筑物沉降监测成果表和时程曲线;
- 基坑水位监测成果表和时程曲线;
- 支护结构顶部水平、竖向位移监测成果表和时程曲线;
- 深层水平位移监测成果表和分布曲线;
- 支撑轴力监测成果表和时程曲线;
- 墙板内力监测成果表和时程曲线;
- 立柱沉降监测成果表和时程曲线;
- 巡视检查日报表和施工工况记录表;
- 基坑工作性状和周边环境影响分析。

6. 报警值和应急响应

(1) 监测参数报警值。根据基坑支护设计文件要求,基坑监测参数的报警值见表5-11。

表 5-11 基坑监测参数报警值

序号	监测内容		允许值/mm	报警值	
				变化速率/(mm/d)	累计值/mm
1	支护结构水平位移		30	≥3	24
2	支护结构垂直位移		25	≥3	20
3	深层位移		30	≥3	24
4	建筑物沉降			最大差异沉降2/1000	
5	周边道路最大沉降		30	≥3	24
6	支撑轴力/kN		—	—	—
7	墙板内力/kN		—	—	—
8	立柱沉降量		25	≥3	20
9	水位观测		—	≥500	1000
10	管线沉降	刚性管线	25	≥2.5	10
		柔性管线	30	≥3	15

说明:对于有特别要求的保护对象,变形从严控制,上述数据只要有一项达报警值即需

报警。此外，变形或应力曲线上发生明显转折点或突变点，也应引起足够重视。如果坑外降水，水位报警值不受上述限制。

（2）监测变量的预警判断原则。

- 阶段变形速率或累计变形值小于预警值，则为正常状态；阶段变形速率或累计变形值大于预警值而小于报警值则为预警状态，预警值为报警值的80%；阶段变形速率或累计变形值大于报警值为报警状态。
- 监测数据达到警戒标准时，应结合巡视信息，综合分析施工进度、施工措施情况、基坑围护结构稳定性、周边环境稳定性状态，进行综合判断。
- 确认监测数据异常时，应立即通知有关工程建设方。

（3）应急响应。当速率（累积变化量）超过设计允许值或巡视内容达到报警状态时（地面裂缝、渗漏发展速率超过预警标准、地面隆陷等异常情况）启动应急预案，及时做到技术响应，保证监测人员随时到岗，增设监测点，实时采集监测数据，结合施工现场条件进行监测信息的分析和判断，提出建设性的工程分析意见，为工程抢险提供依据。

7. 监测仪器设备和人员职责

（1）监测仪器设备。基坑监测采用的主要仪器设备名称、用途及精度见表5-12。监测仪器检定周期均为一年一检，所有仪器均需在检定有效期到期前一周内完成下一年的检定工作，保证使用的仪器设备处于正常完好状态。

严格仪器设备检查制度，每次正式使用前应进行仪器的测试和校正，保证投入使用的仪器设备处于完好状态。

表 5-12 基坑监测仪器设备

序号	设备型号及名称	用途	精度
1	全站仪	水平位移监测	0.5″
2	数字水准仪	沉降观测	±0.5mm
3	测斜仪	深层水平位移监测	精度：3等
4	频率仪	支撑轴力监测	0.5%FS
5	水位计	地下水位监测	1mm

（2）监测人员职责。为了保证基坑监测质量，监测过程中应落实各岗位职责，实行项目经理负责制。项目经理是项目质量与安全直接负责人，全面负责该基坑监测项目的生产和质量管理，在日常监测工作中严格按监测方案的要求带领作业人员实施作业。并经常保持与建设单位、施工单位的联系，及时了解施工进度，及时安排与落实监测工作。监测要及时真实。

七、附件

岩土工程勘察报告、基坑支护设计文件、基坑环境信息图、基坑开挖施工方案、PPT课件等。

八、案例思考题

1. 沉降监测基准点设置的基本要求？
2. 地表水平位移监测的常用方法有哪些？

3. 测斜管埋设方法及埋设时应注意的问题？
4. 测斜管埋设时，其轴线存在一定的倾斜或挠曲，是否影响水平位移的监测精度？
5. 钢弦式钢筋计工作原理及混凝土支撑轴力计算方法？
6. 监测报警值的确定依据和预警判断原则？
7. 基坑监测报告应包括哪些主要内容？

案例使用说明

一、教学目的与用途

适用的课程：岩土工程案例教学

适用专业：土木水利

教学目标：以某消费金融中心基坑开挖施工为背景，根据基坑支护设计方案和基坑施工方案，结合基坑和场地周边环境的变形、地下水等因素控制要求，系统介绍基坑的监测原则、监测依据、监测项目、监测点布置、监测方法及精度、监测频率和报警值确定等内容。帮助学生构建基坑开挖监测的知识体系，熟悉基坑监测技术，提高监测成果的综合分析能力。

二、涉及知识点

本案例涉及岩土工程勘察、基坑工程设计、基坑开挖施工、岩土工程监测等内容。主要知识点包括：基坑监测的目的、原则和依据；基准点和监测点的布设；竖向位移监测；水平位移监测；深层水平位移监测；支撑轴力监测；地下水监测；基坑监测精度要求；基坑监测报警值；等等。

三、教学课件

"某消费金融中心基坑及周边环境施工监测" PPT。

四、启发思考题

案例课题教学中，以问题为导向，针对基坑工程监测中的难点和重点问题，结合教学顺序，提炼以下启发思考题。

1. 基坑监测在基坑工程建设中的重要性？
2. 基坑监测的原则和依据？
3. 基坑监测的主要内容？
4. 监测基准点的选择？
5. 基坑监测点的布置原则与埋设方法？
6. 竖向位移、水平位移、支撑轴力、地下水位的监测方法和精度要求？
7. 监测数据处理和分析？
8. 报警值的确定依据和警戒判断原则？
9. 基坑监测频率和成果提交？

五、分析思路

以保证基坑施工和周边环境安全为目标,结合场地地质条件、基坑支护设计、场地周边环境、基坑开挖施工方案分析,明确基坑监测的重要性和必要性。根据相应的规范和标准要求,阐述基坑开挖施工监测原则、依据和监测内容。

针对基坑监测内容,引导学生了解基准点的选取、监测点的布置要求,掌握竖向位移监测、水平位移监测、支撑轴力监测和地下水监测方法,熟悉各项监测的观测原理、技术要求和监测精度,学习监测数据处理和分析方法。

针对基坑安全性评价,结合报警值、预警原则等知识点,介绍根据监测成果对基坑稳定性和周边环境安全性评价的方法。明确监测频率、应急响应、成果资料提交等具体工作,强化学生对基坑监测在基坑开挖施工中重要性的认识。

六、理论依据与分析

本案例涉及岩土工程勘察、基坑工程、地下工程施工、工程测量、土力学、基础工程、岩土工程监测等课程的基础理论和专业知识,并综合应用于基坑监测方案的制订、监测点的布设、监测方法和技术的运用、监测数据的处理、监测成果分析、基坑安全性评价等基坑监测工作中。帮助学生构建包括工程地质、水文地质、基坑工程、基坑工程施工、变形测量、岩土工程测试技术等方面的综合知识体系,为基坑开挖监测工作的有序实施奠定理论基础和技术保障,提升学生的理论联系实际工作能力和岩土工程综合分析能力。

七、背景信息

某消费金融中心基坑支护工程,位于南京市秦淮区五老村街道,西至长白街,东至四条巷,南至市级文保单位李鸿章祠堂,北至七层居民楼。

建设场地平坦,属冲积平原地貌单元。自然地面整平至绝对标高+8.20m。场地周边环境复杂,基坑工程西邻长白街,长白街西侧为五老村社区(六层居民楼),距离基坑边线约27m,东接四条巷,四条巷东侧为四条巷小区(六层居民楼),距离基坑边线约16m,南侧紧邻市级文保单位李鸿章祠堂(正在修缮中),北侧为七层居民楼,基坑边线距离北侧七层居民楼约15m。基坑挖深14.70m,基坑周长约234m,开挖面积3300m^2。

基坑工程采用"桩墙合一"支护结构,逆作法施工。基坑周边采用双排三轴深搅桩内插支护排桩作为围护体,既作为基坑开挖阶段的挡土隔水围护体,又作为永久使用阶段的地下室外墙一部分。永久使用阶段在支护排桩内侧设置内衬墙,形成排桩与内衬墙复合外墙。逆作法施工有利于控制基坑变形,减少对周边环境的影响,"桩墙合一"支护结构充分发挥了地下结构的功能和作用。

根据《建筑基坑支护技术规程》(JGJ 120),结合周边环境实际情况,本工程基坑安全等级为一级,重要性系数为1.1。

本案例目的旨在系统介绍地下工程建设中基坑开挖监测工作,帮助学生熟悉基坑监测目的、监测内容、监测方法、监测数据处理、基坑安全性评价的基坑监测工作程序。结合基坑支护、地下结构设计特点和基坑逆作法施工特点,掌握基坑开挖监测方案的编制,提高运用基坑监测成果评价基坑安全性的能力。

八、关键要点

1. 基坑工程安全等级划分

根据基坑开挖的深度等因素,基坑工程安全等级分为以下三级。

① 基坑开挖深度≥12m 或基坑采用支护结构与主体结构相结合时,属于一级安全等级基坑工程;

② 基坑开挖深度＜7m 时,属于三级安全等级基坑工程;

③ 除一级和三级以外的基坑均属于二级安全等级基坑工程。

根据基坑周围环境的重要性程度及与基坑的距离,基坑工程环境保护等级分为以下三级,如表 5-13 所示。基坑工程环境保护等级可依据基坑周边的不同环境情况分别确定,对位于轨道交通设施、优秀历史建筑、重要管线等环境保护对象周边的基坑工程,应遵照政府有关文件和规定执行。

表 5-13　基坑工程的环境保护等级

环境保护对象	保护对象与基坑距离关系	基坑工程环境保护等级
优秀历史建筑、有精密仪器与设备的厂房、其他采用天然地基和短桩基础的重要建筑物、轨道交通设施、隧道、防汛墙、原水管、自来水总管、煤气总管、共同沟等重要建(构)筑物或设施	$s \leqslant H$	一级
	$H < s \leqslant 2H$	二级
	$2H < s \leqslant 4H$	三级
较重要的自来水管、煤气管、污水管等市政管线和采用天然地基或短桩基础的建筑物等	$s \leqslant H$	二级
	$H < s \leqslant 2H$	三级

2. 沉降基准点的设置

基准点的设置以保证其稳定可靠为原则,在监测基坑的四周适当的位置,必须埋设 3 个沉降监测基准点。沉降监测的基准点必须设置在基坑开挖影响范围之外(至少大于 5 倍基坑开挖深度)的基岩或原状土层上,亦可设置在稳固的建筑物、构筑物上。土层较厚时,可采用下水井式混凝土基准点。

当受条件限制时,亦可在变形区内采用钻孔穿过土层和风化岩层,在基岩里埋设深层钢管基准点。基准点的选择亦需考虑到测量和通视的便利,避免转站导致的误差。

3. 测斜管基准点的设置与水平位移计算

当测斜管管底进入基岩或足够深的稳定土层时,则可认为管底不动,作为基准点[图 5-16(a)],从管底向上计算第 n 测段处的总水平位移。

$$\Delta_i = \sum_{i=1}^{n} \delta_i = \sum_{i=1}^{n} l_i \sin\theta_i = f \sum_{i=1}^{n} l_i \Delta\varepsilon_i \tag{5-20}$$

当测斜管管底未进入基岩或埋置较浅时,可以管顶作为基准点[图 5-16(b)],实测管顶的水平位移 δ_0,并由管顶向下计算第 n 测段处的总水平位移。

$$\Delta_i = \delta_0 - \sum_{i=1}^{n} \delta_i = \delta_0 - \sum_{i=1}^{n} l_i \sin\theta_i = \delta_0 - f \sum_{i=1}^{n} l_i \Delta\varepsilon_i \tag{5-21}$$

由于测斜管在埋设时不可能使得其轴线为铅垂线,即测斜管埋设好后,总存在一定的倾斜或挠曲,因此,各测段处的实际总水平位移 Δ'_i 应该是各次测得的水平位移与测斜管的初始水平位移之差,即

以管底作为基准点 $\quad \Delta'_i = \Delta_i - \Delta_{0i} = \sum_{i=1}^{n} l_i (\sin\theta_i - \sin\theta_{0i}) \tag{5-22}$

以管顶作为基准点 $\Delta'_i = \Delta_i - \Delta_{0i} = \delta_0 - \sum_{i=1}^{n} l_i (\sin\theta_i - \sin\theta_{0i})$ (5-23)

式中，θ_{0i} 为第 i 测段的初始倾角值。

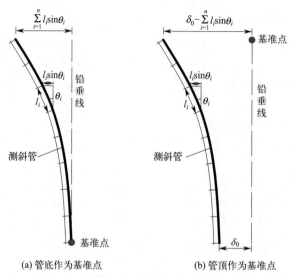

图 5-16　测斜管基准点

4. 混凝土支撑轴力计算

根据钢筋与混凝土共同工作、变形协调条件，混凝土支撑轴力计算公式为：

$$N_c = \sigma_s \left(\frac{E_c}{E_s} A_c + A_s \right) = \bar{\sigma}_{js} \left(\frac{E_c}{E_s} A_c + A_s \right) \tag{5-24}$$

$$\bar{\sigma}_{js} = \frac{1}{n} \sum_{j=1}^{n} [k_j (f_{ji}^2 - f_{j0}^2) / A_{js}] \tag{5-25}$$

式中，N_c 为支撑轴力，kN；σ_s 为钢筋应力，kN/mm²；$\bar{\sigma}_{js}$ 为钢筋计的监测平均应力，kN/mm²；k_j 为第 j 个钢筋计的标定系数，kN/mm²；f_{ji} 为第 j 个钢筋计的监测频率，Hz；f_{j0} 为第 j 个钢筋计安装后的初始频率，Hz；A_{js} 为第 j 个钢筋计的截面积，mm²；E_c 为混凝土弹性模量，kN/mm²；E_s 为钢筋弹性模量，kN/mm²；A_c 为混凝土截面积，mm²；A_s 为钢筋总截面积，mm²；n 为钢筋根数。

5. 报警值确定的原则

基坑工程监控报警值由累计变化值和变化速率两部分组成。基坑工程监测报警值应符合基坑工程设计的极限值、地下主体结构设计要求以及监测对象的控制要求，基坑工程监测报警值由基坑工程设计方确定，通常为设计控制值的 80%。报警值确定的原则包括：

① 满足设计计算的要求，不可超出设计值，通常是以支护结构内力控制；

② 满足现行的相关规范、规程的要求，通常是以位移或变形控制；

③ 满足保护对象的主管部门提出的要求；

④ 在保证工程和环境安全的前提下，综合考虑工程质量、施工进度、技术措施和经济等因素。

6. 报警值的确定

报警值的确定应首先根据基坑支护安全等级，在采用相关方法预估基坑工程对周围环境可能产生的影响的基础上，根据基坑周围环境对附加变形的承受能力确定基坑变形的控制指标。

基坑监测报警值应包括基坑支护结构监测报警值和基坑周边环境监测报警值两部分。确定基坑支护结构变形报警值时，应以基坑变形设计控制指标为依据，并考虑时空效应对基坑变形的影响。基坑开挖对周边环境、邻近建（构）筑物和地下管线等设施产生不利影响，周边环境监测报警值应根据主管部门的要求确定。因此，邻近建（构）筑物的沉降差、局部倾斜、整体倾斜及基础倾斜不应超过现行国家标准《建筑地基基础设计规范》（GB 50007）规定的允许值，邻近道路和各种管线的变形不应超过相关规范的规定或影响其正常使用。邻近有地铁时，应按其特殊要求制定报警值。

结合大量工程实践经验的积累，从报警值的累计变化值和变化速率两个方面分别给出了建筑基坑工程周边环境监测报警值和基坑及支护结构监测报警值，如表 5-14 和表 5-15 所示。

表 5-14　建筑基坑工程周边环境监测报警值

序号	监测对象及项目		累计值		变化速率 /(mm/d)
			绝对值/mm	倾斜	
1	地下水位变化		1000	—	500
2	管线位移	刚性管道 压力	10~30	—	1~3
		刚性管道 非压力	10~40	—	3~5
		柔性管线	10~40	—	3~5
3	邻近建(构)筑物	最大沉降	10~60	—	—
		差异沉降	—	2/1000	$0.1h/1000$

注：h——基坑开挖深度。

九、建议教学活动计划

1. 课堂讲解

介绍案例背景信息和教学的目的，运用工程地质、基坑工程、工程测量、土力学、基础工程等专业知识，解释案例涉及的基坑监测内容、监测方法、监测点的布设、监测报警值确定、监测数据整理、监测成果分析等知识点，厘清基坑监测的工作基本程序，系统掌握基坑监测工作的相关知识体系。

2. 课后自学

熟悉案例提供的岩土工程勘察、基坑支护设计文件、周边环境信息和基坑支护施工方案等资料，学习《建筑基坑工程监测技术标准》（GB 50497）及相关标准，有针对性地编制"桩墙合一"基坑支护体系、逆作法施工的基坑现场监测方案。

3. 成果展示与研讨

运用PPT汇报《某消费金融中心基坑监测方案》，结合场地地质条件、周边环境、基坑支护技术、施工方法等方面着重阐述某消费金融中心基坑监测的特点，以及采取的针对性措施，研讨基坑监测中的技术问题和解决方法，深化学生对基坑工程监测重要性的认识，从基坑监测方法、监测技术、监测数据处理、基坑安全性评价等方面综合提升学生的工程实践能力和运用监测技术开展科研工作的能力。

表 5-15 基坑及支护结构监测报警值

序号	监测项目	支护结构类型	一级 累计值 绝对值/mm	一级 累计值 相对基坑深度(h)控制值	一级 变化速率/(mm/d)	二级 累计值 绝对值/mm	二级 累计值 相对基坑深度(h)控制值	二级 变化速率/(mm/d)	三级 累计值 绝对值/mm	三级 累计值 相对基坑深度(h)控制值	三级 变化速率/(mm/d)
1	墙(坡)顶水平位移	放坡、土钉墙、喷锚支护、水泥土墙	30~35	0.3%~0.4%	5~10	50~60	0.6%~0.8%	10~15	70~80	0.8%~1.0%	15~20
		钢板桩、灌注桩、型钢水泥土墙、地下连续墙	25~30	0.2%~0.3%	2~3	40~50	0.5%~0.7%	4~6	60~70	0.6%~0.8%	8~10
2	墙(坡)顶竖向位移	放坡、土钉墙、喷锚支护、水泥土墙	20~40	0.3%~0.4%	3~5	50~60	0.6%~0.8%	5~8	70~80	0.8%~1.0%	8~10
		钢板桩、灌注桩、型钢水泥土墙、地下连续墙	10~20	0.1%~0.2%	2~3	25~30	0.3%~0.5%	3~4	35~40	0.5%~0.6%	4~5
3	围护墙深层水平位移	水泥土墙	30~35	0.3%~0.4%	5~10	50~60	0.6%~0.8%	10~15	70~80	0.8%~1.0%	15~20
		钢板桩	50~60	0.6%~0.7%	2~3	80~85	0.7%~0.8%	4~6	90~100	0.9%~1.0%	8~10
		灌注桩、型钢水泥土墙	45~55	0.5%~0.6%	2~3	75~80	0.7%~0.8%	4~6	80~90	0.9%~1.0%	8~10
		地下连续墙	40~50	0.4%~0.5%	2~3	70~75	0.7%~0.8%	4~6	80~90	0.9%~1.0%	8~10
4	立柱竖向位移		25~35		2~3	35~45		4~6	55~65		8~10
5	基坑周边地表竖向位移		25~35		2~3	50~60		4~6	60~80		8~10
6	坑底回弹		25~35		2~3	50~60		4~6	60~80		8~10
7	支撑内力		(60%~70%)f			(70%~80%)f			(80%~90%)f		
8	墙体内力		(60%~70%)f			(70%~80%)f			(80%~90%)f		
9	锚杆拉力		(60%~70%)f			(70%~80%)f			(80%~90%)f		
10	土压力		(60%~70%)f			(70%~80%)f			(80%~90%)f		
11	孔隙水压力		(60%~70%)f			(70%~80%)f			(80%~90%)f		

注：1. h——基坑设计开挖深度；f——设计极限值。

2. 累计值取绝对值和相对基坑深度(h)控制值两者的小值。

3. 若监测项目的变化速率连续 3 天超过报警值的 50%，则应报警。

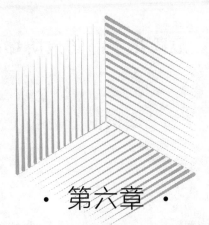

第六章
危险化学品防火防爆设计系列教学案例

研究生教学案例正文及案例使用说明

案 例 名 称：危险化学品防火防爆设计系列教学案例
专 业 类 别：工学
专 业 领 域：安全科学与工程
所 在 单 位：南京工业大学安全科学与工程学院
作 者 姓 名：潘勇

案例 1 危险化学品防火防爆设计一

| 案例正文 |

一、标题
TJ 港特大火灾爆炸事故

二、首页注释
编者：潘勇
案例涉及的知识点：危化品、危化品事故案例分析
案例情况：真实发生

三、摘要及关键词
摘要：2015 年 8 月 12 日 22 时 52 分许，位于 TJ 港的 RH 国际物流有限公司（以下简称 RH 公司）抵运区发生火灾爆炸事故，据监测，共发生四次爆炸。
关键词：危化品、爆炸、事故损失

四、引言
爆炸是物质从一种状态迅速转变成另一种状态，并在瞬间放出大量能量，同时产生声响的现象。火灾过程有时会发生爆炸，从而对火势的发展及人员安全产生重大影响，爆炸发生后往往又易引发大面积火灾。

由于物质急剧氧化或分解产生温度、压力增加或者两者同时增加的现象，称为爆炸。爆炸是由物理变化和化学变化引起的。在发生爆炸时，势能（化学能或机械能）突然转变为动能，有高压气体生成或者释放出高压气体，这些高压气体随之做功，如移动、改变或抛射周围的物体。一旦发生爆炸，将会对邻近的物体产生极大的破坏作用，这是由于构成爆炸体系的高压气体作用到周围物体上，使物体受力不平衡，从而遭到破坏。

五、背景介绍
1. 企业概况

RH 公司是 TJ 口岸危险品货物集装箱业务的大型中转、集散中心，是 TJ 海事局指定危险货物监装场站和 TJ 交委港口危险货物作业许可单位。该公司以经营危险化学品（危化品）集装箱拆箱、装箱、中转运输、货物申报、运抵配送及仓储服务等业务为主。

2. 建筑情况

RH 公司占地面积 46226.8m^2，由综合楼、危品库房一、危品库房二、中转仓库、室外堆场、抵运区等建筑组成。其中抵运区面积 5838m^2，设在堆场的西北侧。

3. 危化品经营范围

第 2 类：压缩气体和液化气体（氩气、压缩天然气等）；

第 3 类：易燃液体（甲乙酮、乙酸乙酯等）；

第 4 类：易燃固体、自燃物品和遇湿易燃物品［硫黄、硝化纤维素（俗称硝化棉）、电石、硅钙合金等］；

第 5 类：氧化剂和有机过氧化物（硝酸钾、硝酸钠等）；

第 6 类：毒害品（氰化钠、甲苯二异氰酸酯等）；

第 8 类、第 9 类：腐蚀品、杂类（甲酸、磷酸、甲基磺酸、烧碱、硫化碱等）。

4. 危险品仓库存放危险货物情况

经调查，事故发生前，RH 公司危险品仓库内共储存危险货物 7 大类，总计 111 种，共计 11383.79 吨，包括硝酸铵 800 吨，氰化钠 680.5 吨，硝化棉、硝化棉溶液及硝基漆片 229.37 吨。其中，抵运区内共储存危险货物 72 种，4840.42 吨，包括硝酸铵 800 吨，氰化钠 360 吨，硝化棉、硝化棉溶液及硝基漆片 48.17 吨。

六、案例内容

1. 事故经过

2015 年 8 月 12 日 22 时 52 分许，位于 TJ 港的 RH 公司抵运区发生火灾爆炸事故，据监测，共发生四次爆炸。事故造成 RH 公司货场内所有货物及建筑物全部损毁，同时还造成相邻的多家企业损毁。爆炸波及 3 公里范围内的建筑物、车辆、人员，导致门窗受损的周边居民户数达到 17000 多户，另外还有 779 家商户受损。

这起事故造成了极其严重的人员伤亡及财产损失。造成 165 人死亡（其中公安消防人员 24 人，消防人员 75 人，民警 11 人，其他人员 55 人），8 人失踪（其中 TJ 港消防人员 5 人，其他人员 3 人），798 人受伤住院治疗（伤情重及较重的 58 人、轻伤员 740 人），304 幢建筑物（其中办公楼、厂房仓库等 73 幢，居民住宅 231 幢）、12428 辆商品汽车、7533 个集装箱受损。

2. 事故原因

（1）直接原因。硝化棉为白色或微黄色棉絮状物，易燃且具有爆炸性，化学稳定性较差，常温下能缓慢分解并放热，超过 40℃时会加速分解，放出的热量如不能及时散失，会造成硝化棉温升加剧，达到 180℃时能发生自燃。硝化棉通常加乙醇或水作湿润剂，一旦湿润剂散失，极易引发火灾。实验表明，去除湿润剂的干硝化棉在 40℃时发生放热反应，达到 174℃时发生剧烈失控反应及质量损失，自燃并释放大量热量。如果在绝热条件下进行实验，去除湿润剂的硝化棉在 35℃时即发生放热反应，达到 150℃时即发生剧烈的分解燃烧。

经向 RH 公司供应硝化棉的公司调查，企业采取的工艺为先制成硝化棉水棉（含水率 30%）作为半成品库存，再根据客户的需要，将湿润剂改为乙醇，制成硝化棉酒精棉，之后采用人工包装的方式，将硝化棉装入塑料袋内，塑料袋不采用热塑封口，而是用包装绳扎口后装入纸筒内。据 RH 公司员工反映，在硝化棉装箱过程中曾出现包装破损致使硝化棉散落的情况。

对样品硝化棉进行乙醇湿润剂挥发性分析测试表明：如果包装密封性不好，在一定温度下湿润剂会挥发散失，且随着温度升高而加快；如果包装破损，在 50℃下 2 小时后乙醇湿润剂会全部挥发散失。事发当天最高气温达 36℃，实验证实，在气温为 35℃时集装箱内温度可达 65℃以上。

以上几种因素耦合作用引起硝化棉湿润剂散失，出现局部干燥，在高温环境作用下，加速分解反应，产生大量热量，由于集装箱散热条件差，热量不断积聚，硝化棉温度持续升高，达到其自燃温度，发生自燃。

集装箱内硝化棉局部自燃后，引起周围硝化棉燃烧，放出大量气体，箱内温度、压力升高，致使集装箱破损，大量硝化棉散落到箱外，形成大面积燃烧，其他集装箱（罐）内的精萘、硫化钠、糠醇、三氯硅烷、一甲基三氯硅烷和甲酸等多种危险化学品相继被引燃并介入燃烧，火焰蔓延到邻近的硝酸铵（在常温下稳定，但在高温、高压和有还原剂存在的情况下会发生爆炸；在110℃开始分解，230℃以上时分解加速，400℃以上时剧烈分解、发生爆炸）集装箱。随着温度持续升高，硝酸铵分解速度不断加快，达到其爆炸温度（实验证明，硝化棉燃烧半小时后达到1000℃以上，大大超过硝酸铵的分解温度）。23时34分06秒，发生了第一次爆炸。距第一次爆炸点西北方向约20米处，有多个装有硝酸铵、硝酸钾、硝酸钙、甲醇钠、金属镁、金属钙、硅钙、硫化钠等氧化剂、易燃固体和腐蚀品的集装箱。受到南侧集装箱火焰蔓延作用以及第一次爆炸冲击波影响，23时34分37秒发生了第二次更剧烈的爆炸。

最终认定事故直接原因是：RH公司危险品仓库抵运区南侧集装箱内的硝化棉由于湿润剂散失出现局部干燥，在高温（天气）等因素的作用下加速分解放热，积热自燃，引起相邻集装箱内的硝化棉和其他危险化学品长时间大面积燃烧，导致堆放于抵运区的硝酸铵等危险化学品发生爆炸。

（2）管理原因。RH公司违法违规经营和储存危险货物，未履行安全生产主体责任，致使大量安全隐患长期存在。比如：严重违反TJ市城市总体规划和新区控制性详细规划，未批先建、边建边经营危险货物堆场；无证违法经营；以不正当手段获得经营危险货物批复；违规存放硝酸铵；严重超负荷经营、超量存储；违规混存、超高堆码危险货物；违规开展拆箱、搬运、装卸等作业；未按要求进行重大危险源登记备案；安全生产教育培训严重缺失；未按规定制定应急预案并组织演练。

七、附件

与案例相关的资料还包括PPT课件、视频、学习资料、思考题答案等。

八、案例思考题

1. TJ港特大火灾爆炸事故二次爆炸的原因是什么？
2. 硝化棉在生产、储存、运输过程中的注意事项有哪些？

案例使用说明

一、教学目的与用途

适用的课程： 危险化学品安全

适用专业： 安全工程

教学目标： 通过对本案例的学习，帮助学生系统深入地了解危险化学品爆炸。并通过典型危险化学品事故案例的分析，找出事故原因，举一反三，分析预防控制技术措施，指导安全生产。

二、涉及知识点

危险化学品：《危险化学品安全管理条例》第三条第一款规定，本条例所称危险化学品，是指具有毒害、腐蚀、爆炸、燃烧、助燃等性质，对人体、设施、环境具有危害的剧毒化学品和其他化学品。

危险物品：安全生产领域的专门术语，是指易燃易爆物品、危险化学品、放射性物品等能够危及人身安全和财产安全的物品（摘自《安全生产法》）。

危险货物：运输行业的专门术语，是指具有爆炸、易燃、毒害、感染、腐蚀、放射性等危险特性，在运输、储存、生产、经营、使用和处置中，容易造成人身伤亡、财产损毁或环境污染而需要特别防护的物质和物品（摘自 GB 6944—2012《危险货物分类和品名编号》）。道路运输危险货物具体以列入 GB 12268—2012《危险货物品名表》为准，铁路运输危险货物具体以列入 TB/T 30006—2022《铁路危险货物品名表》为准，水路运输危险货物具体以列入《水路危险货物运输规则》中"各类引言和危险货物明细表"为准。

我国危险货物的分类采用联合国《关于危险货物运输的建议书 规章范本》的分类方法。危险货物根据 GB 6944—2012《危险货物分类和品名编号》分为 9 大类：

第 1 类：爆炸品；
第 2 类：气体；
第 3 类：易燃液体；
第 4 类：易燃固体、易于自燃的物质、遇水放出易燃气体的物质；
第 5 类：氧化性物质和有机过氧化物；
第 6 类：毒性物质和感染性物质；
第 7 类：放射性物质；
第 8 类：腐蚀性物质；
第 9 类：杂项危险物质和物品。

易制爆危险化学品：社会公共安全领域的专门术语，是指国务院公安部门规定的可用于制造爆炸物品的危险化学品，具体以列入最新版的《易制爆危险化学品名录》为准。

三、教学课件

"危险化学品防火防爆设计案例库"PPT。

四、启发思考题

1. 身边生活中接触的危险化学品主要有哪些？
2. 可能对我们的生活造成正面或负面的影响？
3. 是否对健康有危害？
4. 化学工业生产过程中主要的危险化学品有哪些？
5. 对我们生活的正面和负面影响以及是否会造成环境污染？

五、分析思路

按照事故调查展开，先介绍事故背景，再讲述事件经过，分析事故原因，汲取事故教训，得到事故防范措施。

六、理论依据与分析

1. 危险化学品

《危险化学品安全管理条例》第三条第一款规定，本条例所称危险化学品，是指具有毒害、腐蚀、爆炸、燃烧、助燃等性质，对人体、设施、环境具有危害的剧毒化学品和其他化学品。

2. 事故

事故是发生于预期之外的造成人身伤害或财产或经济损失的事件。

3. 事故分级

根据生产安全事故造成的人员伤亡或者直接经济损失，事故一般分为以下等级。

(1) 特别重大事故。造成30人以上死亡，或者100人以上重伤（包括急性工业中毒，下同），或者1亿元以上直接经济损失的事故。

(2) 重大事故。造成10人以上30人以下死亡，或者50人以上100人以下重伤，或者5000万元以上1亿元以下直接经济损失的事故。

(3) 较大事故。造成3人以上10人以下死亡，或者10人以上50人以下重伤，或者1000万元以上5000万元以下直接经济损失的事故。

(4) 一般事故。造成3人以下死亡，或者10人以下重伤，或者1000万元以下直接经济损失的事故。

4. 硝化棉

硝化棉为白色或微黄色棉絮状物，易燃且具有爆炸性，化学稳定性较差，常温下能缓慢分解并放热，超过40℃时会加速分解，放出的热量如不能及时散失，会造成硝化棉温升加剧，达到180℃时能发生自燃。硝化棉通常加乙醇或水作湿润剂，一旦湿润剂散失，极易引发火灾。实验表明，去除湿润剂的干硝化棉在40℃时发生放热反应，达到174℃时发生剧烈失控反应及质量损失，自燃并释放大量热量。如果在绝热条件下进行实验，去除湿润剂的硝化棉在35℃时即发生放热反应，达到150℃时即发生剧烈的分解燃烧。

七、背景信息

RH公司危险品仓库占地面积46226.8m^2，其中抵运区面积5838m^2，设在堆场的西北侧。经调查，事故发生前，RH公司危险品仓库内共储存危险货物7大类，总计111种，共计11383.79吨，包括硝酸铵800吨，氰化钠680.5吨、硝化棉、硝化棉溶液及硝基漆片229.37吨。其中，抵运区内共储存危险货物72种，4840.42吨，包括硝酸铵800吨，氰化钠360吨，硝化棉、硝化棉溶液及硝基漆片48.17吨。

八、关键要点

爆炸、危化品事故分析、事故损失。

九、建议教学活动计划

1. 本案例教学计划时间为2课时。课堂通过视频，讲解概念原理，然后介绍事故，接着讲解事故分级。

2. 穿插课间提问并进行主题讨论。

3. 课后布置单元作业。

案例 2　危险化学品防火防爆设计二

|案例正文|

一、标题
ZSY 双苯厂爆炸事故

二、首页注释
编者：潘勇
案例涉及的知识点：危化品、污染、危化品事故案例分析
案例情况：真实发生

三、摘要及关键词
摘要：2005 年 11 月 13 日，ZSY 双苯厂的苯胺二车间发生爆炸事故，造成 8 人死亡，1 人重伤，59 人轻伤，并引发了重大水污染事件，直接经济损失为 6908 万元。

关键词：危化品；爆炸；污染；事故损失

四、引言
爆炸是物质从一种状态迅速转变成另一种状态，并在瞬间放出大量能量，同时产生声响的现象。火灾过程有时会发生爆炸，从而对火势的发展及人员安全产生重大影响，爆炸发生后往往又易引发大面积火灾。

由于物质急剧氧化或分解产生温度、压力增加或者两者同时增加的现象，称为爆炸。爆炸是由物理变化和化学变化引起的。在发生爆炸时，势能（化学能或机械能）突然转变为动能，有高压气体生成或者释放出高压气体，这些高压气体随之做功，如移动、改变或抛射周围的物体。一旦发生爆炸，将会对邻近的物体产生极大的破坏作用，这是由于构成爆炸体系的高压气体作用到周围物体上，使物体受力不平衡，从而遭到破坏。

五、背景介绍
双苯厂现有在岗职工 11038 人，厂区占地 83 万平方米，共有 5 套生产装置，其中有 2 套苯胺装置（设计生产能力分别为 6.6 万吨/年和 7.0 万吨/年）。发生爆炸事故的苯胺二车间现有职工 88 人，配备 4 个化工操作班和 1 个产品包装班，生产操作岗位分计算机控制操作和人工操作及现场检查岗位。

苯胺二车间的苯胺装置设计生产能力为 7.0 万吨/年，是在原设计生产能力 2.0 万吨/年苯胺装置基础上，于 2002 年 5 月 10 日改建，2003 年 8 月建成投产的。采用混酸等温硝化和硝基苯气相催化加氢还原技术，主要原料有苯、硝酸和氢气，工艺流程主要包括苯硝化、硝基苯精制、硝基苯加氢还原和苯胺精制 4 个生产单元。

该套苯胺装置自投产以来，运行平稳，产品产量、质量均达到了设计指标。2005 年

9月18日至30日，双苯厂对该套苯胺装置进行了集中检修，并于2005年10月7日投料开车。开车后，装置逐渐达到了满负荷稳定生产，日产苯胺230~240吨。

六、案例内容

1. 事故经过

2005年11月13日，因苯胺二车间硝基苯精馏塔塔釜蒸发量不足、循环不畅，替休假同事顶岗操作的二班班长徐某停硝基苯初馏塔和硝基苯精馏塔进料，排放硝基苯精馏塔塔釜残液，降低塔釜液位。

10时10分，徐某组织人员进行排残液操作。在进行该项操作前，错误地停止了硝基苯初馏塔T101进料，没有按照规程要求关闭硝基苯进料预热器E102加热蒸汽阀，导致进料温度升高，在15分钟时间内温度超过150℃量程上限。

11时35分左右，徐某回到控制室发现超温，关闭了硝基苯进料预热器蒸汽阀，硝基苯初馏塔进料温度开始下降至正常值。

13时21分，在组织T101进料时，再一次错误操作，没有按照"先冷后热"的原则进行操作，而是先开启进料预热器的加热蒸汽阀，7分钟后，进料预热器温度再次超过150℃量程上限。

13时34分，启动了硝基苯初馏塔进料泵向进料预热器输送粗硝基苯，当温度较低的26℃粗硝基苯进入超温的进料预热器后，由于温差较大，加之物料急剧气化，造成预热器及进料管线法兰松动，进而导致系统密封不严，空气被吸入系统内，与T101塔内可燃气体形成爆炸性气体混合物，引发硝基苯初馏塔和硝基苯精馏塔相继发生爆炸。

事故中发生了5次较大爆炸，造成装置内2个塔、12个罐及部分管线、罐区围堰破损，除大量物料爆炸燃烧外，部分物料在短时间内通过装置周围的雨排水口和清净下水井由东10号线进入水体，引发了重大水污染事件。

2. 事故原因

（1）直接原因。操作工在停硝基苯初馏塔进料时，没有将应关闭的硝基苯进料预热器加热蒸汽阀关闭，导致硝基苯初馏塔进料温度长时间超温；恢复进料时，操作工本应该按操作规程中先进料、后加热的顺序进行，但出现误操作，先开启进料预热器的加热蒸汽阀，使进料预热器温度再次出现升温。

7分钟后，进料预热器温度超过150℃量程上限。13时34分启动硝基苯初馏塔进料泵向进料预热器输送粗硝基苯，当温度较低的26℃粗硝基苯进入超温的进料预热器后，出现突沸并产生剧烈振动，造成预热器及进料管线法兰松动，进而造成密封不严，空气被吸入系统内，随之空气和突沸形成的气化物，被抽入负压运行的硝基苯初馏塔，引发硝基苯初馏塔爆炸。

硝基苯精制岗位外操作员违反操作规程，在停止粗硝基苯进料后，未关闭预热器蒸汽阀门，导致预热器内物料气化；恢复硝基苯精制单元生产时，再次违反操作规程，先打开了预热器蒸汽阀门加热，后启动粗硝基苯进料泵进料，引起进入预热器的物料突沸并发生剧烈振动，使预热器及管线的法兰松动、密封失效，空气被吸入系统，由于摩擦、静电等，导致T101塔发生爆炸，并引发其他装置、设施连续爆炸。

（2）管理原因。双苯厂安全生产管理制度存在漏洞，安全生产管理制度执行不严格，尤其是操作规程和停车报告制度执行不落实；双苯厂及苯胺二车间的劳动组织管理存在着一定缺陷。

（3）污染事件原因。双苯厂没有制定在事故状态下防止受污染的"清净废水"进入清净废水系统东10号线主渠道流入水体的措施。爆炸事故发生后，未能及时采取有效措施，防止泄漏出来的部分物料和循环水及抢救事故现场消防水与残余物料的混合物流入水体。

七、附件

与案例相关的资料还包括 PPT 课件、视频、学习资料、思考题答案等。

八、案例思考题

造成污染事件的原因是什么？

案例使用说明

一、教学目的与用途

适用的课程：危险化学品安全

适用专业：安全工程

教学目标：通过对本案例的学习，帮助学生系统深入地了解危险化学品爆炸。并通过典型危险化学品事故案例的分析，找出事故原因，举一反三，分析预防控制技术措施，指导安全生产。

二、涉及知识点

1. 危险化学品

《危险化学品安全管理条例》第三条第一款规定，本条例所称危险化学品，是指具有毒害、腐蚀、爆炸、燃烧、助燃等性质，对人体、设施、环境具有危害的剧毒化学品和其他化学品。

2. 爆炸

在较短时间和较小空间内，能量从一种形式向另一种或几种形式转化并伴有强烈机械效应的过程。普通炸药爆炸是化学能向机械能的转化；核爆炸是原子核反应的能量向机械能的转化。这时在短时间内会聚集大量的热量，使气体体积迅速膨胀，就会引起爆炸。

爆炸是一种极为迅速的物理或化学的能量释放过程。在此过程中，空间内的物质以极快的速度把其内部所含有的能量释放出来，转变成机械功、光和热等能量形态。所以一旦失控，发生爆炸事故，就会产生巨大的破坏作用。爆炸发生破坏作用的根本原因是构成爆炸的体系内存有高压气体或在爆炸瞬间生成的高温高压气体。爆炸体系和它周围的介质之间发生急剧的压力突变是爆炸的最重要特征，这种压力差的急剧变化是产生爆炸破坏作用的直接原因。

爆炸是某一物质系统在发生迅速的物理变化或化学反应时，系统本身的能量借助于气体的急剧膨胀而转化为对周围介质做功，通常同时伴随有强烈放热、发光和声响的效应。

3. 硝基苯

有机化合物，又名密斑油、苦杏仁油，无色或微黄色，具有苦杏仁味的油状液体。难溶于水,密度比水大;易溶于乙醇、乙醚、苯和油。遇明火、高热会燃烧、爆炸。与硝酸反应剧烈。硝基苯由苯经硝酸和硫酸混合硝化而得。常作有机合成中间体及生产苯胺的原料。用于生产染料、香料、炸药等。

三、教学课件

"危险化学品防火防爆设计案例库" PPT。

四、启发思考题

生活中有哪些常见的危化品对环境产生污染?

五、分析思路

按照事故调查展开,先介绍事故背景,再讲述事件经过,分析事故原因,汲取事故教训,得到事故防范措施。

六、理论依据与分析

1. 危险化学品

《危险化学品安全管理条例》第三条第一款规定,本条例所称危险化学品,是指具有毒害、腐蚀、爆炸、燃烧、助燃等性质,对人体、设施、环境具有危害的剧毒化学品和其他化学品。

2. 事故

事故是发生于预期之外的造成人身伤害或财产或经济损失的事件。

3. 事故分级

根据生产安全事故造成的人员伤亡或者直接经济损失,事故一般分为以下等级。

(1) 特别重大事故。造成 30 人以上死亡,或者 100 人以上重伤(包括急性工业中毒,下同),或者 1 亿元以上直接经济损失的事故。

(2) 重大事故。造成 10 人以上 30 人以下死亡,或者 50 人以上 100 人以下重伤,或者 5000 万元以上 1 亿元以下直接经济损失的事故。

(3) 较大事故。造成 3 人以上 10 人以下死亡,或者 10 人以上 50 人以下重伤,或者 1000 万元以上 5000 万元以下直接经济损失的事故。

(4) 一般事故。造成 3 人以下死亡,或者 10 人以下重伤,或者 1000 万元以下直接经济损失的事故。

4. 硝基苯

有机化合物,又名密斑油、苦杏仁油,无色或微黄色的具有苦杏仁味的油状液体。难溶于水,密度比水大;易溶于乙醇、乙醚、苯和油。遇明火、高热会燃烧、爆炸。与硝酸反应剧烈。硝基苯由苯经硝酸和硫酸混合硝化而得。作有机合成中间体及生产苯胺的原料。用于生产染料、香料、炸药等。

硝基苯在水中具有极高的稳定性。由于其密度大于水,进入水体的硝基苯会沉入水底,长时间保持不变。又由于其在水中有一定的溶解度,所以其造成的水体污染会持续相当长的时间。硝基苯的沸点较高,自然条件下的蒸发速度较慢,与强氧化剂反应生成对机械振动很敏感的化合物,能与空气形成爆炸性混合物。倾翻在环境中的硝基苯,会散发出刺鼻的苦杏仁味。在 80℃ 以上其蒸气与空气的混合物具有爆炸性。倾倒在水中的硝基苯,以黄绿色油状物沉在水底。当质量浓度为 5mg/L 时,被污染水体呈黄色,有苦杏仁味。当质量浓度达 100mg/L 时,水几乎是黑色,并分离出黑色沉淀。当质量浓度超过 33mg/L 时可造成鱼类及水生生物死亡。吸入、摄入或皮肤吸收均可引起人员中毒。中毒的典型症状是气短、眩晕、恶心、昏厥、意识不清、皮肤发蓝,最后会因呼吸衰竭而死亡。

七、关键要点

危化品、爆炸、污染、事故损失。

八、建议教学活动计划

1. 本案例教学计划时间为 2 课时。课堂通过视频,讲解概念原理,然后介绍双苯厂爆炸事故,接着讲解事故分级。
2. 穿插课间提问并进行主题讨论。
3. 课后布置单元作业。

案例 3 危险化学品防火防爆设计三

案例正文

一、标题

TJY 化工有限公司特大爆炸事故

二、首页注释

编者:潘勇

案例涉及的知识点:危化品储存、危化品事故案例分析

案例情况:真实发生

三、摘要及关键词

摘要:2019 年 3 月 21 日 14 时 48 分许,TJY 化工有限公司发生特别重大爆炸事故,造成 78 人死亡、76 人重伤,共有 640 人住院治疗,直接经济损失 198635.07 万元。

关键词:危化品;爆炸;事故损失

四、引言

爆炸是物质从一种状态迅速转变成另一种状态,并在瞬间放出大量能量,同时产生声响的现象。火灾过程有时会发生爆炸,从而对火势的发展及人员安全产生重大影响,爆炸发生后往往又易引发大面积火灾。

由于物质急剧氧化或分解产生温度、压力增加或者两者同时增加的现象,称为爆炸。爆

炸是由物理变化和化学变化引起的。在发生爆炸时，势能（化学能或机械能）突然转变为动能，有高压气体生成或者释放出高压气体，这些高压气体随之做功，如移动、改变或抛射周围的物体。一旦发生爆炸，将会对邻近的物体产生极大的破坏作用，这是由于构成爆炸体系的高压气体作用到周围物体上，使物体受力不平衡，从而遭到破坏。

五、背景介绍

TJY公司成立于2007年4月5日，位于生态化工园区东南部。企业占地面积14.7万平方米，注册资本9000万元，员工195人，主要产品为间苯二胺、邻苯二胺、对苯二胺、间羟基苯甲酸、3,4-二氨基甲苯、对甲苯胺、均三甲基苯胺等，主要用于生产农药、染料、医药等。

六、案例内容

1. 事故经过

2019年3月21日14时45分35秒"6♯罐区"，旧固废库房顶中部冒出淡白烟。

14时45分56秒，有烟气从旧固废库南门内由东向西向外扩散，并逐渐蔓延扩大。

14时46分57秒，新固废库内作业人员发现火情，手提两个灭火器从仓库北门向南门跑去试图灭火。

14时47分03秒，旧固废库房顶南侧冒出较浓的黑烟。

14时47分11秒，旧固废库房顶中部被烧穿有明火出现，火势迅速扩大。

14时48分44秒视频中断，判断为发生爆炸。

从旧固废库房顶中部冒出淡白烟至发生爆炸历时3分9秒。

2. 事故现场破坏情况

根据现场破坏情况，将事故现场划分为事故中心区和爆炸波及区。事故中心区北至纬一路，南至大和路，西至江苏之江化工有限公司，东至301县道，面积约为0.5平方千米。爆炸形成了直径120米积水覆盖的圆形坑。排水后发现，爆炸形成以TJY公司旧固废库硝化废料堆垛区为中心基准点，直径75米、深1.7米的爆坑。

3. 事故原因

(1) 直接原因。TJY公司旧固废库内长期违法贮存的硝化废料持续积热升温导致自燃，燃烧引发硝化废料爆炸。起火位置为TJY公司旧固废库中部偏北堆放硝化废料部位。经对TJY公司硝化废料取样进行燃烧实验，表明硝化废料在产生明火之前有白烟出现，燃烧过程中伴有固体颗粒燃烧物溅射，同时产生大量白色和黑色的烟雾，火焰呈黄红色。经与事故现场监控视频比对，事故初始阶段燃烧特征与硝化废料的燃烧特征相吻合，认定最初起火物质为旧固废库内堆放的硝化废料。事故调查组认定贮存在旧固废库内的硝化废料属于固体废物，经专业机构鉴定属于危险废物。

事故调查组通过调查逐一排除了其他起火原因，认定为硝化废料分解自燃起火。经对样品进行热安全性分析，硝化废料具有自分解特性，分解时释放热量，且分解速率随温度升高而加快。实验数据表明，绝热条件下，硝化废料的贮存时间越长，越容易发生自燃。TJY公司的旧固废库内贮存的硝化废料，最长贮存时间超过七年。在堆垛紧密、通风不良的情况下，长期堆积的硝化废料内部因热量累积，温度不断升高，当上升至自燃温度时发生自燃，火势迅速蔓延至整个堆垛，堆垛表面快速燃烧，内部温度快速升高，硝化废料剧烈分解发生爆炸，同时引爆库房内的所有硝化废料，共计约600吨袋（1吨袋可装约1吨货物）。

（2）企业问题。TJY公司无视国家环境保护和安全生产法律法规，长期违法违规贮存、处置硝化废料，企业管理混乱，是事故发生的主要原因。

七、附件

与案例相关的资料还包括PPT课件、视频、学习资料、思考题答案等。

八、案例思考题

1. 什么是危险废物？
2. 什么是固体废物？

案例使用说明

一、教学目的与用途

适用的课程：危险化学品安全

适用专业：安全工程

教学目标：通过对本案例的学习，帮助学生系统深入地了解危化品爆炸。并通过典型危险化学品事故案例的分析，找出事故原因，举一反三，分析预防控制技术措施，指导安全生产。

二、涉及知识点

1. 危险化学品

《危险化学品安全管理条例》第三条第一款：本条例所称危险化学品，是指具有毒害、腐蚀、爆炸、燃烧、助燃等性质，对人体、设施、环境具有危害的剧毒化学品和其他化学品。

2. 危险废物

《中华人民共和国固体废物污染环境防治法》规定：危险废物，是指列入《国家危险废物名录》或者根据国家规定的危险废物鉴别标准和鉴别方法认定的具有危险特性的固体废物。《国家危险废物名录》中规定：列入《危险化学品目录》的化学品废弃后属于危险废物。

3. 固体废物

《中华人民共和国固体废物污染环境防治法》规定：固体废物，是指在生产、生活和其他活动中产生的丧失原有利用价值或者虽未丧失利用价值但被抛弃或者放弃的固态、半固态和置于容器中的气态的物品、物质，以及法律、行政法规规定纳入固体废物管理的物品、物质。

三、教学课件

"危险化学品防火防爆设计案例库"PPT。

四、启发思考题

危险化学品储存有哪些注意事项？

五、分析思路

按照事故调查展开，先介绍事故背景，再讲述事件经过，分析事故原因，汲取事故教训，得到事故防范措施。

六、理论依据与分析

1. 危险化学品

《危险化学品安全管理条例》第三条第一款：本条例所称危险化学品，是指具有毒害、腐蚀、爆炸、燃烧、助燃等性质，对人体、设施、环境具有危害的剧毒化学品和其他化学品。

2. 事故

事故是发生于预期之外的造成人身伤害或财产或经济损失的事件。

3. 事故分级

根据生产安全事故造成的人员伤亡或者直接经济损失，事故一般分为以下等级。

（1）特别重大事故。造成30人以上死亡，或者100人以上重伤（包括急性工业中毒，下同），或者1亿元以上直接经济损失的事故。

（2）重大事故。造成10人以上30人以下死亡，或者50人以上100人以下重伤，或者5000万元以上1亿元以下直接经济损失的事故。

（3）较大事故。造成3人以上10人以下死亡，或者10人以上50人以下重伤，或者1000万元以上5000万元以下直接经济损失的事故。

（4）一般事故。造成3人以下死亡，或者10人以下重伤，或者1000万元以下直接经济损失的事故。

4. 爆炸性物质贮存的安全要求

爆炸性物质的贮存按照原公安、铁道、商业、化工、卫生和农业等部门关于"爆炸物品管理规则"的规定办理。

① 爆炸性物质必须存放在专用仓库内。
② 存放爆炸性物质的仓库，不得同时存放相抵触的爆炸物质。
③ 一切爆炸性物质不得与酸、碱、盐类以及某些金属、氧化剂等同库贮存。
④ 为了通风、装卸和便于出入检查，爆炸性物质堆放时，堆垛不应过高过密。
⑤ 爆炸性物质仓库的温度、湿度应加强控制和调节。

七、关键要点

危险化学品、危化品事故分析、事故损失。

八、建议教学活动计划

1. 本案例教学计划时间为2课时。课堂通过视频，讲解概念原理，然后介绍TJY公司特大爆炸事故，接着讲解危化品储存要求。

2. 穿插课间提问并进行主题讨论。

3. 课后布置单元作业。

案例 4 危险化学品防火防爆设计四

|案例正文|

一、标题

江苏省 ZR 金属制品公司爆炸事故

二、首页注释

编者：潘勇

案例涉及的知识点：粉尘爆炸、危险化学品防火防爆设计案例库

案例情况：真实发生

三、摘要及关键词

摘要：2014 年 8 月 2 日 7 时 34 分，ZR 金属制品有限公司抛光二车间发生特别重大铝粉尘爆炸事故，当天造成 75 人死亡、185 人受伤。依照《生产安全事故报告和调查处理条例》规定的事故发生后 30 日报告期，共有 97 人死亡、163 人受伤（事故报告期后，经全力抢救医治无效陆续死亡 49 人，尚有 95 名伤员在医院治疗，病情基本稳定），直接经济损失 3.51 亿元。

关键词：粉尘爆炸；事故损失

四、引言

粉尘爆炸，指可燃粉尘在受限空间内与空气混合形成的粉尘云，在点火源作用下，形成的粉尘空气混合物快速燃烧，并引起温度、压力急骤升高的化学反应。

粉尘爆炸多发生在伴有铝粉、锌粉、铝材加工研磨粉、各种塑料粉末、有机合成药品的中间体、小麦粉、糖、木屑、染料、胶木灰、奶粉、茶叶粉末、烟草粉末、煤尘、植物纤维尘等产生的生产加工场所。

安全是生命之源，安全是生产之本。在工作和生活中，只有牢固树立安全意识，筑牢安全底线，落实安全责任，严格安全操作规程，才能长治久安，防患于未然。

五、背景介绍

1. 企业概况

ZR 公司成立于 1998 年 8 月，总用地面积 34974.8m^2，规划总建筑面积 33746.6m^2。该企业主要从事汽车零配件等五金件金属表面处理加工，主要生产工序是轮毂打磨、抛光、电镀等，设计年生产能力 50 万件。

2. 事故车间情况

(1) 建筑情况。事故车间位于整个厂区的西南角，建筑面积 2145m^2，厂房南北长

44.24m，东西宽 24.24m，两层钢筋混凝土框架结构，层高 4.5m，每层分 3 跨，每跨 8m。屋顶为钢梁和彩钢板，四周墙体为砖墙。厂房南北两端各设置一部载重 2t 的货梯和连接二层的敞开式楼梯，每层北端设有男女卫生间，其余为生产区。一层设有通向室外的钢板推拉门（4m×4m）2 个，地面为水泥地面，二层楼面为钢筋混凝土。

（2）工艺布局。事故车间为铝合金汽车轮毂打磨车间，共设计 32 条生产线，一、二层各 16 条，每条生产线设 12 个工位，沿车间横向布置，总工位数 384 个。事故发生时，一层实际有生产线 13 条，二层 16 条，实际总工位数 348 个。打磨抛光均为人工作业，工具为手持式电动磨枪（根据不同光洁度要求，使用粗细不同规格的磨头或砂纸）。

（3）除尘系统。2006 年 3 月，该车间一、二层共建设安装 8 套除尘系统。每个工位设置有吸尘罩，每 4 条生产线 48 个工位合用 1 套除尘系统，除尘器为机械振打袋式除尘器。2012 年改造后，8 套除尘系统的室外排放管全部连通，由一个主排放管排出。事故车间除尘设备与收尘管道、手动工具插座及其配电箱均未按规定采取接地措施。

（4）工作时间及人员配置。事故车间工作时间为早 7 时至晚 7 时，截至 2014 年 7 月 31 日，车间在册员工 250 人。

（5）事故发生时现场人员情况。现场共有员工 265 人，其中车间打卡上班员工 261 人、车间经理 1 人、临时到该车间工作人员 3 人。

六、案例内容

1. 事故经过

2014 年 8 月 2 日 7 时，事故车间员工上班。7 时 10 分，除尘风机开启，员工开始作业。7 时 34 分，1 号除尘器发生爆炸。爆炸冲击波沿除尘管道向车间传播，扬起的除尘系统内的铝粉尘和车间积聚的铝粉尘发生系列爆炸。当场造成 47 人死亡，当天经送医院抢救无效死亡 28 人，185 人受伤，事故车间和车间内的生产设备被损毁。

2. 事故原因

（1）直接原因。事故车间除尘系统较长时间未按规定清理，铝粉尘积聚。除尘系统风机开启后，打磨过程产生的高温颗粒在集尘桶上方形成粉尘云。1 号除尘器集尘桶锈蚀破损，桶内铝粉受潮，发生氧化放热反应，达到粉尘云的引燃温度，引发除尘系统及车间的系列爆炸。

因没有泄爆装置，爆炸产生的高温气体和燃烧物瞬间经除尘管道从各吸尘口喷出，导致全车间所有工位操作人员直接受到爆炸冲击，造成群死群伤。

由于一系列违法违规行为，整个环境具备了粉尘爆炸的五要素，引发爆炸。粉尘爆炸的五要素包括：可燃粉尘、粉尘云、引火源、助燃物、空间受限。

可燃粉尘：事故车间抛光轮毂产生的抛光铝粉，主要成分为 88.3% 的铝和 10.2% 的硅，抛光铝粉的粒径中位值为 19μm，经实验测试，该粉尘为爆炸性粉尘，粉尘云引燃温度为 500℃。事故车间、除尘系统未按规定清理，铝粉尘沉积。

粉尘云：除尘系统风机启动后，每套除尘系统负责的 4 条生产线共 48 个工位的抛光粉尘通过一条管道进入除尘器内，由滤袋捕集落入到集尘桶内，在除尘器灰斗和集尘桶上部空间形成爆炸性粉尘云。

引火源：集尘桶内超细的抛光铝粉，估算约 20kg。在抛光过程中具有一定的初始温度。事发前两天当地连续降雨；平均气温 31℃，最高气温 34℃，空气湿度最高达到 97%；

1号除尘器集尘桶底部锈蚀破损,桶内铝粉吸湿受潮,与水及铁锈发生放热反应。除尘风机开启后,在集尘桶上方形成一定的负压,加速了桶内铝粉的放热反应,温度升高达到粉尘云引燃温度。根据现场条件,利用化学反应热力学理论,模拟计算集尘桶内抛光铝粉与水发生的放热反应,在抛光铝粉呈絮状堆积、散热条件差的条件下,可使集尘桶内的铝粉表层温度达到粉尘云引燃温度500℃。桶底锈蚀产生的氧化铁和铝粉在前期放热反应触发下,可发生"铝热反应",释放大量热量使体系的温度进一步增加。

助燃物:在除尘器风机作用下,大量新鲜空气进入除尘器内,支持了爆炸发生。

空间受限:除尘器本体为倒锥体钢壳结构,内部是有限空间,容积约 $8m^3$。

(2) 管理原因。ZR 公司无视国家法律,违法违规组织项目建设和生产,是事故发生的主要原因。包括:厂房设计与生产工艺布局违法违规;除尘系统设计、制造、安装、改造违规;车间铝粉尘集聚严重;安全生产管理混乱;安全防护措施不落实。

七、附件

与案例相关的资料还包括 PPT 课件、视频、学习资料、思考题答案等。

八、案例思考题

什么是粉尘爆炸?

案例使用说明

一、教学目的与用途

适用的课程:危险化学品安全

适用专业:安全工程

教学目标:通过对本案例的学习,帮助学生系统深入地了解粉尘爆炸。并通过典型危险化学品事故案例的分析,找出事故原因,举一反三,分析预防控制技术措施,指导安全生产。

二、涉及知识点

1. 粉尘爆炸

粉尘爆炸是指可燃粉尘在受限空间内与空气混合形成的粉尘云,在点火源作用下,形成的粉尘空气混合物快速燃烧,并引起温度、压力急骤升高的化学反应。

2. 粉尘爆炸的条件

① 可燃性粉尘以适当的浓度在空气中悬浮,形成人们常说的粉尘云。

② 有充足的空气和氧化剂。

③ 有火源或者强烈振动与摩擦。

3. 粉尘爆炸影响因素

① 物理化学性质。物质的燃烧热越大,则其粉尘的爆炸危险性也越大,例如煤、碳、硫的粉尘等;越易氧化的物质,其粉尘越易爆炸,例如镁、氧化亚铁、染料等;越易带电的粉尘越易引起爆炸。粉尘在生产过程中,由于互相碰撞、摩擦等作用,产生的静电不易散

失，造成静电积累，当达到某一数值后，便出现静电放电。静电放电火花能引起火灾和爆炸事故。粉尘爆炸还与其所含挥发物有关。如煤粉中当挥发物含量低于10%时，就不再发生爆炸，因而焦炭粉尘没有爆炸危险性。

② 颗粒大小。粉尘的表面吸附空气中的氧，颗粒越细小，吸附的氧就越多，因而越易发生爆炸，而且，发火点越低，爆炸下限也越低。随着粉尘颗粒的直径的减小，不仅化学活性增加，而且还容易带上静电。

③ 粉尘的浓度。与可燃气体相似，粉尘爆炸也有一定的浓度范围，也有上下限之分。但在一般资料中多数只列出粉尘的爆炸下限，因为粉尘的爆炸上限较高。

4. 粉尘爆炸的特点

① 多次爆炸是粉尘爆炸的最大特点。第一次爆炸气浪，会把沉积在设备或地面上的粉尘吹扬起来，在爆炸后短时间内爆炸中心区会形成负压，周围的新鲜空气便由外向内填补进来，与扬起的粉尘混合，从而引发二次爆炸。二次爆炸时，粉尘浓度会更高。

② 粉尘爆炸所需的最小点火能量较高，一般在几十毫焦耳以上。

③ 与可燃性气体爆炸相比，粉尘爆炸压力上升较缓慢，较高压力持续时间长，释放的能量大，破坏力强。

5. 粉尘爆炸的主要危害

① 具有极强的破坏性。粉尘爆炸涉及的范围很广，煤炭、化工、医药加工、木材加工、粮食和饲料加工等部门都时有发生。

② 容易产生二次爆炸。第一次爆炸气浪把沉积在设备或地面上的粉尘吹扬起来，在爆炸后的短时间内爆炸中心区会形成负压，周围的新鲜空气便由外向内填补进来，形成所谓的"返回风"，与扬起的粉尘混合，在第一次爆炸的余火引燃下引起第二次爆炸。第二次爆炸时，粉尘浓度一般比第一次爆炸时高得多，故第二次爆炸威力比第一次爆炸要大得多。例如，某硫黄粉厂，磨碎机内部发生爆炸，爆炸波沿气体管道从磨碎机扩散到旋风分离器，在旋风分离器发生了二次爆炸，爆炸波通过爆炸后在旋风分离器上产生的裂口传播到车间中，扬起了沉降在建筑物和工艺设备上的硫黄粉尘，又发生了爆炸。

③ 能产生有毒气体。一种是一氧化碳，另一种是爆炸物（如塑料）自身分解的毒性气体。毒气的产生往往造成爆炸过后的大量人畜中毒伤亡，必须充分重视。

三、教学课件

"危险化学品防火防爆设计案例库"PPT。

四、启发思考题

生活中常见的可燃性粉尘有哪些？

五、分析思路

按照事故调查展开，先介绍事故背景，再讲述事件经过，分析事故原因，汲取事故教训，得到事故防范措施。

六、理论依据与分析

1. 危险化学品

《危险化学品安全管理条例》第三条第一款：本条例所称危险化学品，是指具有毒害、腐蚀、爆炸、燃烧、助燃等性质，对人体、设施、环境具有危害的剧毒化学品和其他化学品。

2. 事故

事故是发生于预期之外的造成人身伤害或财产或经济损失的事件。

3. 事故分级

根据生产安全事故造成的人员伤亡或者直接经济损失，事故一般分为以下等级。

（1）特别重大事故。造成 30 人以上死亡，或者 100 人以上重伤（包括急性工业中毒，下同），或者 1 亿元以上直接经济损失的事故。

（2）重大事故。造成 10 人以上 30 人以下死亡，或者 50 人以上 100 人以下重伤，或者 5000 万元以上 1 亿元以下直接经济损失的事故。

（3）较大事故。造成 3 人以上 10 人以下死亡，或者 10 人以上 50 人以下重伤，或者 1000 万元以上 5000 万元以下直接经济损失的事故。

（4）一般事故。造成 3 人以下死亡，或者 10 人以下重伤，或者 1000 万元以下直接经济损失的事故。

七、背景信息

ZR 公司核心业务是电镀铝合金轮毂，主要从事铝合金表面处理，表面镀层有铜、镍、铬；对高低档铝合金制品均可进行电镀加工。该企业占地空间 4.8 万 m^2。

八、关键要点

粉尘爆炸、危化品事故分析、事故损失。

九、建议教学活动计划

1. 本案例教学计划时间为 2 课时。课堂通过视频，讲解概念原理，然后介绍 ZR 公司爆炸事故，接着讲解事故分级。

2. 穿插课间提问并进行主题讨论。

3. 课后布置单元作业。

第七章
绿色建筑设计系列教学案例

研究生教学案例正文
及案例使用说明

案 例 名 称：绿色建筑设计系列教学案例
专 业 类 别：工学
专 业 领 域：建筑学
所 在 单 位：南京工业大学建筑学院
作 者 姓 名：胡振宇

案例 1　某绿色建筑与生态智慧城区展示中心设计

|案例正文|

一、标题
某绿色建筑与生态智慧城区展示中心设计

二、首页注释
编者： 胡振宇
案例涉及的知识点： 绿色建筑、生态城市、展览馆建筑、流线
案例与图片来源： 实地调研、专业期刊

三、摘要及关键词
摘要： 某绿色建筑与生态智慧城区展示中心为三星级绿色建筑，用地面积约 $19000m^2$，建筑面积约 $5700m^2$，集中展示了某新城在生态城市规划、绿色建筑设计、低碳建筑技术、低碳施工工艺、智能交通、绿色住区等方面取得的成果。展览中心按照绿色低碳的理念进行设计，在展示以上内容的同时，本身也成为资源节约、环境友好、可快速建造和循环利用的绿色建筑范本。

关键词： 绿色建筑；生态智慧城区；展示中心；低碳施工；循环利用

四、引言
该案例适用于建筑学专业、城市规划专业学位硕士研究生开设"绿色建筑"课程，也可供"生态城市规划""设计与实践""建筑设计-Ⅱ"等课程使用。

五、背景介绍
某绿色建筑与生态智慧城区展示中心，主要展示绿色建筑设计、生态城市规划、绿色低碳建设技术、智慧城市、绿色住宅等方面的成果，同时兼有少量办公、企业洽谈和会议功能。

六、案例内容
某绿色建筑与生态智慧城区展示中心总建筑面积约 $5700m^2$，按国家三星级绿色建筑标准进行设计，充分体现绿色、人文、智慧、集约的理念，采用可循环利用的组合式钢结构体系等十余项绿色建筑技术。室内展览空间由"序厅""生态城市""绿色建筑""智慧城市""美丽家园"等五个展厅组成，室外展场则包括垂直绿化展墙、人工湿地（雨水花园）、建筑工业化构件、本地植物群落、生态停车场等组成。该馆主要展示了绿色建筑、智慧城市、生态住区等方面的理论、技术和实践成果，特别是某新城绿色生态城区的建设成就。

该展示中心的结构体系为装配式钢结构，由 64 个方格结构组成。每个方格结构类似雨

伞形式，每个方格都相互关联，整个屋顶结构从侧面观察类似一排排起伏的波浪，所有钢结构节点全为高强螺栓连接（见图7-1、图7-2）。

图7-1　展示中心鸟瞰

图7-2　展示中心屋顶方格结构

特殊的伞状结构安装流程为钢柱安装→梁双拼梁安装→次梁安装，在专业技术人员指导下，用了不足一个月的时间就完成了整个展览中心的结构安装，创造了良好的经济效益和社会效益，实践证明该低碳施工技术可应用于类似工程项目。

该展示中心设计理念新颖，从总体规划布局到单体建筑设计，都坚持节能、低碳、环保的原则，凭借精细的建筑设计、结构设计和施工技术，满足了功能需求，且造型独特，使得展示中心本身也成为绿色节能的示范建筑。如果以后展示功能结束，此建筑的主要结构构件以及屋面，还可以按单元拆解为若干部分，作为街角景观凉亭或其他功能重新使用，体现了循环建筑的理念。

该展示中心定位于星级绿色建筑，聚焦生态低碳、节能环保等关键要素，创新地将绿色建筑设计与低碳施工技术有机结合起来，实现了社会效益、经济效益和环境效益的平衡。

七、附件

与案例相关的资料还包括PPT课件、推荐阅读的参考文献、思考题等。

八、案例思考题

1. 作为三星级绿色建筑，本案例建筑在建筑设计方面的主要特色是什么？
2. 展览馆建筑室内展陈空间的流线组织有哪些方式？
3. 本案例建筑应用了哪些建筑工业化技术？

案例使用说明

一、教学目的与用途

适用课程：绿色建筑

适用专业：建筑学专硕、城市规划专硕

教学目的： 该案例用于建筑学和城市规划专业学位硕士研究生的有关绿色建筑课程。研究生通过对本案例的学习，能够针对绿色建筑设计过程中面临的复杂的社会、经济和环境问题，贯彻落实可持续发展思想，提出创新的解决方案，实现建筑的高质量发展。

在案例学习过程中，要求研究生按照发现问题、分析问题和解决问题的路径，学习借鉴国内外相关的理论和实践经验，思考可能的解决方法，加深对案例采取的方法和创新点的认识，从而提升研究生的创新意识和创新能力，以及综合解决实际问题的能力。

二、涉及的知识点

该案例涉及的知识点包括绿色建筑设计、绿色建筑技术、低碳施工工艺、低碳生活模式、低碳建筑、生态城市、智能交通、生态住区、绿色建筑评价标准与认证、展览流线、海绵城市等，在教学中应积极引导学生阅读相关的文献资料，包括《建筑设计资料集（第三版）》第 4 分册、《建筑设计资料集（第三版）》第 8 分册、《民用建筑设计统一标准》（GB 50352—2019）、《展览建筑设计规范》（JGJ 218—2010）、《博物馆建筑设计规范》（JGJ 66—2015）、《绿色建筑评价标准》（GB/T 50378—2019）、《绿色生态城区评价标准》（GB/T 51255—2017）等，夯实专业基础，拓宽学术视野。

三、教学课件

"某绿色建筑与生态智慧城区展示中心设计"PPT。

四、启发思考题

1. 有关绿色建筑、低碳建筑、生态城市、智能交通、智慧住区等概念的含义与辨析。
2. 本案例建筑采用了哪些绿色建筑技术？
3. 展览馆建筑的空间布局与流线组织的要点有哪些？
4. 国内外主要有哪些绿色建筑评价标准，主要内容是什么？

五、分析思路

在案例教学过程中，通过实地调查，分析绿色建筑和生态智慧城区的发展现状和存在问题，结合绿色建筑的建设目标，在借鉴国内外成功理念和经验的基础上，提出创新性的解决方案。

六、理论依据与分析

某绿色建筑与生态智慧城区展示中心，是按三星级绿色建筑标准设计的，评价标准执行的是原国家标准《绿色建筑评价标准》（GB/T 50378—2006），该标准将绿色建筑划分为一星级、二星级、三星级 3 个等级，类型分为公共建筑和居住建筑。

2014 年，我国对《绿色建筑评价标准》（GB/T 50378—2006）进行了修订，颁布了《绿色建筑评价标准》（GB/T 50378—2014）。近年来，随着绿色建筑行业的快速发展，原有的评价标准已经不适应实践的需求。因此，2019 年我国对绿色建筑的评价标准进行了较大幅度的调整、优化，达到了国际同类标准的先进水平，且在某些指标方面有所领先。

目前，我国对绿色建筑进行评价执行的标准是《绿色建筑评价标准》（GB/T 50378—2019）。根据该标准，绿色建筑划分为基本级、一星级、二星级、三星级 4 个等级。该标准要求更加严格，要求更高。其评价技术指标体系从"以人为本"的建筑性能出发，将开发者视角转变为使用者视角，从使用者视角来设计，以增进建筑使用者对绿色建筑的体验感和获得感。指标体系由原来的"'四节一环保'以及施工管理、运营管理框架打分",变为"'安全耐久、健康舒适、生活便利、资源节约、环境宜居'五大指标体系和'提高与创新'一大加分项"。

七、背景信息

我国绿色建筑和生态智慧城区规划建设所涉及的相关理论、方法和技术；基于绿色建筑理念的设计方法；展览馆建筑的设计要点和发展趋势；我国有关绿色建筑的评价体系及认证要求等。

八、关键要点

1. 绿色建筑和生态智慧城区的概念。
2. 绿色建筑设计理念和设计策略。
3. 展览馆建筑的设计要点和绿色技术。
4. 绿色建筑评价指标体系。

九、建议教学活动计划

该案例教学建议为：课内 4 学时，课外 8 学时（含参观调研）。

主要的教学活动包括：

① 本案例建筑的现场调研，包括项目建设背景、基地及周边建筑情况、建筑功能、空间组合、结构体系、立面造型、观展流线、室内展陈、景观绿化、交通组织等。
② 本案例建筑的设计目标及定位。
③ 本案例建筑的设计手法和技术路径。
④ 本案例建筑的创新点。
⑤ 学生提交和演示案例分析报告。

案例 2　第十届江苏省园艺博览会主展馆设计

| 案例正文 |

一、标题

第十届江苏省园艺博览会主展馆设计

二、首页注释

编者： 胡振宇

案例涉及的知识点： 园艺博览会、主展馆、绿色建筑、现代木结构、流线

案例与图片来源： 实地调研、专业期刊

三、摘要及关键词

摘要：第十届江苏省园艺博览会主展馆是一个现代木结构建筑，由东南大学王建国院士团队设计。建筑布局取"别开林壑"之意，风格取唐宋之韵，建筑与地形有机结合，广泛应用绿色建筑技术，通过层层叠落、开合有度的林壑景观，营造集现代与古典意蕴相融合的新扬州风格建筑，并成为全园标志性建筑与主要观景点，与"园冶园"形成良好的对景关系。

关键词：园艺博览会；主展馆；现代木结构；别开林壑；绿色建筑技术；园林景观

四、引言

该案例适用于建筑学专业、城市规划专业学位硕士研究生开设"绿色建筑"课程，也可供"木结构建筑""生态城市规划""设计与实践"等课程使用。

五、背景介绍

第十届江苏省园艺博览会主展馆位于江苏省仪征市，总建筑面积$12680m^2$，是近年来我国建成的有较大影响力的低碳木结构建筑，由东南大学王建国院士团队进行建筑设计，南京工业大学木结构研究所完成木结构设计。此案例将现代木结构、低碳技术与建筑的功能、空间、造型完美结合，是低碳绿色建筑较新的典型案例之一。

六、案例内容

园林、园艺及其所蕴含的自然属性和生活属性一直以来是园艺博览会需要表达的核心主题，而主展馆作为第十届江苏省园艺博览会的中心建筑，尤其需要表达这些特点，此外，应充分展示绿色设计、绿色建造的理念。主展馆建筑布局取"别开林壑"之意，通过"随物赋形"的策略展开设计以表达形意结合，又通过"构筑一体"的方式展开营造以实现绿色建造（见图7-3）。

图7-3　主展馆主入口

当代设计中建筑如何结合景观是一个重要课题，它需要同时展现对自然形式、文化形式、建构形式的思考，地形建构等思想在建筑设计中的运用由此产生，园艺博览会作为以园林、园艺为主题的节事性展览活动，其内容包括园艺展览、农作物展览、花卉展览、园林材料展览、园林设施展览、园林技术展览、主题花园等，也自然地成为探索建筑结合景观设计的契机。

主展馆在场地设计上利用南北约 5 米的高度差,纵贯南北设置了一个逐层跌落的水庭,作为"别开林壑"意象的直接转译,将自然引入内部,构成了植物展陈的主要场所,并利用它形成绿色风廊,以改善建筑的微气候。所有的室内展示空间均向水庭打开,其中两处主要的展示空间分别为位居东南的凤凰阁和位居西南的科技展厅,用以表现大场景的室内园艺;其余为按照展陈流线构成的系列小展厅,用以表现与日常生活相关的室内园艺。利用建筑内通外合的优势展陈路径,使游客在大开大合、上上下下的庭院中感受到丰富多变的景深层次,增加观赏和体验的乐趣。

此外,"别开林壑"还显示了对景致别开生面的追求,所以安排行为路线希望出人意料。比如,主展馆设置了多种进入方式:一为东南入口,通过一座跨水月桥进入,步入凤凰阁室内,高耸精美的木构大厅迎面而来(见图 7-4);二为凤凰阁与科技展厅相连的廊桥底部,可从入口广场逐级而下,进入林壑水庭,其溪流叠石,逐渐延展至北侧汇成水面,让人可以逐步体会内外山水贯通之意(见图 7-5)。

图 7-4　主展馆凤凰阁木结构大厅　　　　　　图 7-5　主展馆木结构连桥与庭院

主展馆建筑的结构形式为现代木结构与混凝土结合的混合结构。实现当代意义的构筑一体化是主展馆的主要设计理念之一。设计伊始,设计团队就拟采用具有节能环保特性的现代木结构来设计主展馆,希望将主展馆建设成为体现江苏省作为绿色建筑大省持续推进绿色发展战略的示范工程。这一思路得到了江苏省住建厅的大力支持,由此获得了难得的契机,并在以倒计时计的期限内开展了基于木构的建筑一体化设计。为此,设计团队与南京工业大学木结构研究所团队紧密合作,共同完成了多项具有创新性的成果。

现代木结构具有良好的受力属性,已在不少重要的民用建筑中得到了运用,也符合国家节能减排战略和绿色节能建筑产业化政策。设计团队在设计与建造过程中,思考的重点是如何充分发挥现代木结构的性能优势与装配式工业化生产流程的优势,同时对中国传统的木结构文化进行显现(见图 7-6)。希望在发挥现代木结构的优势基础上,通过建筑形制与结构类型两个层面的结合来回应传统木结构的意象。

图 7-6　主展馆木结构框架

综上所述，第十届江苏省园艺博览会主展馆设计的重要出发点是表达对自然和生活的尊重，其中运用了中国传统山水营造与当代"地形建构"的思想，实现了对文化传承的表达和持续利用方式的重新思考。设计团队通过对"别开林壑""随物赋形""构筑一体"三组概念的思考，基本实现了设计的预期目标，并获得了对于建筑结合景观设计的新认识。

七、附件

与案例相关的资料还包括 PPT 课件、推荐阅读的参考文献、思考题答案等。

八、案例思考题

1. 第十届江苏省园博会主展馆"别开林壑"的设计构思在总平面上是如何体现的？
2. 什么是现代木结构？它的特点是什么？
3. 展览建筑的室内展陈有哪些基本要求？

案例使用说明

一、教学目的与用途

适用课程： 绿色建筑

适用专业： 建筑学专硕、城市规划专硕

教学目的： 该案例用于建筑学和城市规划专业研究生的有关绿色建筑课程。研究生通过对本案例的学习，熟悉博览会（如园艺博览会）的总体规划和建设要求，能够针对博览会（如园艺博览会）主要展馆建筑的功能复合、形象突出、建造快速、绿色环保等要求，以可持续发展思想为引导，从立意构思、环境分析、空间组合、结构选型、形态塑造、展陈流线、景观绿化等方面，多维度、多学科地提出创新的设计方案。

在案例学习过程中，要求研究生收集国内外相关案例，熟悉举办博览会的选址和规划要求，掌握博览会主要展览建筑的设计原理和方法，了解现代木结构的基础知识，加深对本案例的立意构思和设计方法（"别开林壑""随物赋形""构筑一体"）的认识和理解，拓宽研究生的学科视野，提升创新意识和综合设计能力。

二、涉及的知识点

该案例涉及的知识点包括园艺博览会的选址和总体规划、主展馆建筑设计、绿色建筑设计、现代木结构技术、木结构工程施工工艺、室内园艺展陈、绿化景观设计、绿色建筑评价标准及认证等,在教学中应引导学生阅读相关的专著和设计规范,包括《现代木结构建筑设计基础》《建筑设计资料集(第三版)》第 4 分册、《建筑设计资料集(第三版)》第 8 分册、《展览建筑设计规范》(JGJ 218—2010)、《木结构设计标准》(GB 50005—2017)、《绿色建筑评价标准》(GB/T 50378—2019)等,以更好地掌握展览建筑、木结构建筑的基础知识和设计要求。

三、教学课件

"第十届江苏省园艺博览会主展馆"PPT。

四、启发思考题

1. 本案例在建筑设计过程中涉及哪些绿色建筑方面的知识?
2. 现代木结构建筑的特征是什么?
3. 为什么说现代木结构建筑是低碳环保建筑?
4. 我国现阶段发展现代木结构建筑存在哪些挑战和应对策略?
5. 实现大跨度现代木结构建筑的技术途径是什么?

五、分析思路

案例教学过程中通过实地现状调查、分析和研讨现代木结构建筑的发展现状和存在的问题,结合现代木结构建筑建设目标,在借鉴国内外成功案例经验的基础上,提出创新性的解决方案。

六、理论依据与分析

本案例的突出特点是对现代木结构的应用与表达,而建筑学、城市规划专业的研究生对这一新兴领域的知识比较陌生。因此,在教学过程中,非常有必要为研究生补充讲授有关现代木结构方面的知识。

1. 绿色材料和木材

绿色材料又称为生态材料、环境协调材料,是指那些具有良好的使用性能或功能,对资源和能源消耗少,对生态环境污染少,有利于人类健康,再生利用率高或可循环利用,在制备、使用、废弃甚至再生循环利用的整个过程中,都与环境协调共存的一大类原材料。

材料与环境具有良好的协调性,主要表现在以下两个方面:一是材料在其生命周期的全过程中具有低的环境负荷值,即对生态环境的破坏小、不造成环境污染或环境污染为最小;二是材料具有高的可循环再生率,即指节约资源和能源、资源可循环再生并能综合循环利用、资源利用率高。

木材是地球上数量最多的植物材料。从生态观点来看,木材生产和加工的能耗低,可再生,并可循环利用,易于进行废弃处理。从这个意义上来说,木材是一种天然的绿色材料。

2. 现代木结构类型

根据建筑材料和建造形式的不同,现代木结构可细分为原木结构、轻木结构、梁柱结构和木结构组合四种类型。

（1）原木结构。原木结构采用规格及形状统一的方木、圆木或胶合木构件叠合制作，集承重体系与围护结构于一体。简单来说，原木房屋的承重墙都是用一根根经过工厂加工过的实木堆砌起来的。

原木建筑可保持建筑的可呼吸性能，具有优良的气密、水密、保温、保湿、隔声、阻燃等各项绝缘性能，原木建筑自身会呼吸，能调节室内湿度。原木结构适用于居住建筑、度假村、医院、疗养院、养老院、托儿所、幼儿园、体育建筑等。

（2）轻木结构。轻型木结构简称轻木结构，是由规格材及定向刨花板（OSB板）结构板材、石膏板制作的木构架墙体、楼板和屋盖系统构成的单层或多层建筑结构。轻木结构房屋大多采用夹心墙，内部填充岩棉或玻璃纤维棉，隔音隔热效果优于砖混砌体。

轻木结构外墙的墙骨柱内侧为石膏板，外侧为定向刨花板或胶合板，外挂板和其他饰面材料，墙骨柱之间填充不燃保温材料。构件之间的连接可采用螺钉连接、螺栓连接、齿板连接及通用或专用金属连接件连接等。轻木结构适用于建造居住建筑、旅游建筑、商业建筑、老年公寓、学校建筑等。

（3）梁柱结构。梁柱结构是指承重构件主要采用层板胶合木构件制作的单层或多层建筑结构，也称层板胶合木结构。

梁柱结构房屋的墙体可以采用轻型木结构、玻璃幕墙、砌体墙以及其他结构形式。构件之间主要通过螺栓、销钉、钉、剪板以及各种金属连接件进行连接。梁柱结构多适用于单层工业建筑和多功能的大中型公共建筑，如大空间、大跨度的体育场馆、展览建筑、观演建筑等。

（4）混合结构。混合结构是指由木结构或其构件、部件和其他不燃材料（如钢、钢筋混凝土或砌体等）或其构件共同组成、共同受力的结构体系。上部的木结构与下部的钢筋混凝土结构通过预埋在混凝土中的螺栓和抗拔连接件连接，实现木结构中的水平剪力和木结构剪力墙边界构件中拔力的传递。

七、背景信息

园艺博览会的选址和总体规划；园艺博览会主展馆的设计要求；我国木结构建筑的发展历程；涉及木结构建筑的相关理念、方法和技术；发展木结构建筑的目标和技术路径；国外木结构建筑发展的趋势；最新的木结构建筑设计理念；基于绿色建筑理念的规划设计方法。

八、关键要点

1. 园艺博览会主展馆的设计要点。
2. 低碳生态建筑适宜性策略的整合。
3. 发展木结构建筑的意义和价值。
4. 木结构建筑设计理念和设计要点。
5. 现代木结构建筑的节点设计。

九、建议教学活动计划

该案例教学建议为：课内4学时，课外8学时（含参观调研）。

主要的教学活动包括：

① 本案例建筑的现场调研，包括项目建设背景、第十届江苏省园艺博览会的总体规划、主展馆的空间组合与流线组织、结构选型与建筑形态、室内展陈、庭院景观、木结构的节点

设计等。
② 本案例建筑的设计目标及定位。
③ 木结构建筑的目标及技术路径。
④ 本案例建筑的设计手法和创新点分析。
⑤ 学生提交和演示案例分析报告。

案例 3 NJ 垂直森林综合体大楼设计

| 案例正文 |

一、标题

NJ 垂直森林综合体大楼设计

二、首页注释

编者：胡振宇

案例涉及的知识点：垂直森林、绿色建筑、综合体、阳台、生物多样性

三、中文摘要及关键词

摘要：NJ 垂直森林综合体大楼属于绿色低碳综合体建筑，由两座塔楼和一座裙楼组成，主要功能是办公、酒店和商业。两座塔楼的特点是通过绿色树池以及阳台的交替，将垂直森林模式引入 NJ 市，在 NJ 市江北新区创造一个活的生物多样性系统，丰富该地区的城市生态，并以创新的建筑面貌呈现未来的都市生活模式。

关键词：垂直森林；综合体；生物多样性；阳台

四、引言

该案例适用于建筑学专业、城市规划专业学位硕士研究生开设"绿色建筑"课程，也可供"生态城市规划""设计与实践""现代景观规划设计"等课程使用。

五、背景介绍

NJ 垂直森林综合体大楼总建筑面积约 11.8 万 m^2，它是目前亚洲第一座垂直森林建筑。

六、案例内容

NJ 垂直森林综合体大楼由 2 座塔楼和 1 座裙楼构成。其中高一些的塔楼约 200m，顶冠犹如绿色的大灯笼，该塔楼为办公楼，8 层到 35 层除了办公空间外，还包括 1 个博物馆、1 座绿色建筑学校，并在顶楼设有俱乐部。另一座塔楼，高约 108m，将入驻酒店，提供 247 个不同大小的房型，同时顶楼设有游泳池。20m 高的裙楼将承载商业、娱乐、教育等功能，涵盖多品牌商店、食品超市、餐厅、会议中心以及展览等。建筑设计方案通过对 NJ 市当地

气候、景观、植被、现场条件等多方面的考察和研究，在 NJ 市现有的植物选种中挑选适合 200m 高空生长环境的品种，沿着外立面从裙房顶到大屋面及建筑阳台上种植乔木、灌木、地被植物等，以此呈现建筑的外表面垂直绿化。

建筑采用传统的梁柱结构，两栋大楼上的 465 个阳台上，每一棵树都需要经过风洞试验的细致监测，确保在 200m 高处的树木即使在暴风中也能保持直立状态，保证安全。同时，项目采用了经过实践检验的阳台绿化技术，为垂直森林高空生长的植物设置了多重的安全防护措施，能够确保其总体安全。

NJ 垂直森林综合体大楼的优势在于它可以净化环境、吸收二氧化碳、排放氧气、改善空气质量、减少噪声污染，同时它也成为其他生物栖息的场所，重新构建了生物的多样性。

垂直森林建筑的兴起和城市空气质量危机密不可分。垂直森林建筑从它的诞生地米兰来到中国，被寄托了不小的期待。NJ 垂直森林综合体大楼（见图 7-7）与米兰的垂直森林公寓有许多不同之处，主要体现在以下四个方面。

图 7-7　NJ 垂直森林综合体大楼

① 空间功能不同。米兰的垂直森林公寓主要为居住楼，而 NJ 垂直森林综合体大楼则为办公综合体。

② 绿化种类不同。NJ 垂直森林综合体大楼与米兰垂直森林公寓、瑞士洛桑的"雪松之塔"住宅相比，选取了不同的绿化。设计团队着手不同地区的项目时，会与当地的植物学家进行商讨。设计团队联系了相关的植物学者团队，根据深入的研究，选择了 NJ 市当地的树木用以覆盖建筑外表。由于这些树木均选自 NJ 市当地，所以不存在植物适应性的问题。

③ 建筑高度不同。米兰的两座垂直森林公寓分别高 112m 和 90m。而 NJ 垂直森林综合体两栋塔楼的高度则分别为 200m 和 108m。

④ 阳台大小不同。米兰的垂直森林阳台挑出了 3.3m，最大的阳台面积有 80m^2；NJ 垂直森林综合体大楼的阳台挑出了 3m，已经突破了现有的建筑面积计算规范，挑出的 3m 阳台面积全部不计入容积率。并且，在 NJ 垂直森林综合体大楼设计上，采用了一种新的模式，使阳台与阳台中间的缝隙更小，营造出更好的绿色感觉（见图 7-8）。

图 7-8　NJ 垂直森林综合体大楼的阳台

七、附件

与案例相关的资料还包括 PPT 课件、推荐阅读的参考文献、思考题答案等。

八、案例思考题

1. 垂直森林的概念是什么？
2. 引入到中国的垂直森林建筑如何与当地的地理与人文特点相融合？
3. NJ 垂直森林综合体大楼的关键建筑技术有哪些？

案例使用说明

一、教学目的与用途

适用课程：绿色建筑

适用专业：建筑学专硕、城市规划专硕

教学目的：该案例用于建筑学和城市规划专业学位研究生的有关"绿色建筑"课程。研究生通过对本案例的学习，熟悉垂直森林的概念，熟悉高层建筑的设计要求，了解垂直森林高层建筑与一般高层建筑在设计上的不同之处，了解阳台种植适宜的乔木、灌木、草本、花卉的要求，对 NJ 垂直森林综合体大楼能够从立意构思、形体构成、空间组合、结构体系、客房套型、景观绿化等方面，进行综合评判。

在案例学习过程中，要求研究生收集国内外相关案例，熟悉垂直森林项目的规划建设要求，掌握类似垂直森林之类的高层建筑的设计原理和方法，了解生物多样性的概念，加深对本案例的建设意义、设计方法和建造技术的认识和理解，拓宽研究生的学科视野，提升创新意识和综合设计能力。

二、涉及的知识点

该案例涉及的知识点包括垂直森林的概念、垂直森林项目的策划、NJ 垂直森林综合体大楼的总平面布局、建筑设计、阳台构造、植物配种、生物多样性、景观设计、绿色建筑评价标准及认证等，在教学中应引导学生阅读相关文献和设计规范，包括《建筑设计资料集（第三版）》第 8 分册、《绿色建筑评价标准》（GB/T 50378—2019）等，拓宽专业视野，掌

握高层建筑设计的要点以及高层建筑生态化实施的技术途径。

三、教学课件

"NJ 垂直森林综合体大楼设计"PPT。

四、启发思考题

1. NJ 垂直森林综合体大楼在设计过程中涉及哪些绿色建筑方面的知识？
2. NJ 垂直森林综合体大楼与米兰垂直森林公寓在哪些方面有所不同？
3. 目前在我国规划建设垂直森林高层建筑存在哪些问题？
4. 实现垂直森林建筑的技术途径是什么？
5. 垂直森林建筑中的阳台设计有哪些特殊要求？

五、分析思路

在教学过程中，通过案例收集和实地调查，分析垂直森林建筑的发展现状和存在问题，借鉴国外垂直森林项目的设计理念，结合 NJ 垂直森林综合体大楼的建设经验，研判我国发展垂直森林建筑项目的可行性和建筑设计要点。

六、理论依据与分析

有关垂直森林建筑的研究应溯源到意大利著名建筑师斯坦法诺·博埃里（Stefano Boeri），他首先提出了垂直森林（vertical forest）的概念并付诸实践。2014 年，由博埃里设计，在米兰建成了世界上最早的两座垂直森林公寓。

博埃里主要专注于有重生或重建需求的城市地区的建筑和开放性空间的设计。他在世界各地承担了一系列的城市更新改造、城市干预和绿色建筑项目，尤以垂直森林项目最为著名。博埃里在 2006 年就提出了米兰垂直森林两栋塔楼的概念，真正开始建设始于 2011 年，2014 年建成。

米兰垂直森林公寓是整体被植物的叶子覆盖的新一代城市高层建筑，是一种促进建筑与自然共存的建筑设计，也是一种适应复杂的城市生态系统的发明。米兰垂直森林公寓是一个高密度的都市森林化项目，既增加了城市的绿色和可渗透表面，又减少了由玻璃幕墙反射阳光造成的热岛效应。与绿色屋顶、蔬果园、垂直花园一起，米兰垂直森林公寓属于新一代的环境再生项目，旨在改善当代城市日常生活质量和多样性。

以博埃里为代表的建筑师推崇实行全球化的城市森林化项目，通过倍增绿色建筑和垂直森林的数量，增加全球城市中树木的存在，以便使我们的城市变得更绿色、更健康、更舒适。

七、背景信息

意大利著名建筑师斯坦法诺·博埃里（Stefano Boeri）的建筑创作思想；垂直森林（vertical forest）的概念和米兰垂直森林公寓；全球气候变化的影响以及全球应对；我国在气候变化领域的目标和低碳城市建设；生物多样性；高层生态建筑的设计方法等。

八、关键要点

1. 低碳生态建筑的建设目标和路径。
2. 发展垂直森林高楼的意义和价值。

3. NJ 垂直森林综合体大楼的设计理念、设计策略和设计要点。
4. 高层生态建筑的适宜技术。

九、建议教学活动计划

该案例教学建议为：课内 4 学时，课外 8 学时（含参观调研）。

主要的教学活动包括：

① 本案例建筑的现场调研，包括 NJ 市江北新区概况、基地及周边地块情况、建筑功能、空间组合、结构形式、阳台构造、植物品种、景观环境、交通组织和配套设施等。

② 本案例建筑的设计目标及定位。

③ 本案例建筑的目标及技术路径。

④ 本案例建筑的设计手法和创新点分析。

⑤ 学生提交和演示案例分析报告。

案例 4　瑞典斯德哥尔摩市哈姆比湖城规划设计

|案例正文|

一、标题

瑞典斯德哥尔摩市哈姆比湖城规划设计

二、首页注释

编者：胡振宇

案例涉及的知识点：生态城市、生态住区、棕地修复、绿色交通、绿色开放空间、绿色住宅

三、中文摘要及关键词

摘要：以欧洲著名生态住区——瑞典首都斯德哥尔摩市的哈姆比湖城为例，对哈姆比湖城的建设背景、总体规划、绿色交通、开放空间、景观绿化、住宅布局等进行分析；归纳总结哈姆比湖城将旧工业区和码头区转变成为一个充满活力的生态型都市区域的成功经验，以期为我国的生态城市规划、老工业区更新改造、绿色住区建设提供有价值的参考。

关键词：哈姆比湖城；生态住区；总体规划；绿色交通；绿色开放空间

四、引言

该案例适用于建筑学专业、城市规划专业学位硕士研究生开设"绿色建筑"课程，也可供"生态城市规划""设计与实践""木结构建筑"等课程使用。

五、背景介绍

哈姆比湖城是一个由旧工业用地改造而成的居住及其他功能用地混合开发区，面积约

250hm², 项目投资总成本约 51 亿美元,2018 年全部项目已基本建成,号称是"世界绿色环保城",每年接待世界各地专业人士和游客达 15000 人次。哈姆比湖城作为斯德哥尔摩市第一座生态新城区,展现了欧洲绿色城市规划的未来前景。

六、案例内容

哈姆比湖城位于瑞典首都斯德哥尔摩市区的东南方向,总用地面积约 250hm²,距离市中心约 5km。这里曾是斯德哥尔摩市发达的港口工业区,随着欧洲海运及造船业的衰败,该地区面临着产业转型和如何可持续发展的问题。20 世纪 90 年代初,斯德哥尔摩市政规划部门意识到人口持续增长到新世纪的趋势,哈姆比湖城首先被规划用以满足对新住房的强劲需求。同时,作为斯德哥尔摩市申办 2004 年夏季奥运会工作的一部分,哈姆比湖城被市政当局作为环境友好型住房开发的试验项目,规划人口 3 万人。

哈姆比湖城本质上是旧城更新与棕地(brown field)再生的混合型案例,规划目标则是将旧工业区和码头区转变成为一个新型生态型都市区域,而该目标则源于 1999 年斯德哥尔摩城市总体规划的"建设内涵式发展的城市"定位,即不再开发新的土地,而是对已开发的土地进行重新利用,优化内城土地结构模式。

哈姆比湖城的发展始于 20 世纪 90 年代,在全球关注环境问题,倡导可持续发展的背景下,伴随着经济与人口增长而开始经济结构调整和城市工业转型。哈姆比湖城的生态规划建设,不仅将老港口工业区转变为适宜生活的城市新区,也为欧洲乃至全球展现了一个城市生态、能源和环境可持续发展的"哈姆比模式"(见图 7-9)。

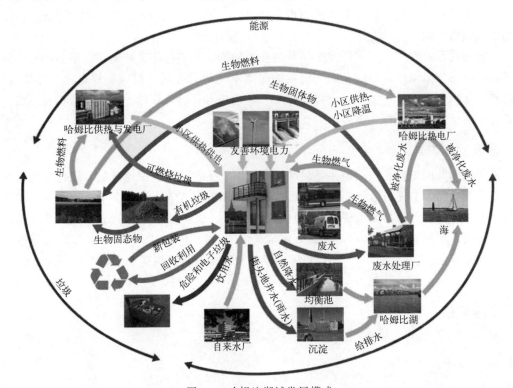

图 7-9 哈姆比湖城发展模式

该案例涵盖规划、建筑、景观、交通、能源、环境等专业,内容全面,技术先进,是有关生态城市、生态住区、绿色建筑的极好案例。

七、附件

与案例相关的资料还包括 PPT 课件、推荐阅读的参考文献、思考题答案等。

八、案例思考题

1. 哈姆比湖城的规划指导思想和总体规划。
2. 哈姆比湖城的绿色生态宜居环境的营造。
3. 棕地修复的概念、方法和典型案例。

案例使用说明

一、教学目的与用途

适用课程：绿色建筑

适用专业：建筑学专硕、城市规划专硕

教学目的：该案例用于建筑学和城市规划专业学位研究生的有关"绿色建筑"课程。研究生通过对本案例的学习，熟悉棕地修复、生态城市的概念，熟悉生态城市规划的相关知识，了解斯德哥尔摩城市的发展历史和现状信息，了解哈姆比湖城规划的背景和建设成就，掌握生态城市规划的基本方法。

在案例学习过程中，要求研究生尽可能多地阅读本案例的外文资料，收集整理国内外相关案例，学习生态城市规划的基础知识，加深对本案例的规划思想、规划目标、总体规划、功能布局、绿色交通、环境生态、居住标准、建造技术、运营管理等方面的认识和理解，拓宽研究生的全球视野，提升创新意识和规划设计能力。

二、涉及的知识点

该案例涉及的知识点包括斯德哥尔摩城市概况、生态城市、棕地修复、绿色交通、绿色住宅、开放空间、节能与可再生能源利用、哈姆比湖城模式等，在教学中应引导学生阅读相关的专著和文献，包括《城市规划原理（第三版）》《生态城市整体规划与设计》《绿色北欧：可持续发展的城市和建筑》，以及《建筑设计资料集（第三版）》第 8 分册《绿色生态城区评价标准》（GB/T 51255—2017）等，以拓宽专业视野，提高生态城市规划设计的能力和水平。

三、教学课件

"瑞典首都斯德哥尔摩市哈姆比湖城规划设计" PPT。

四、启发思考题

1. 生态低碳城市的特征是什么？与原来的城市有哪些不同？
2. 实现城市可持续发展存在哪些问题和应对策略？
3. 老旧工业区更新改造为生态住区的创新思路与方法？

4. 城市更新与改造有哪些优秀的案例可以借鉴?
5. 瑞典斯德哥尔摩哈姆比湖城的更新改造成功的地方有哪些?

五、分析思路

在案例教学过程中,学习生态城市规划的理论和方法,注意收集国外尤其是北欧国家生态城市、生态住区、绿色建筑的案例,通过梳理文献和案例,分析国内外城市发展的现状与问题,结合生态城市、生态住区的规划建设目标,在借鉴国内外成功案例经验的基础上,为我国的生态城市、生态住区规划提出具有创新性的思路与方案。

六、理论依据与分析

1984 年,苏联生态学家杨尼特斯基(O. N. Yanitsky)首次正式提出"生态城市"概念,他认为"生态城市是一种理想城市模式,其中技术和自然充分融合,人的创造力和生产力得到最大限度发挥,而居民的身心健康和环境质量得到最大限度保护,物质、能量、信息高效利用,生态良性循环"。

从生态学的观点出发,城市是以人为主体的生态系统,是一个由社会、经济和自然三个子系统构成的复合生态系统。一个符合生态规律的生态城市应该是结构合理、功能高效、关系协调的城市生态系统。这里提到的结构合理是指适度的人口密度、合理的土地利用、良好的环境质量、充足的绿地系统、完善的基础设施、有效的自然保护,功能高效是指资源的优化配置、物力的经济投入、人力的充分发挥、物流的畅通有序、信息流的快速便捷,关系协调是指人和自然协调、社会关系协调、城乡协调、资源利用和资源更新协调、环境胁迫和环境承载力协调。总而言之,生态城市应该是环境清洁优美、生活健康舒适、物尽其用、地尽其利、人和自然协调发展、生态良性循环的城市。

生态城市作为对传统的以工业文明为核心的城市化运动的反思、扬弃,体现了工业化、城市化与现代文明的交融与协调,是人类自觉克服"城市病"、从灰色文明走向绿色文明的伟大创新。它在本质上适应了城市可持续发展的内在要求,标志着城市由传统的唯经济增长模式向经济、社会、生态有机融合的复合发展模式的转变。它体现了城市发展理念中传统的人本主义向理性的人本主义的转变,反映出城市发展在认识与处理人与自然、人与人关系上取得新的突破,使城市发展不仅仅追求物质形态的发展,更追求文化上、精神上的进步,即更加注重人与人、人与社会、人与自然之间的紧密联系。

生态城市与普通意义上的现代城市相比,有着本质的不同。生态城市中的"生态",已不再是单纯生物学的含义,而是综合的、整体的概念,蕴涵社会、经济、自然的复合内容,已经远远超出了过去所讲的纯自然生态,而已成为自然、经济、文化、政治的载体。

生态城市中"生态"两个字实际上就包含了生态产业、生态环境和生态文化三个方面的内容。生态城市建设不再仅仅是单纯的环境保护和生态建设,生态城市建设内容涵盖了环境污染防治、生态保护与建设、生态产业的发展(包括生态工业、生态农业、生态旅游)、人居环境建设、生态文化等方面,涉及各部门各行业。这正是可持续发展战略的要求。

因此,生态城市建设是在区域水平上实施可持续发展战略的一个平台和切入点。生态城市建设是全面提升城市生态环境保护工作的重要载体,通过生态城市建设才能最大限度地推动城市的可持续发展,改善城市的生态环境质量。

七、关键要点

1. 低碳生态城市的建设目标和路径。

2. 低碳生态建筑适宜性策略。
3. 绿色建筑设计理念和设计要点。
4. 发展生态城市的意义和价值。
5. 生态城市建设的技术问题。

八、建议教学活动计划

该案例教学建议为：课内 4 学时，课外 6 学时。

主要的教学活动包括：

① 哈姆比湖城的资料获取，包括项目背景、周边概况、规划布局、空间结构、生态景观、交通组织、建筑单体和配套设施等。

② 哈姆比湖城的生态规划目标及定位。

③ 哈姆比湖城的生态规划技术路径。

④ 哈姆比湖城内的建筑设计手法和创新点分析。

⑤ 学生提交和演示案例分析报告。

参考文献

[1] 王建国，葛明. 别开林壑、随物赋形、构筑一体——扬州江苏省园艺博览会主展馆建筑设计 [J]. 建筑学报，2019 (11)：33-37.

[2] 张树君. 装配式现代木结构建筑 [J]. 城市住宅，2016，23 (5)：35-40.

[3] 张树君. 装配式木结构建筑——国家建筑标准设计图集 14J924《木结构建筑》介绍 [J]. 建设科技，2015 (3)：22-24.

[4] 邢林. 新标准亮点突出 [J]. 施工企业管理，2019 (11)：63-64.

[5] 张冶，徐平，支锦亦. 轨道车辆绿色设计研究 [J]. 艺术与设计（理论），2012，2 (6)：128-130.

[6] 许望. "垂直森林"密集登陆中国 城市绿色生态 "上天" 了 [N]. 21 世纪经济报道，2017-07-31.

[7] 李月香，李超刚. BIM 在绿色建筑全生命周期项目管理中的应用优势 [J]. 建设科技，2017 (12)：76-77.

[8] 吴景山，孙起. 新时期我国建筑节能与绿色建筑立法需求分析与对策研究 [J]. 建设科技，2021 (19)：12-16.

[9] 黄丽娟. 绿色制造模式下的回收逆向物流研究 [D]. 西安：西安电子科技大学，2006.

[10] 马鹏真，刘登龙，牛壮，等. GB/T 50378—2019《绿色建筑评价标准》在青岛市公共建筑运行中能耗节省潜力解析 [J]. 绿色建筑，2021，13 (5)：7-10，15.

[11] 郑权. 浅论绿色建筑发展面临的主要挑战及系统性解决方案 [J]. 新型建筑材料，2022，49 (8)：151-154.

[12] 《上海市绿色建筑管理办法》的政策解读 [J]. 上海市人民政府公报，2021 (22)：3.

[13] 张诗雨. 国外的生态城市发展——国外城市治理经验之十一 [J]. 中国发展观察，2015 (12)：82-85，74.

[14] 李梅珍. 论我国生态城市法律制度构建 [D]. 太原：山西财经大学，2010.

[15] 刘永辉. 可持续型城市建设工程范例剖析——以瑞典斯德哥尔摩哈默比湖城为例 [J]. 知识经济，2011 (18)：90-91.

第八章
环境伦理学系列教学案例

研究生教学案例正文
及案例使用说明

案 例 名 称：环境伦理学系列教学案例
专 业 类 别：工学
专 业 领 域：环境工程/环境科学
所 在 单 位：南京工业大学环境科学与工程学院
作 者 姓 名：张雪英、徐海涛

案例 1　南水北调项目建设的环境伦理

|案例正文|

一、标题

南水北调项目建设的环境伦理

二、首页注释

编者：张雪英、徐海涛

案例涉及的知识点：环境工程、工程项目环境伦理学分析

案例情况：真实发生

三、摘要及关键词

摘要：南水北调是我国战略性工程，分东、中、西三条线路，将水资源从水量丰沛的地区调往缺水地区，给受水地区带来极大的受益。南水北调对资源和发展的巨大贡献，不管是现在，还是将来，都有益于我国的发展。

关键词：南水北调；中线工程；建设效益；环境伦理

四、背景介绍

1. 项目概况

南水北调是我国的战略性工程，分别从长江上、中、下游调水，沟通长江、淮河、黄河、海河，构成"四横三纵、南北调配、东西互济"的大水网格局，以适应西北、华北各地的发展需要，分东、中、西三条线路，即南水北调东线工程、南水北调中线工程和南水北调西线工程。东线起点扬州三江口，终点天津；中线起点丹江口水库，终点北京团城湖；西线工程规划从大渡河、雅砻江和通天河向黄河上游调水，分三期实施，尚未开工建设。目前南水北调工程的供水区域为河南、河北、天津等省（市）。

南水北调工程是国之大事，是国家级水资源调配的重大工程，规模宏大，涉及多流域、多水源、多地区、多部门、多用户、多目标、多领域、多学科，系统性极强。在整个工程建设期间，政府公开招标，严密监督企业施工，确保公平公正；企业提高自身实力，打造美好口碑；民众积极响应，主动监督，全力配合，使得整项过程顺利展开，圆满成功。利大于弊，南水北调对资源和发展的巨大贡献，不管是现在，还是将来，都有益于我国的发展。

2. 建设情况

南水北调东线一期工程于 2002 年 12 月 27 日开工，2013 年 11 月 15 日通水。南水北调东线工程在长江下游扬州附近抽引长江水，经京杭大运河、洪泽湖、骆马湖、南四湖、东平湖，穿过黄河后自流，途经江苏、山东、河北，最后到达天津。南水北调中线一期工程于 2003 年 12 月 31 日开工，2014 年 12 月 12 日下午，长 1432 公里、历时 11 年建设的南水北

调中线正式通水,长江水正式进京。中线从丹江口水库引水,利用伏牛山和桐柏山间的方城垭口"流出"南阳盆地,全程自流到京津冀豫。南水北调中线工程从加高扩容后的丹江口水库引水,经湖北、河南、河北,输水到北京、天津。水源地丹江口水库,水质常年保持在国家Ⅱ类水质以上,"封闭"渠道设计确保沿途水质安全。通水后,每年可向北方输送95亿立方米的水量,相当于1/6条黄河水量,基本缓解北方严重缺水局面。

根据水利部南水北调工程管理司发布的数据,截至2022年1月初,工程累计供水量超过500亿立方米,惠及沿线七省市的1.4亿人口,为优化我国水资源格局,满足沿线群众生活用水,推动经济社会高质量发展提供了坚强的水资源支撑,产生了显著的经济、社会效益。近年来,南水北调工程的生态效益也日渐显现出来。南水北调一期工程通水以来,为沿线城市提供了充足的生态用水,湖泊、湿地等水域面积明显扩大,华北地区地下水水位持续下降趋势得到扭转,沿线地区水质提升明显,区域生物种群和生物多样性明显增加,环境承载力显著提高。未来随着工程的不断推进,南水北调工程的积极生态效益将进一步扩大。

五、案例内容

南水北调将水资源从水量丰沛的地区调往缺水地区,给受水地区带来极大的收益,有效缓解了黄河流域的干旱问题。

整个南水北调工程共搬迁移民27.5万人,其中绝大部分来自中线工程。河南省是农业大省,对河南省来说,中线工程不仅仅是一项水利工程,更是关乎生态环境保护与重建的可持续发展工程。对于农业人口来说,耕地的失去意味着他们失去了传统意义上的生存之本,政府也要为他们的再就业、技能培训和教育问题付出大量的人力和财力。伴随着大量移民的产生,一批全新规划并且设施更加完善的新城市也将应运而生,这将加速河南省城市化与现代化的进程。南水北调工程有助于提升河南省在生态环境上的承载能力,后续的资金投入也将着重用于水源的保护以及防止水土流失。但是中线工程将不可避免地给河南省的水土和气候带来改变。

具体来说,工程削减了河南省的耕地面积和森林面积,可能造成水土流失,并且改变原有的水系,破坏原有水系中的生态平衡。这些负面的后果在短时期内是不可恢复的。与此同时,中线工程将穿过太行等山脉,黄淮海平原,长江、淮河、黄河以及海河。这些地区是中华文明的发祥地,拥有大量的历史遗产和丰富的人文资源,中线工程也将对这些丰富的地上遗产造成一定程度上的损害。

六、案例小结

南水北调工程是我国优化配置水资源的特大型基础设施,主要用于解决北方水资源严重短缺的问题,是重要的生态工程、民生工程、战略工程。南水北调工程跨越长江、黄河、淮河、海河四大流域,为沿线城市提供工业用水和生活用水,同时对推动改善区域生态环境有重要的价值。

但是南水北调对环境也带来了一定的消极影响:三峡水利枢纽的蓄洪、发电作用受到了难以估量的影响;大量人口搬迁给环境带来压力;水污染问题严重;等等。

七、附件

与案例相关的资料主要包括PPT课件、视频、学习资料、思考题答案等。

八、案例思考题

1. 工程师对工程活动产生的环境生态问题应该负有什么样的责任?
2. 你认为公众是否充分了解了南水北调可能会引发的生态问题?
3. 南水北调成功背后带来了哪些新的问题?如何慎重对待?
4. 如何理解南水北调不仅考虑现在更着眼于未来?
5. 如果你是南水北调中的移民,你会怎么想?怎么做?

案例使用说明

一、教学目的与用途

适用课程:环境工程伦理

适用专业:资源与环境、环境工程

教学目标:南水北调是我国的一个大型水利工程,工程量大,涉及面广,通过对这个案例的还原分析,了解工程师、管理者、决策者等相关利益关系人在当时当地所面临的伦理困境,想象他们当时的心理状态和做出的决定,帮助学生还原到当时的场景中切身感受,形成学生的伦理自觉性,促进学生创新意识和创新理念的培养。

二、涉及知识点

1. 生态文明

生态文明是指人类遵循人、自然、社会和谐发展这一客观规律而取得的物质与精神成果的总和,是以人与自然、人与人、人与社会的和谐共生、良性循环、全面发展、持续繁荣为基本宗旨的文化伦理形态。

现代生态文明是一种社会形态,不仅仅是一个经济概念,还是一个政治概念、伦理概念,其主题就是建构新体制机制以及更新人们的思维观念和伦理规范,正确处理人类生存环境与发展之间的内在关系。

2. 工程伦理主要理论

工程伦理学的思想来源于传统伦理学的观点,主要包括以下四个观点。

(1)功利论。功利论又称功利主义、效益主义,是伦理学的一个重要理论,提倡追求"最大幸福",典型代表有英国哲学家边沁和穆勒等。

(2)义务论。义务论又称道义论,主要强调道德义务和责任的神圣性以及履行义务和责任的重要性,以及人们的道德动机和义务心在道德评价中的地位和作用。

(3)契约论。契约论以订立契约为核心,通过一个规则性的框架体系,把个人行为的动机和规范伦理看作一种社会协议。

(4)美德论。美德是指一切能够给人带来积极力量的东西,美德论是以品德、美德和行为者为中心的伦理学,强调品德更重于权利和规则。

3. 环境伦理责任

具体而言,环境伦理责任包含如下几个方面内容。

(1) 评估、消除或减少工程项目以及产品的决策所带来的短期、长期的直接影响。

(2) 减少工程项目以及产品在整个生命周期,尤其是使用阶段对于环境及社会的负面影响。

(3) 建立能与公众进行公平、客观、真实沟通工程项目的环境及其他方面风险的信息交流文化。

(4) 促进技术的正面发展来解决难题,同时减少技术的环境风险。

(5) 认识到生态环境的内在价值,不像过去一样将环境看作是免费产品。

(6) 能充分考虑区域、国家、国际以及代际间的环境资源分配使用问题。

(7) 能采用促进合作而非竞争战略保护生态环境。

4. 工程伦理义务对象

根据综合工程中的常见问题,可将工程伦理的义务对象分为以下八大类别。

(1) 个人。自身品德、胜任能力、公平竞争等。

(2) 专业。持续发展、过度宣传问题等。

(3) 同僚。领导、服从、利益冲突、合作等。

(4) 雇主/组织。忠诚、兼职、公私不分等。

(5) 业主/客户。诚信、业务保密、知识产权、契约课题等。

(6) 承包商。馈赠、回扣、受贿等。

(7) 人文社会。公共福祉、卫生安全、社会秩序等。

(8) 自然环境。污染、生态失衡、资源浪费等。

5. 项目利益相关方

美国项目管理协会将项目利益相关者定义为积极参与项目或受项目执行和完成所影响的个人或群体。工程项目利益相关者如图 8-1 所示,该图系统地描述了项目中的外部和内部利益相关者。在我国,项目施工阶段的内部利益相关者包括业主方、项目管理团队、供应商、总承包商和分包商。典型的工程项目组织结构如图 8-2 所示。

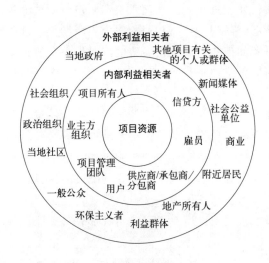

图 8-1 工程项目利益相关者

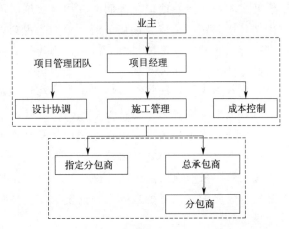

图 8-2 工程项目组织结构

三、教学课件

"南水北调项目建设的环境伦理"PPT。

四、启发思考题

1. 项目有哪些涉及利益相关者？
2. 项目有哪些涉及关系人？
3. 项目建设后，有哪些显著的社会效益、经济效益和生态效益？

五、分析思路

按照项目建设进程，先介绍项目背景，再讲述项目建设经过，分析项目伦理思想、项目效益和项目关系人伦理困境，总结经验，得出案例涉及伦理规范。

六、项目分析

1. 项目建成后的效益分析

（1）社会效益。南水北调构筑了我国"南北调配，东西互济"的大水网格局，有效缓解北方地区的水资源短缺问题，促进北方地区经济、社会的发展和城市化进程，增强北方地区的水资源承载能力，解决了700万人长期饮用高氟水和苦咸水的问题。在全球气候变暖、极端气候增多的条件下，增加国家抵抗风险能力，为经济社会可持续发展提供保障。

（2）经济效益。除了间接促进我国的经济发展和社会进步外，南水北调工程的实施，每年可拉动中国经济0.2～0.3个百分点，增加就业人口50万～60万人；北方地区每年工农业产值增加500亿元。

（3）生态效益。东、中线调水工程实施后，有效缓解受水区的地下水超采局面，同时还增加了生态和农业供水60亿立方米左右，使北方地区水生态环境恶化的趋势初步得到抑制，并逐渐恢复和改善生态环境。

2. 项目伦理思想分析

（1）南水北调的功利主义。将南方的水资源调到北方，会对相关的地方政府、实施工程的企业和调水范围内的群众带来很高的利益，但高利益同时也意味着高风险的产生。南水北调是否会产生严重的环境危害需要经过长远的评估才能进行判定，而水土和植被资源被大规模开发利用、土壤盐碱化等问题在项目实施时就已经出现，生态环境的压力不断增大。这些生态环境问题，迫使我们从更深、更广的视角思考如何在发展社会经济的同时保护和改善生态环境，水利工程不该以自然生态作为代价，而应该是追求长远的发展，最大化地实现对自然的良性改造，实现双赢。

（2）南水北调的义务意识。生态水利工程并不仅仅是一项环境保护工程，更要注重工程竣工后的生态恢复和生态补偿工作，比如陆域部分的绿化设施的建设、水域部分的污水治理等。特别是大中型的水利工程建设，由于其规模庞大，对生态环境的影响也同等巨大，则更应该重点进行生态恢复及重建工作：在工程开工前做好供水、场地平整等基础设施建设；在工程实施中采取有力措施防治施工环境污染，妥善保护施工区域人文自然景观；在工程竣工之后，需要做好恢复植被等生态恢复工作。在整个过程中，所有工程参与者都有义务保护好生态。

（3）南水北调的契约精神。政府将工程承包给企业，为了保障工程质量，确保施工安全，保证公平竞标，出台了《中华人民共和国招标投标法》《水利工程建设项目施工招标投标管理规定》等规定。通过规定的约束，政府对公司的实际情况进行全面的了解，选择最佳的承包商。作为实施的企业，从规划开始的那一刻起，就要用招标时展现的最好技术，首先要考虑自己是不是真的决心改善南北水资源不公平的事实，决心要为后代留下永久的便利。同样的逻辑延伸在任何一项大型水利工程中，以保证所有工程参与者按照合约工作，不损害他人的利益，不产生合约之外破坏生态环境的不当行为。

（4）南水北调的社会公众道德责任。在自然资源日益枯竭的当下，培养公众生态意识的意义重大。通过报纸、网络、电视等媒体的宣传教育，将生态意识渗透到群众生产和生活的方方面面，既可以提高公众生态环保意识，使公众更为清醒地认识到自身所处的不容乐观的自然环境，意识到资源开发的有限性，更可以推动全民建立节约资源、保护环境的主人翁意识，推进生态水利工程的建设。

3. 案例涉及关系人的伦理困境

（1）政府相关部门人员。能否处理好工程中的利益与公平的关系问题是决定社会是否稳定和经济能否良性发展的一个关键切入点。在水利工程的决策中，政府应该秉承公平与效益的原则，在维护公共利益的同时，兼顾个体利益；在弱势群体与强势群体的利益纠葛中，妥善做好利益平衡与掌控工作，维护社会公平与和谐稳定。

（2）工程涉及的企业。从传统意义上说，企业是一个以追求价值和商业利益最大化为目标的利益主体，赚钱盈利是企业的主要目标。但是随着社会的发展，企业"唯利益观"受到公众质疑，也引起了社会的强烈不满。社会需要企业在商业利益的追求中关注大众的整体利益和城市区域发展的全局效益；生态水利工程的开展更需要企业具备一定的伦理意识，承担起自身的社会伦理责任。

（3）企业的工程师。大型水利工程是规律性和目的性的统一，它受规律的制约，又受主体目的与需要的影响。工程师作为工程活动的决策和实施主体，肩负着崇高的社会伦理责任，其关注焦点不应该局限于工程建设的质量与安全问题，更应该拓展为对人文自然的伦理关怀。生态水利工程的开展也要求工程师建立"真、善、美"一体的伦理思维。培养工程师"真、善、美"的伦理思维正是工程师实现其社会伦理责任，实现由被动向主动角色转换的重要途径。工程师只有树立正确的伦理价值观，形成技术与伦理的整体性思维，才能正确判断自己的工程行为，对自然付出更多的伦理关怀，从而实现水利工程的生态化转向。

（4）当地群众。作为典型的公共服务设施，大型水利工程具有历时长、影响范围广、利害相关者众、矛盾冲突多等特点，其规划、决策、实施更是需要倾听不同的声音，需要来自社会公众的普遍支持和理解。如果缺乏公众参与，工程活动照常进行，经济发展的马车也不会停下，但这种无视公众切身需求的工程活动本身就是一种盲目的行为，只会是粗放式地发展，耗费资源且浪费能源。将公众参与纳入水资源保护与水资源管理中，可以得到公众的理解和支持，可以更好地保护和利用自然资源，对提高水资源保护和水资源管理的正确性和有效性具有十分重要的意义。

4. 案例涉及的伦理规范

① 工程人员应了解其专门职业涉及公共事务，执行业务时应考量整体社会利益及群众福祉，并确保公共安全。

② 工程人员应尊重自然、爱护生态，充实相关知识，避免不当建设破坏自然环境。

③ 工程人员应兼顾工程业务需求与自然环境之平衡，并考量环境容受力，以降低对生态与文化资产等的负面冲击。

七、关键要点

生态文明建设、工程项目建设环境伦理分析。

八、建议教学活动计划

(1) 建议采用"议题讨论式"教学,教师提前布置"南水北调"讨论的议题,学生收集资料,了解项目背景。

(2) 再次上课时,教师根据启发思考题的设置,进行项目的角色分解,学生按小组进行角色代入,讨论回答问题,然后教师进行分析讲解。

案例 2 "怒江水电站开发"争议事件的环境伦理

|案例正文|

一、标题

"怒江水电站开发"争议事件的环境伦理

二、首页注释

编者:张雪英、徐海涛

案例涉及的知识点:环境工程、工程项目开发环境伦理分析

案例情况:真实发生

三、摘要及关键词

摘要:随着我国经济的快速发展和人民生活水平的不断提高,我国能源需求缺口越来越大。水能是可再生能源,我国水电资源丰富,优先发展水电是我国的能源发展战略。其中怒江水电开发条件好,水能资源非常丰富,在我国诸大河中位居第一。因此政府应制定科学的怒江水电开发、环境保护和经济发展的总体规划,在保护的前提下进行科学开发,在科学开发中实现有效的环境保护,在开发和保护中实现经济建设的跨越式发展,走出一条生态效益、经济效益、社会效益互利三赢的全面协调可持续发展的道路。

关键词:怒江;水电站;建设争议;环境工程伦理

四、背景介绍

怒江是我国西南地区的重要河流之一,发源于青藏高原的唐古拉山,流经西藏和云南两省区,在云南省芒市流出国境,进入缅甸后改称萨尔温江,最后注入印度洋的安达曼海。怒江在云南省怒江州境内全长 310 公里,怒江干流水量丰沛、落差集中,水能资源非常丰富,仅我国境内的理论蕴藏量达 4.6 万兆瓦,其中干流水能资源理论蕴藏量为 3640.74 万千瓦(其中西藏自治区 1930.74 万千瓦,云南省 1710 万千瓦),可开发装机容量就超过 3000 万千瓦,特别是怒江中下游径流丰沛且稳定、落差较大,水库移民、淹没损失较小,交通方便、开发条件好,是水能资源丰富、开发条件较为优越的河段。

五、案例内容

从怒江的整个流域来看,怒江大峡谷是水能资源最为集中、开发潜力最大的河段,而这

一河段与云南省怒江傈僳族自治州的大部分行政区域相重叠。众所周知，云南怒江州地处云南西部边陲，邻接缅甸，是一个边境线长、少数民族多、经济基础薄弱等特点相交织的极其特殊的区域。随着生活环境的不断改善，人口增加，粮食需求量加大，人们不断在沿江两岸开垦荒地以种植粮食作物，导致"贫困—生态恶化—再贫困—再恶化"的恶性循环，同时，怒江流域开发却处于空白，资源禀赋与经济现状之间形成了巨大的反差，因此，加快水利水电开发的步伐，可以为当地经济发展提供有力的支撑。

基于以上背景，怒江水电站的兴建逐渐提上了议事日程。按照最初的规划设计方案，怒江流域拟建 13 个梯级水电站，工程投资规模约 900 亿元，年发电量预计达 1029.6 亿千瓦时。建成后年发电产值将达 360 亿元，年上缴利税 80 亿元，年地方财政收入将增加 27 亿元，电站的建设将极大地带动怒江相关产业的发展。然而，这一设想却遭到了社会各界极大反对，不同层面的压力接踵而至，以至于云南省的相关部门不得不叫停该项目。从开发到停建再到开发，怒江水电站前后经历了十余年的反复争论，这一事件也成为我国乃至世界水利史上水利开发主要受阻于环境保护的典型案例。

怒江水电站前后经历七个阶段。

第一个阶段：1999 年—2003 年 8 月，国家发展和改革委员会主持并通过了怒江水电规划方案。

第二个阶段：2003 年 9 月—10 月，国家环保总局与环保专家、民间的环保人士反对开发怒江。

第三个阶段：2003 年 11 月—2004 年 12 月，国家环保总局、国家发展和改革委员会等与支持怒江开发的群体达成一致，同意有条件地开发怒江。

第四个阶段：2005 年 1 月—8 月，支持开发怒江的群体邀请知名的科学家与反对开发怒江的民间环保人士进行相关辩论，最终支持开发的群体获得胜利。

第五个阶段：2005 年 9 月—2008 年 2 月，不同层面的压力接踵而至，以至于云南省政府不得不叫停该项目。

第六个阶段：2008 年 3 月 18 日，国家发展和改革委员会公布了《可再生能源发展"十一五"规划》，明确提出在"十一五"期间，国家将开发兴建怒江六库、赛格水电站。但是由于环保争议，该规划最终没有正式启动。

第七个阶段：2013 年 1 月 1 日，国务院印发《能源发展"十二五"规划》，怒江松塔水电站被列为国家重点建设项目，六库、马吉、亚碧罗、赛格等水电站则被确定为有序启动项目。

历经十余年的争论，怒江水电站项目正式由规划进入实质开发阶段。

六、案例小结

怒江的开发不仅关乎当代人的美好生活，同时关乎我们的子孙后代的生存。在开发怒江的过程中，不可忽视移民安置的民生重任，以及对自然环境保护的生态责任，我们应本着全面、协调、可持续的发展思路，按照统筹区域发展、统筹经济社会发展、统筹人与自然和谐发展、统筹国内发展和对外开放的要求，严格遵循先规划、后开发的原则，对怒江的生态和发展问题进行深入、全方位的调研论证，科学合理布局怒江发展规划，汇集民智，广开言路，在讨论中寻找真理的方向。

七、附件

与案例相关的资料主要包括 PPT 课件、视频、学习资料、思考题答案等。

八、案例思考题

1. 作为怒江水电开发的决策者需要将哪些问题考虑在内？
2. 作为怒江水电开发的工程师，如果你在怒江开发的过程中发现对当地的生态环境会造成一定的破坏，你会怎么做？
3. 从保护生态环境的角度来分析，你认为怒江适合开发水电吗？
4. 你认为环境保护和经济发展哪个比较重要？

案例使用说明

一、教学目的与用途

适用的课程：环境工程伦理

适用专业：资源与环境、环境工程

教学目标：怒江水电开发条件好，水能资源非常丰富，在我国诸大河中位居第一，仅干流水能资源可开发总量就相当于三峡电站的发电量，但是，它的开发涉及生态保护等多方面的问题，各方人士对其展开过激烈争论。从局部讲，它是一个点的问题，但是怒江水电开发所涉及的经济发展与环境保护的问题，又是一个全局性的、举世关注的、争论较多的典型问题。深入剖析这个典型问题，对于学生深刻理解我国在重大项目建设中"预防为主，防治结合，综合治理"原则具有促进作用。

通过对案例的分析讲解，指导学生认识科学发展观，促使学生的思想认识更加接近和符合事物发展运动的客观规律，在处理重大环境问题时，更多地考虑人民大众的利益，制约政府和市场在环境问题上产生负面作用，实现社会各方利益的平衡，在有效保护环境中实现经济和社会又好又快发展。

二、涉及知识点

1. 环境工程伦理特点

环境工程伦理要求工程决策者和实践者应增强社会责任感和树立工程系统观（见图 8-3），树立一切工程活动都应促进人与自然、社会和谐的理念，杜绝各类"形象工程""政绩工程"。

2. 环境工程伦理研究范围

环境工程伦理要求工程战略、规划和决策要实现系统化、民主化、科学化，工程设计和实施要体现人性化、生态化，工程评价要符合经济效益、社会效益、环境效益和生态效益的系统准则（见图 8-4）。在工程管理过程中，认真对待和妥善解决工程活动中存在着的多元价值冲突和复杂利益诉求，实现工程系统的资源节约、环境友好。

3. 环境工程伦理原则

工程师在工程实践活动中的多重角色，使其对任何一个角色都负有伦理责任，如对职业

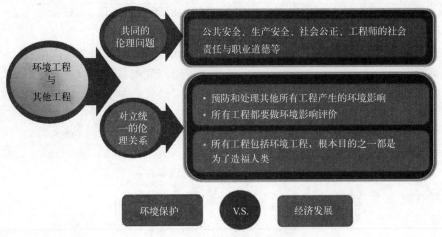

图 8-3　环境工程伦理特点

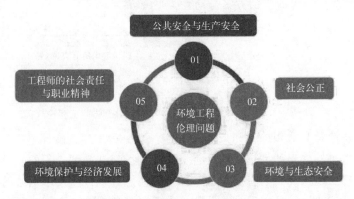

图 8-4　环境工程伦理研究范围

的责任、对雇主的责任、对同事的责任、对环境和社会的责任等。当这些责任彼此冲突时,工程师常常会陷入伦理困境之中,因而需要相应的制度和规范来解决此类困境。

(1) 尊重原则。只有尊重自然的行为是正确的。人对自然环境的尊重态度取决于如何理解人与自然之间的关系。

(2) 整体性原则。遵从环境利益与人类利益的协调,保证自然生态系统的完整、健康与和谐,而非仅仅根据人的意愿和需要。当人的利益与自然利益发生冲突时,我们应视情况做出相应对策(图 8-5)。

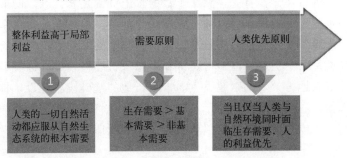

图 8-5　环境工程伦理原则

① 当自然整体利益与人类局部利益发生冲突时，依据原则（1）来解决。
② 当自然局部利益与人类局部利益发生冲突时，依据原则（2）来解决。
③ 当自然整体利益与人类整体利益发生冲突时，依据原则（3）来解决。
（3）不损害原则。不能对自然造成不可逆转、不可修复的伤害。
（4）补偿原则。当自然系统受到损害时，责任人需负责恢复自然生态平衡。

4. 工程伦理问题的抉择步骤

工程伦理问题的抉择可分为八个步骤（图8-6）。首先，收集伦理问题涉及的客观事实，分析伦理问题相应的利害关系人并辨识因果关系；然后，根据自身的义务和责任来思考伦理的行为，并对各种可能的方案从适应性、合理性、专业价值及阳光测试四个方面进行评估；最后，根据自身承受能力，选择最为适当的方案行动。

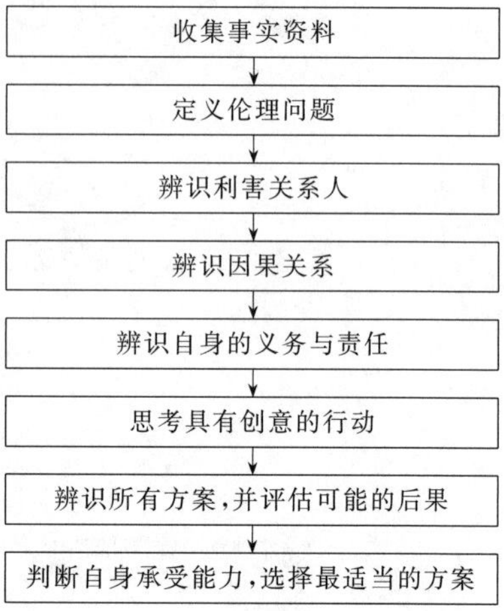

三、教学课件

"怒江水电站开发争议事件的环境伦理"PPT。

四、启发思考题

图8-6 工程伦理问题的抉择步骤

1. 项目有哪些涉及利益相关者和关系人？
2. 如果你是当时怒江州的书记，你是否会选择进行怒江水利工程的建设？为什么？
3. 如果你是怒江地区的一名普通群众，你愿意同意并积极参与水电站的开发建设吗？
4. 我国处理经济建设和环境保护关系的基本原则是什么？

五、分析思路

按照项目建设进程展开，先介绍项目背景，再讲述各阶段建设情况，分析其伦理思想以及关系人伦理困境，总结得出相关伦理规范。

六、项目分析

1. 项目伦理思想分析

（1）怒江水电站开发争议事件的功利主义。怒江水电工程的开发停滞了十年，始终争议不断，最终还是通过了决议，归根结底是由于背后的经济利益博弈。下面将从三个角度分别对怒江水电站的开发进行评述：首先，怒江丰富的水电资源是怒江开发的最直接的目的。通过开发怒江丰富的水能资源，可以促使我国资源优化配置，也正是由于这个原因，或者说这个直接的利益需求决定了开发怒江的必然性。其次，怒江的开发离不开政府的介入，政府之所以希望开发怒江也是为了促进怒江地区经济和生态可持续性发展，以及解决电力匮乏等问题。怒江的开发将提高地方政府的财政收入，带动当地的基础设施建设，打破其半封闭的地区状态。最后，作为怒江开发的投资商，从怒江的开发中将获得相当可观的经济效益。从经济利益出发，他们的态度非常明确。正因为此，他们才邀请一系列专家学者为怒江的开发方案提供合理性建议。

从功利主义的观点来看，怒江的开发将带来巨大的经济效益，可促进当地经济和生态的可持续性发展。经计算，13个梯级电站的开发，总投资896.5亿元，如果2030年前全部建成，平均每年投入30多亿元，国税年收入增加51.99亿元，地税年收入增加27.18亿元。巨额投资将扩大就业，据统计，电站建设每20万元投入就能带来一个长期就业机会，896.5亿元的总投资，可带来448250个就业机会。巨额投资还将带动地方建材、交通等产业的发展，带动地方GDP的增长，促进财政增收。

(2) 怒江水电站开发争议事件的义务意识。我们对生态环境负有保护的责任和义务，在发展经济的同时，应该重视环境保护，实现经济和生态的可持续性发展。在怒江水电站的建设过程中，若不当开发必然会给当地生态环境造成无法挽回的破坏，这也是很多环保组织和环保人士反对的主要原因。怒江的生态环境非常脆弱，由于某些原因，怒江流域的植被先前遭到了严重破坏，如果此时对怒江进行大规模的水电站开发，将有可能会加剧怒江生态环境的破坏。另外，大量移民所带来的人口安置问题，也会对移民地的生态造成影响，人口的增加将加重安置地的负担。随着怒江的开发和移民工作的开展，将会引起生态系统的转变，对生态环境的人为改变将会给生态系统带来不确定的未知后果，我们无法预见其结果是好还是坏。"既要金山银山，也要绿水青山"，不能仅仅考虑怒江开发所带来的巨大经济效益，而不去考虑其对生态环境带来的破坏，我们有义务保护自然生态环境不受破坏，同时我们也有义务给子孙后代提供一个更加美好的生存环境。

(3) 怒江水电站开发争议事件的契约精神。从契约论的角度来看待怒江的开发，我们会发现，怒江开发涉及的利益相关者众多，包括地方政府、开发商、环保人士以及当地居民。对于怒江的开发，一直以来充满争议，支持者和反对者都各执己见，但无论是支持还是反对，他们大都是从自身的利益出发。地方政府积极响应国家的号召，兴建大型项目以推动当地经济的发展；开发商想要从开发怒江中获取巨大的经济利益；环保人士要求获得开发怒江的知情权；当地居民要求得到合适的移民补偿。在开发怒江之前必须协调好这四个利益相关者的关系，订立相应的协议，以最大程度地满足各方需求，在后续的开发实践中严格按照协议行动。

(4) 怒江水电站开发争议事件的社会公众道德责任。对于怒江的开发，地方政府看到的是推动GDP的增长，开发商看到的是巨大的经济利益，环保人士看到的是对怒江自然生态环境的破坏，当地居民看到的是家园的失去。在开发怒江的过程中，应该充分考虑各方应尽的责任、具有的权利以及应承担的义务，妥善处理好这些矛盾，使怒江水电开发不仅能造福人类，还能造福生态。

2. 案例涉及关系人的伦理困境

(1) 地方政府。地方政府以造福人民为宗旨，通过开发怒江推动地方经济发展，改善人民生活，提升公众福祉，通过水电站的兴建可以造福更多的老百姓。但是，在发展经济的同时应该注重对生态环境的保护，不能顾此失彼。地方政府应该妥善处理好怒江开发过程中产生的各种问题，包括怒江周边生态环境问题、移民赔偿和拆迁安置问题等。怒江开发应该始终本着全面、协调、可持续发展思路，按照统筹区域发展、统筹经济社会发展、统筹人与自然和谐发展、统筹国内发展和对外开放的要求，严格遵循先规划、后开发的原则，对怒江的生态保护和经济发展问题进行全方位的深入调研论证，科学合理布局怒江发展规划，汇集民智，广开言路，谨慎行事。

(2) 当地居民。怒江周边的居民大部分是世代聚居于此的少数民族，他们比较完整地保留了传统民族文化和风俗。他们已经适应了这样的地域和环境特征，而他们的民族也是在这样的地域和环境中逐步孕育和成长起来的,他们可能不愿意改变这样的生活习惯,移居到其他地方也可能无法适应。即便当地居民愿意迁移,也能够适应未来的生活方式,但是随着时间的推移,当地的民族文化可能会消失。

(3) 开发商。怒江开发获益最大的是开发商,随着各方力量的介入以及对各种观点的争论,怒江的开发一拖再拖。如果最终怒江梯级水电站规划建设方案不能通过,开发商的前期投入将化为虚无,这会对开发商造成难以估量的损失。开发商面临的是两难境地:到底是在没有获批的情况下私自开发怒江,还是不顾企业的利益继续延期怒江的开发。

(4) 环保人士。环保人士关注的是怒江生态环境和少数民族文化的保护,他们可能忽视了怒江周边居民生活的艰难,而怒江的开发能够极大地改善当地居民的生活水平。到底是坚持保护生态环境和民族文化,还是致力于改善居民生活,这是环保人士应该思考的问题。

3. 案例涉及的伦理规范

① 工程人员应了解其专门职业所涉及的公共事务,执行业务时,应考虑整体社会利益及群众福祉,并确保公共安全。

② 工程人员应熟知专业领域规范,并了解法规含义,对于不合乎规范,损及社会利益与公共安全的事情,应加以纠正,不得随意批准或执行。

③ 工程人员应运用其专业技能,尽其所能提供社会服务,参与公益活动,以造福人群,增进社会安全、福祉,保护健康的环境。

④ 工程人员应尊重自然、爱护生态,充实相关知识,避免不当建设破坏自然环境。

⑤ 工程人员应兼顾工程业务需求与自然环境的平衡,并考量环境容受力,以降低对生态与文化资产的负面冲击。

七、关键要点

项目开发、经济建设、环境保护、环境伦理。

八、建议教学活动计划

1. 建议采用"议题讨论式"教学,教师提前布置"怒江能否开发"的议题,学生收集资料,了解项目背景。

2. 再次上课时,教师可根据启发思考题的设置,进行项目的角色分解,学生按小组进行角色代入,讨论回答问题,然后教师进行分析讲解。同时,可以进行辩论赛的拓展,如辩论环境保护和经济建设哪个更重要。

案例 3 全球碳减排方案的环境伦理

| 案例正文 |

一、标题

全球碳减排方案的环境伦理

二、首页注释

编者：张雪英、徐海涛

案例涉及的知识点：碳排放标准、碳交易制度、碳减排

案例情况：真实发生

三、摘要及关键词

摘要：全球碳减排关系人类的生存和可持续发展，涉及各个国家的国家利益，需要各个国家的紧密合作以及巨大的执行力才能完成既定的目标。当前的碳减排方案，可以分为"以美国为代表的伞形集团""欧盟""77国集团＋中国"的三大集团。各个集团都基于促进本国经济发展的考虑，出台了不同的碳减排方案，我国在全球的碳减排上面临的压力越来越大。

关键词：碳减排；京都议定书；环境伦理

四、背景介绍

2009年12月7日—18日，哥本哈根世界气候大会（全称是《联合国气候变化框架公约》第15次缔约方会议暨《京都议定书》第5次缔约方会议）在丹麦首都哥本哈根举行，来自192个国家的谈判代表召开峰会，商讨《京都议定书》一期承诺到期后的后续方案，即2012年至2020年的全球减排协议。这是继《京都议定书》后又一具有划时代意义的全球气候协议书，毫无疑问，这将对地球今后的气候变化走向产生决定性的影响。这是一次被喻为"拯救人类的最后一次机会"的会议。从此，碳减排这一全球性的议题成为各国博弈的焦点，同时也成为大企业团体关注的重点。

伞形集团（umbrella group）是一个区别于传统西方发达国家的阵营划分，用以特指在当前全球气候变暖议题上不同立场的国家利益集团，具体是指除欧盟以外的其他发达国家，包括美国、日本、加拿大、澳大利亚、新西兰、挪威、俄罗斯、乌克兰。因为从地图上看，这些国家的分布很像一把"伞"，也象征地球环境"保护伞"，故得此名。

77国集团（Group of 77，G77），是发展中国家在反对超级大国的控制、剥削、掠夺的斗争中，逐渐形成和发展起来的一个国际集团。1963年在第十八届联合国大会讨论召开贸易和发展会议问题时，75个发展中国家共同提出了一个《联合宣言》，当时称为"75国集团"。后来，在1964年召开的第一届联合国贸易发展会议上，77个发展中国家和地区发表了联合宣言，自此称为"77国集团"，截至2023年1月，成员国已增加到134个，但仍沿用了"77国集团"的名称。

五、案例内容

在气候谈判的舞台上，各方利益交叠，博弈激烈。自2007年美国次贷危机以来，全世界的经济都受到波及，发达国家加大对刺激经济增长方面的投资，而没有加大对太阳能、风能等新能源的投资。有些发达国家退出了《京都议定书》，这减缓了全球碳减排进程。美国于2001年退出；日本、加拿大、俄罗斯等国家也宣布不再加入第二承诺期。受访人士称，发达国家政治意愿不强、国与国之间互信基础较弱等因素注定使气候谈判一波三折。曾参与《京都议定书》谈判的碳减排专家、中创碳投战略总监钱国强在接受新金融记者采访时表示："对于发展中国家而言，减排短

期内会影响经济发展增速；而对发达国家来说，减排要求人们减少碳排放，可能会影响生活质量。"

纵观历届气候变化峰会我们不难发现，讨论各方在应该承担多大的责任、碳排放应该付出多大的代价等问题上反复商讨。发达国家和发展中国家的利益诉求也不同。发达国家认为，逐步兴起的发展中国家是当前的碳排放大国，应该承担更多的减排责任；而发展中国家则称发达国家经年累月的碳排放才导致了目前的碳排放格局，发达国家应承担主要责任并给发展中国家一定的资金、保险和技术支持。

2015年12月，宣告里程碑式的《巴黎协定》达成。这是史上第一份覆盖近200个国家和地区的全球减排协定，标志着全球应对气候变化迈出了历史性的重要一步。其主要核心内容为："把全球平均气温较工业化前水平升高控制在2℃之内，并为把升温控制在1.5℃之内而努力。"美国在2020年11月4日正式退出了《巴黎协定》，但于2021年2月19日美国又正式再度成为《巴黎协定》缔约方。

2020年9月22日，中国在第七十五届联合国大会一般性辩论上提出，应对气候变化《巴黎协定》代表了全球绿色低碳转型的大方向，是保护地球家园需要采取的最低限度行动，各国必须迈出决定性步伐。中国将提高国家自主贡献力度，采取更加有力的政策和措施，二氧化碳排放力争于2030年前达到峰值，努力争取于2060年前实现碳中和。

气候变化是人类面临的全球性问题，随着各国二氧化碳排放量的增加，温室效应加剧，对生命系统形成威胁。全球碳减排涉及人类的生存和可持续发展，涉及各个国家的国家利益，需要各个国家的紧密合作以及巨大的执行力才能完成既定的目标。

六、案例小结

气候变化是当今人类社会面临的共同挑战。工业革命以来的人类活动，特别是发达国家大量消费化石能源所产生的二氧化碳累积排放，导致大气中温室气体浓度显著增加，加剧了以变暖为主要特征的全球气候变化。气候变化对全球自然生态系统产生显著影响，温度升高、海平面上升、极端气候事件频发给人类生存和发展带来严峻挑战。气候变化作为全球性问题，需要国际社会携手应对。按照共同但有区别的责任原则、公平原则、各自能力原则，不断强化合作行动，进一步加强《联合国气候变化框架公约》的全面、有效和持续实施，开辟全球绿色低碳发展新前景，推动世界可持续发展。

七、附件

与案例相关的资料主要包括PPT课件、视频、学习资料、思考题答案等。

八、案例思考题

1. "人均累计排放"是否能体现公平正义原则？为什么？
2. 碳减排公正的核心是不是碳权益分配？为什么？
3. 发达国家应该如何做好全球碳减排的带头工作？
4. 发展中国家应该在全球碳减排中担任怎样的角色？
5. 从国家层面上来看，减少碳排放的措施有哪些？

案例使用说明

一、教学目的与用途

适用的课程：环境工程伦理

适用专业：资源与环境、环境工程

教学目标：目前，全球碳减排合作机制实现了单轨制向双轨制的演变，发达国家单方面减排承诺向联合发达国家和发展中国家共同承担减排责任转移趋势是大势。而且随着全球经济和贸易的发展，发达国家和发展中国家的立场分歧依旧存在，甚至愈演愈烈。因此全球气候合作制度的动态演变，其本质是发达国家和发展中国家在气候谈判和博弈过程中的实践演化，同时气候问题涉及全球的经济和社会利益，在多边利益的博弈过程中，全球气候谈判之路注定漫长而曲折。通过此案例的分析讲解，帮助学生了解我国在面临来自全球气候变化加剧及国内环境污染恶化的双重压力下，采用"碳交易"的市场化手段来提高应对气候变化和治理环境污染的水平，让学生树立低碳生产、低碳消费的绿色理念。

二、涉及知识点

1. 安德信伦理评估模型

安德信伦理评估模型又称亚瑟安德森七步骤分析法。该分析方法是美国安德信投资公司于20世纪90年代为引导与帮助公司员工处理难以解决的伦理问题而发展出来的，该评估模型实施较为简单有效，该评估模型共分为7个步骤，如表8-1所示。

表8-1　安德信伦理评估模型

1. 事实是什么	第1步是对事实的判断，将事实分解，并以条目形式加以列举。进一步区分出事件的三种状况： (1)与决定有关或无关的事实； (2)假定与事实的不同； (3)解释与事实的不同
2. 主要关系人有哪些	列举事件中直接有关的关系人。 有时为了厘清案例，也会列举间接关系人
3. 道德问题在哪里	此处尝试将道德问题以"X是否应该做Y这样的事"的语句罗列出来。问题可区分为三种主要类型： (1)是个人问题吗？如：个人的抉择或态度问题。 (2)是组织的问题吗？如：公司的制度或政策问题。 (3)是社会的问题吗？如：风俗习惯问题
4. 有什么解决方案	面对问题，专业伦理的分析可以带出多种解决方法。至于应该使用哪一种方案，要根据第5步、第6步两个步骤的分析加以判断
5. 有什么道德限制	面对不同方案，首先考虑提出的方案是否符合道德要求。有时方案明显违反道德限制，有时方案引出模棱两可的困境。我们可以使用四个主要伦理原则（功利论、契约论、义务论、美德论）对案例进行分析
6. 有什么实际限制	除了道德规范的限制以外，实际限制也是方案需要考虑的问题。有些方案虽然符合道德要求，但却不一定能在现实生活中被实践。此处可以依据"人、事、时、地、物"五项条件思考在方案里有什么实际的限制

	续表
7. 最后该做什么决定	最后根据前面所提的方案做出决定,使后面的工作能够顺利进行。做决定时可以考虑两点: (1)各种不同方案间如何取舍? (2)应该如何具体实践的方法

通过安德信评估模型的辅助,我们可以清楚自己所做的决定是否真正具体可行,进而做出正确决定。

2. 碳交易制度

温室气体或称温室效应气体,是指大气中那些吸收和重新放出红外辐射的自然和人为的气态成分,包括对太阳短波辐射透明(吸收极少)、对长波辐射有强烈吸收作用的二氧化碳、甲烷、一氧化碳、氟氯烃及臭氧等30余种气体。《京都议定书》中规定的六种温室气体,包括二氧化碳、甲烷、氧化亚氮、氢氟碳化物、全氟化碳、六氟化硫。

碳交易是温室气体排放权交易的统称,其基本原理是合同的一方通过支付另一方获得温室气体减排额,买方可以将购得的减排额用于减缓温室效应,从而实现其减排的目标。在《京都议定书》要求减排的6种温室气体中,二氧化碳为最大宗,因此,温室气体排放权交易以每吨二氧化碳当量为计算单位。《京都议定书》把市场机制作为解决二氧化碳为代表的温室气体减排问题的新路径,即把二氧化碳排放权作为一种商品,从而形成了二氧化碳排放权的交易,简称碳交易。其交易市场称为碳市场。

2011年10月,国家发展改革委印发《关于开展碳排放权交易试点工作的通知》,批准北京、天津、上海、重庆、广东、湖北和深圳等七省市开展碳交易试点工作。

2021年6月,生态环境部等多部委于6月25日宣布全国碳交易市场开启。

3. 碳达峰、碳中和

(1)碳达峰。是指某个地区或经济体年度二氧化碳排放量达到历史最高值,然后经历平台期进入持续下降的过程,是二氧化碳排放量由增转降的历史拐点,标志着碳排放与经济发展实现脱钩,达峰目标包括达峰年份和峰值。

(2)碳中和。是指某个地区或经济体在一定时间内(一般指一年)人为活动直接和间接排放的二氧化碳与其通过植树造林等吸收的二氧化碳相互抵消,实现二氧化碳"净零排放"。简单地讲,碳中和就是企业或个人要减少温室气体的排放量,可以通过植树造林、节能减排的形式实现二氧化碳的零排放。我国承诺力争于2030年前实现二氧化碳排放达到峰值、2060年前实现碳中和。这意味着我国作为世界上最大的发展中国家,将完成全球最高碳排放强度降幅,用全球历史上最短的时间实现从碳达峰到碳中和。

三、教学课件

"全球碳减排方案的环境伦理"PPT。

四、启发思考题

1. 从企业层面上来看,减少碳排放的措施有哪些?
2. 随着碳减排进程的全面深化,作为普通人的我们该怎么做?
3. 全球碳交易的存在是不是合理的?为什么?
4. 如果你是某大型企业的一名工程师,发现企业存在不合理碳排放现象,你会采取怎样的措施?

5. 此方针执行后，国际关系会有哪些显著变化？会产生哪些显著环境效应？

五、分析思路

先介绍事件发生背景，再讲述事件发展过程，分析项目伦理思想及涉及关系人伦理困境，总结得出相关伦理规范。

六、项目分析

1. 项目伦理思想分析

（1）功利主义视角下的全球碳减排。当2008年金融危机席卷全球时，许多经济学家认为这也许是发展绿色产业、实现减少碳排放的一大良机。许多人将全球金融危机看作是世界经济朝着减少碳排放和实现可持续发展方向前进的一个机会，但是2010年碳排放量的重新增长证明这一机会没有得到充分的把握。

研究显示，对2010年全球碳排放增长量起促进作用的国家和地区主要是中国、美国、印度、俄罗斯以及欧盟。相关学者们表示，"金融危机中碳排放量不降反增的一大原因是各国政府所实行的经济刺激计划"。发展中国家除了出台经济刺激政策，大量投资一些传统行业之外，还在碳减排问题上"替人受过"。发达国家继续通过国际贸易将其碳排放外包给发展中国家，这是导致碳排放增加的一大原因。在经济危机的背景下，很多国家宁愿牺牲前几年节能减排的成果，重新增加碳排放量，以刺激经济增长。西方发达国家为了丰厚的利润和低廉的成本，将其碳排放通过国际贸易外包给其他国家，而发展中国家由于其低下的发展效率导致大量的污染和更多的碳排放。这种以牺牲人类的美好未来满足目前的发展需要的刺激经济行为，将严重阻碍全球碳减排的进程。

（2）全球碳减排的义务意识。作为世界命运共同体的一员，每个国家都有责任承担碳减排的义务。但是，承担这种义务的多寡成为各国博弈的焦点。发达国家中的保守派认为广大发展中国家是碳排放的主要来源，要求对发展中国家进行强制减排，但在减排政策落实上却是"高姿态，低承诺"。而广大发展中国家则认为发达国家率先实现工业化，在19世纪、20世纪技术相对落后的情况下，发达国家的工业化带来了巨大的污染和碳排放，不应该由21世纪的发展中国家来承担如此繁重的减排义务从而妨碍自身经济的发展。利益诉求互相冲突的发展中国家和发达国家之间互相推脱责任，想尽可能承担较少的碳减排义务，这不是有担当国家的所作所为。如果每个国家都不愿意承担更多的碳减排，相互推脱，全球碳减排的进程将大大延缓甚至停滞。

（3）全球碳减排的契约精神。从世界层面上来看，世界各国，无论是发达国家还是发展中国家，采取积极的措施，如举行世界气候大会，并达成相应的碳减排协议，这对全球碳减排是十分重要的。这就要求参加协定的各国严格按照协定中的标准去执行。碳交易行为由此发生。

碳交易是将碳排放权视为一种商品，允许碳排放权这种商品在市场上流通，以达到"谁污染谁治理"的目的。通过市场化的运作模式可以更有效地促进低碳经济的发展。虽然碳排放权是一种人人享有的权利，但是，当这种权利被无限制使用并带来较多的负面影响，造成市场失灵时，政府适当进行干预和调控就成为必要。政府通过法律对碳排放量规定了允许排放的上限，这正是碳排放权交易产生的基础，通过给各个约束企业规定可排放污染物的上限以及超出排放上限的惩罚机制，一方面使碳排放权成为一种稀缺资源，激励企业减排，另一方面也使碳排放权成为一种可以用于买卖的无形商品，充分利用市场机制达到发展低碳经济、实现全球碳减排的目的。

(4) 美德论下的全球碳减排。国际社会因为碳减排的义务和契约互相推脱是不负责任的短视行为，全人类生存在同一个地球上，构成了人类命运共同体，也同样面临着"温室效应"带来的负面影响。因为碳排放量而讨价还价，在联合国气候大会上反复争论的国家，其所作所为看似为本国利益谋福祉，但实际上有百害而无一利。尽管全球碳减排目标实现依然面临着大量的困难，但随着各国落实减排计划，联合国的努力协调和各国社会对节能减排的意识的不断深化，人类社会依然会有一个美好的明天。美美与共，天下大同，只有世界各国携手努力，全球碳减排才有可能成为现实。

2. 案例涉及关系人的伦理困境

(1) 发达国家。欧盟是促成《京都议定书》签署和生效的主要推手。在关于气候变化的国际谈判中，欧盟一直占据着主导地位，敦促其他发达国家提出具有可比性的目标，同时要求发展中国家为减排做出实质努力，在《公约》历次缔约方会议中扮演着激进角色。欧盟自身最大的困境在于，其内部成员国之间经济发展差异巨大，在其区域内各国缺乏统一的认识，所以欧盟致力于协调内部成员国，限制和减少温室气体排放，以保证欧盟在国际气候变化议程中的统一姿态。然而，金融危机让欧盟的美好理想陷入巨大的危机。金融危机后，由于经济实力上的损失，欧盟对于碳减排的热情有降温的趋势，在资金和技术转让问题上尤其缺乏诚意。这直接体现在哥本哈根谈判中欧盟的态度上，其对于其他发达国家和发展中国家有了更高的要求，但对于给发展中国家的援助却不愿做出太大的承诺，这在很大程度上造成了哥本哈根会议的失败。

由此可见，在全球碳减排的行动上，欧盟是最积极的一方，愿意成为碳减排和绿色发展的领导者，为此提出许多具有挑战性的改革和外交上的努力，希望其他国家都能积极参与。但是2008年的金融危机使得欧盟的经济受到沉重打击，由于经济的损失，欧盟在以前所承诺的资金和技术转让方面力不从心，同时为了缓解其自身减排的压力，对以前密切合作的发展中国家反而提出了更多的要求，这使得欧盟受到了广大发展中国家的诟病，同时，欧盟内部不平衡的发展水平也激化了碳减排在欧盟内部的矛盾。经济危机使得本来积极推动碳减排的欧盟在经济发展和节能减排的矛盾中苦苦挣扎。

反观以美国为首的非欧盟发达国家，是世界气候谈判中的一支重要力量。美国拒绝批准《京都议定书》的理由是议定书没有给中国、印度等发展中国家规定减排，有损美国的经济利益。俄罗斯作为能源大国和军事大国，在气候谈判和全球碳减排问题上，却希望通过《京都议定书》的框架获取利益。总体来看，以美国为首的非欧盟发达国家碳排放并不低，而且这些国家在早期工业化时期排放了大量温室气体，对当前气候变化有着不可推卸的责任，但它们却不愿承担较高的减排指标，反而把责任推给发展中国家。这严重阻碍了全球碳减排的进程。

(2) 发展中国家集团。发展中国家集团是部分利益诉求相似的国家的一个松散的磋商机制，该集团的宗旨是在国际经济领域内加强发展中国家的团结与合作，推进建立新的国际经济新秩序，加速发展中国家的经济社会发展进程，致力于争取经济利益，在一些涉及重大共同利益的问题上协调立场，发挥积极作用。中国虽然不是集团成员，但一贯支持其合理要求。发展中国家从来没有忽视气候变化的威胁，但是发展中国家的首要任务是发展，如果让其承担过多的碳减排则会与其当前的发展利益相冲突。对于这些国家来说，经济发展水平落后和贫困问题才是它们要面对的首要问题。贫困导致的不仅是生活水平的低下，还有薄弱的基础设施和落后的工业体系。因此，发展中国家对于自身经济发展和环境保护之间的关系表现出以前者为重,同时兼顾环境的态度。

3. 安德信伦理模型分析

采用安德信伦理评估模型对全球碳减排事件进行分析,如表8-2所示。

表8-2 安德信伦理评估模型分析

1. 事实是什么		(1)发达国家早期工业化排放了大量二氧化碳 (2)发展中国家第一要义是发展经济 (3)《京都议定书》由发达国家主导,对发展中国家不友好 (4)全球碳减排涉及全人类利益	
2. 主要关系人有哪些		(1)发达国家 (2)发展中国家	
3. 道德问题是什么		(1)发达国家是否应该承担更多的碳减排 (2)发展中国家是否应该为了发展经济而拒绝履行《公约》 (3)碳减排是否应该被认为是全人类共同的利益	
4. 有什么解决方案		方案一:建立一套完善的碳减排方案,应该将全人类的利益放在首位,尽可能体现公平正义原则	方案二:建立一套完善的碳交易制度,对碳交易合理定价
5. 有什么道德限制	功利论	(1)发达国家和发展中国家有不同的利益诉求,发达国家认为发展中国家应该承担更多的碳减排任务,发展中国家则认为其自身的首要任务是发展经济 (2)发达国家集团内部同样存在分歧,都以己国利益为制高点,不愿意主动承担更多的碳减排 (3)发展中国家力求推动重新建立国际经济秩序,提升发展中国家在国际上的地位,从而在碳减排的议题上增加发言权	(1)碳减排作为全人类共同的利益,对人类未来的生存至关重要,当今世界上任何一个国家都不可能孤立地存在,碳减排需要每一个国家的积极参与 (2)发达国家应该主动为发展中国家承担一部分碳减排任务,并为发展中国家提供经济和技术援助,鼓励其优化升级产业结构,提高能源利用率 (3)发展中国家应该积极寻求变革,转变观念,推动和发达国家之间的合作,在碳减排议题上谋求共同利益
	义务论	(1)发达国家具有这样的义务,即为早期工业化排放的大量二氧化碳买单,而不是一味推脱自身的义务找借口。同时,发达国家有义务为发展中国家提供经济和技术援助 (2)发展中国家有义务承担相应的碳减排任务,而不是一味追求经济发展。同时,应该加快产业优化升级,提高能源利用效率,大力发展绿色经济	发达国家和发展中国家应该积极谋求推动磋商,本着造福全人类的意志,充分考虑不同国家的利益诉求,寻求一套完善的碳交易制度
	美德论	无论是发达国家还是发展中国家,除了为本国人民谋求福祉,更应该以全人类的福祉为己任。人类共同生活在同一个地球上,构成了人类命运共同体。一切为了生态环境,一切为了人类,一切为了子孙后代	碳交易制度应该充分体现公平正义原则,不应该为了本国的利益而有所偏颇
	契约论	本着对全人类利益负责的原则,合理制定碳减排方案,充分将各种因素考虑在内,最终达成协定。各国严格按照协定执行本国的碳减排任务	建立合理完善的碳交易制度,对碳交易合理定价,各国严格按照协定进行碳交易
6. 有什么现实条件约束		(1)发达国家早期工业化排放的大量二氧化碳无法量化 (2)各国的根本利益诉求不尽相同,很难达成一致 (3)发展中国家国际地位不高,在碳减排谈判中很难有发言权	(1)发达国家不愿轻易放弃制定国际协议的主导权 (2)发展中国家经济发展和碳减排的矛盾 (3)发达国家和发展中国家的历史遗留问题根深蒂固

续表

7. 该做什么决定	尽管推动发达国家和发展中国家达成一致意见仍然困难重重,但是从长期效益来看,两种方案都具有很好的合理性。无论是制定合理的碳减排方案,量化各国的碳减排任务,还是对碳交易合理定价,推动碳交易的健康发展,都是具有长远意义的,都是为了全人类更好的明天

4. 案例涉及的伦理规范

① 工程人员应随时思考领域的可持续发展,致力于提升公民认同信赖,保持专业形象。

② 工程人员应从专业角度拟定公平合理的契约,避免契约争议纠纷。

③ 工程人员应尊重自然、爱护生态,充实相关知识,避免不当建设破坏自然环境。

④ 工程人员应致力于发展及优先考虑采用低污染、低能耗的技术与工艺,以降低工程对环境的不当影响。

七、关键要点

安德信伦理模型、碳达峰、碳中和、碳交易。

八、建议教学活动计划

1. 本案例教学计划时间为 2 课时,建议采用"议题讨论式"教学,教师提前布置"全球碳减排"讨论的议题,学生收集资料,了解项目背景。

2. 上课时,课堂通过讲解 PPT 等方式,讲解碳减排、碳交易、碳达峰、碳中和等概念,同时根据设置的启发思考题,穿插课间提问并进行主题讨论,并且安排同学们根据安德信伦理模型进行此案例的事件分析。

3. 课后布置单元作业。

参考文献

[1] 纪金霞. 我国大型水利工程的生态伦理考量 [D]. 长沙:长沙理工大学,2016.

[2] 尹越. 南水北调与中国现代化进程——中线工程河南省案例分析 [J]. 现代经济信息,2011 (14):269.

[3] 赵存厚. 南水北调工程概述 [J]. 水利建设与管理,2021,41 (6):5-9.

[4] 袁伟,冯永鹏. 南水北调工程生态效益显著 [J]. 生态经济,2022,38 (2):9-12.

[5] 朱桂香,唐海峰,樊万选. 南水北调:功在当代 利在千秋 [J]. 生态经济,2011 (7):18-23.

[6] 肖显静. 论工程共同体的环境伦理责任 [J]. 伦理学研究,2009 (6):65-70.

[7] 潘尚贵,柳梅. 将虚拟现实与博物馆完美结合——南水北调中线虚拟博物馆建设之路 [J]. 高科技与产业化,2015 (11):74-77.

[8] 蒋卫平,张谦,董留群,等. 大型工程项目中内部利益相关者的影响分析 [J]. 武汉理工大学学报(信息与管理工程版),2013,35 (3):391-394,413.

[9] 段斌. 关于怒江开发与保护问题的研究 [J]. 中共云南省委党校学报,2007 (5):76-79.

[10] 王泽应. 论义利问题之为伦理学的基本问题 [J]. 华中科技大学学报(社会科学版),2011,25 (4):15-21.

[11] 张玉山,李继清,姜旭新. 水资源循环经济理论初探 [J]. 安徽农业科学,2012,40 (36):17772-17774.

[12] 秦定龙. 开发水电可以有效减少二氧化碳的排放 [J]. 四川水力发电,2011,30 (2):71-75,78.

[13] 高敬德. 林本位时代或将到来 [J]. 绿色中国,2021 (7):50-59.

[14] 胡鞍钢. 中国实现 2030 年前碳达峰目标及主要途径 [J]. 北京工业大学学报(社会科学版),2021,21 (3):1-15.

[15] 夏堃堡. 习近平生态文明思想和全球气候治理 [J]. 中华环境,2022 (10):52-55.

[16] 中华人民共和国国务院新闻办公室. 中国应对气候变化的政策与行动 [N]. 人民日报, 2021-10-28 (014).
[17] 郭占恒. 实现碳达峰碳中和的紧迫性和浙江行动 [J]. 浙江经济, 2021 (10): 12-15.
[18] 李俊峰, 李广. 碳中和——中国发展转型的机遇与挑战 [J]. 环境与可持续发展, 2021, 46 (1): 50-57.
[19] 王金南, 蔡博峰. 打好碳达峰碳中和这场硬仗 [J]. 中国信息化, 2022 (6): 5-8.
[20] 强化应对气候变化行动——中国国家自主贡献 [N]. 人民日报, 2015-07-01 (022).
[21] 确保如期实现碳达峰碳中和 [N]. 人民日报, 2021-10-25 (001).
[22] 张娇艳, 李霄, 陈早阳, 等. 全球升温 1.5℃和 2.0℃情景下贵州省极端降水的变化特征 [J]. 中国农业气象, 2022, 43 (4): 251-261.
[23] 丁海兵. 关于太阳能热利用高质量发展策略的思考 [J]. 建设科技, 2021 (1): 69-73.
[24] 荆春宁, 高力, 马佳鹏, 等. "碳达峰、碳中和"背景下能源发展趋势与核能定位研判 [J]. 核科学与工程, 2022, 42 (1): 1-9.
[25] 侯艳丽. 双碳目标下核电的高质量发展 [J]. 能源, 2022 (4): 32-36.
[26] 李桃. 我国碳税政策设计与实施的国际经验借鉴 [J]. 税务研究, 2022 (5): 86-90.
[27] 李子旭, 牛黎明, 安宝晶. "双碳"目标下油气行业的机遇与挑战 [J]. 能源与节能, 2022 (10): 158-161.
[28] 李苍舒. 不断推进"双碳"目标实现 [N]. 中国社会科学报, 2022-07-05 (008).
[29] 高世楫, 俞敏. 中国提出"双碳"目标的历史背景、重大意义和变革路径 [J]. 新经济导刊, 2021 (2): 4-8.
[30] 衣健光, 林海雄. 高密度城市片区的供能模式创新——共享型低碳能源基盘建设 [J]. 智能建筑, 2022 (3): 50-53.
[31] 王行健, 贾翔夫. "双碳"背景下的金融可持续发展——基于 CiteSpace 的知识图谱分析 [J]. 管理现代化, 2022, 42 (2): 155-161.
[32] 古霞. 海德格尔关于居住的生存伦理思想评析 [J]. 安徽农业科学, 2012, 40 (4): 2096-2098.
[33] 张文磊. 基于国家利益分析的国际碳减排合作研究 [D]. 上海: 复旦大学, 2011.
[34] 陈宏宏. 低碳经济背景下国际碳交易市场发展及其前景 [D]. 长春: 吉林大学, 2017.
[35] 寇春晓. 生态政治视阈下的全球气候变化问题与中国的战略选择 [D]. 石家庄: 河北师范大学, 2011.